VISITE PASTORALE
FAITE EN 1745 & 1746 PAR MONSEIGNEUR
HENRI-CONSTANCE DE LORT DE SÉRIGNAN
ÉVÊQUE DE MACON
DE LA PARTIE DE SON DIOCÈSE
COMPRISE AUJOURD'HUI DANS
LE DÉPARTEMENT DE
LA LOIRE

PUBLIÉE & ANNOTÉE
PAR
J. DÉCHELETTE

TOME PREMIER.

IMPRIMERIE ÉLEUTHÈRE BRASSART,
RUE DES LEGOUVÉ, 20
MONTBRISON
1897.

VISITE PASTORALE
DE MONSEIGNEUR DE LORT DE SÉRIGNAN
ÉVÊQUE DE MACON
1745 & 1746.

Extrait du Tome XI des *Mémoires de la Diana*.
(Tiré à 30 exemplaires.)

VISITE PASTORALE
FAITE EN 1745 & 1746 PAR MONSEIGNEUR
HENRI-CONSTANCE DE LORT DE SÉRIGNAN
ÉVÊQUE DE MACON
DE LA PARTIE DE SON DIOCÈSE
COMPRISE AUJOURD'HUI DANS
LE DÉPARTEMENT DE
LA LOIRE

PUBLIÉE & ANNOTÉE
PAR
J. DÉCHELETTE

TOME PREMIER.

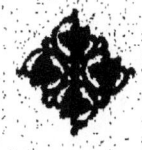

IMPRIMERIE ÉLEUTHÈRE BRASSART,
RUE DES LEGOUVÉ, 10
MONTBRISON
1897.

AVANT-PROPOS

DEPUIS la publication du *Journal des visites pastorales (1248-1269) d'Eudes Rigaud, archevêque de Rouen*, imprimé en 1852 (1), les documents de cette nature ont été édités en si grand nombre, qu'il serait superflu aujourd'hui d'insister sur leur portée historique et d'énumérer les profits que la critique en peut tirer pour la connaissance de l'état matériel et moral des anciennes paroisses. Il suffit d'ailleurs pour en mesurer la valeur de se représenter l'importance des institutions ecclésiastiques avant la Révolution, dans un temps où l'Église, unie à la société laïque, non point par les stipulations d'un contrat, mais par les liens étroits d'une entente libre

---

(1) Théodore Bonnin, *Registrum visitationum archiepiscopi Rothomagensis*........ Rouen, 1852, 1 vol. in-4°.

et naturelle, la pénétrait profondément de son influence salutaire.

« On comprend, dit avec une pleine autorité M. le chanoine Ulysse Chevalier, on comprend tout l'intérêt que doivent offrir pour l'histoire les documents de ce genre : on chercherait vainement ailleurs que dans ces procès-verbaux des renseignements plus circonstanciés sur l'état du clergé tant séculier que régulier et sur la situation du culte à cette époque. La chronologie, non moins que la géographie et la statistique, y trouvent aussi des éléments précieux et authentiques. Souvent rédigées par l'évêque ou le supérieur lui-même, ces notes secrètes reflètent le véritable état de choses avec d'autant plus de fidélité qu'elles n'étaient point destinées à devenir publiques. C'est peut-être à cette circonstance qu'il faut attribuer la rareté des registres qui les contiennent : car, s'il est vrai que nos évêchés possèdent encore presque tous quelqu'un de leurs anciens cartulaires, il en est peu au contraire qui soient de nos jours dépositaires des visites pastorales de leurs prélats du moyen âge » (1).

Ce n'est point en effet aux archives diocésaines de Lyon, mais à la Bibliothèque nationale, que se trouve aujourd'hui conservé le compte-rendu de la plus ancienne enquête dressée dans notre province par l'autorité ecclésiastique. On connaît cet important ma-

---

(1) M. l'abbé C.-U.-J. Chevalier. *Visites pastorales des évêques de la maison de Chissé*, Lyon, 1874, p. 2.

nuscrit qui contient, rédigés en latin, les procès-verbaux des visites faites au milieu du XIV° siècle par les mandataires de l'archevêque de Lyon dans près de huit cents églises ou chapelles relevant de sa juridiction. Il se compose de 363 feuillets, commence au 10 février 1469 (n. st.) pour finir au 1ᵉʳ octobre 1470, et porte l'intitulé suivant: *Papirus visitationis ecclesiarum civitatis et diocesis Lugdunensis, incepta per me Bartholomeum Bellierre juniorem, clericum, notarium curie officialatus Lugdunensis juratum, secretarium reverendissimi Domini nostri Lugdunensis, in hac parte deputatum per venerabilem virum magistrum Bartholomeum Bellierre seniorem, in utroque jure bacallarium, prefati reverendissimi Domini nostri Lugdunensis generalem procuratorem, secretarium et graffarium curie officialatus Lugdunensis predicti. Hodie decima mensis februarii anno Domini millesimo quadringentesimo sexagesimo octavo.* Signé: *Bellierre*.

Un tel document serait fort précieux par sa date et par son étendue, s'il n'avait été conçu sur un plan très restreint et rédigé avec un laconisme extrême. L'ensemble des faits qui s'y trouvent exposés n'est guère qu'une sèche nomenclature ayant trait à des réparations d'immeubles et d'objets mobiliers, suivie de la désignation nominative des luminiers de chaque paroisse. Aussi le manuscrit de la Bibliothèque nationale ne saurait-il être d'un grand secours pour l'historien, contraint comme Auguste Bernard à en déplorer « la brièveté désolante ».

Nous devons descendre jusqu'au XVII° siècle pour

trouver de nouveaux journaux de visites diocésaines en Forez, Lyonnais et Beaujolais : elles seront faites désormais par les archevêques de Lyon en personne et non plus par leurs délégués. Dans le nombre nous citerons les deux gros volumes in-folio des archives départementales du Rhône, contenant les visites de Monseigneur de Marquemont pendant les années 1612, 1613 et 1614. Le premier volume intéresse les paroisses de la Bresse, du Bugey, des Dombes, qui appartenaient au diocèse de Lyon ; le second concerne un certain nombre d'églises du Lyonnais et du Forez.

Outre quelques cahiers incomplets appartenant à d'anciens registres perdus ou détruits, les archives de l'archevêché de Lyon n'avaient conservé que les visites de Monseigneur Camille de Neuville. Le tout a été récemment transporté aux archives du Rhône.

Les visites de Monseigneur Camille de Neuville comprennent :

1° Un volume de 522 feuillets, solidement relié en parchemin, commençant par la visite de Belleville-sur-Saône, du 6 mars 1657, et finissant par celle d'Écully, du 20 mars 1658 (1).

2° Un énorme registre in-folio, également relié en parchemin, qui fait suite au précédent pour les églises du Lyonnais et du Forez, aux années 1660, 1661

---

(1) Nous adressons nos remerciments à M. l'abbé Prajoux qui a bien voulu compulser pour nous ces divers documents qu'il a lui-même utilisés en diverses monographies.

et 1662. La première visite est celle de Belleville, la dernière celle de Brulioles.

Pour compléter cet inventaire sommaire nous aurions encore à signaler les documents suivants.

1° Les visites des évêques de Clermont, aux XVIIe et XVIIIe siècles, dans les sept paroisses de cet ancien diocèse actuellement annexées au diocèse de Lyon: Arçon, Changy, Tourzy et Crozet, Sail, Saint-Bonnet-des-Quarts, Saint-Martin d'Estreaux, Vivans. Elles font partie d'un recueil en cinquante volumes conservé dans la Bibliothèque du grand séminaire de Montferrand.

2° Pour les églises conventuelles bénédictines, les *Rôles des visites des maisons de l'ordre de Cluny*, mss. de la Bibliothèque nationale, n°s 2270 et 2271 du fonds latin des Nouvelles acquisitions (1). C'est à cette source que M. l'abbé Ulysse Chevalier a emprunté le texte des *Visites Clunisiennes de la province de Lyon* (1262-1342) publiées en appendice au Cartulaire de Paray (2), et M. Alexandre Bruel celui des *Visites des monastères de l'ordre de Cluny de la province d'Auvergne*, parmi lesquels plusieurs étaient situés dans les limites de l'ancien ou du nouveau diocèse de Lyon (1264-1334) (3).

---

(1) Voir L. Delisle, *Inventaire des mss. de la Bibliothèque Nationale, fonds de Cluni*, Paris, 1884.
(2) *Cartulaire de Paray-le-Monial*, n°s 229, 230, 232, 241, 243, 244, 246.
(3) *Bibliothèque de l'École des Chartes*, t. XXXVIII, 1877.

3° Divers documents partiels, épars dans les archives paroissiales du département de la Loire, tels qu'une visite du prieuré de Charlieu en 1779, une visite de l'église de Perreux en 1745, etc.

Mais aucun de ces procès-verbaux ne saurait fournir aux études historiques des matériaux aussi abondants que les visites de Monseigneur de Valras, évêque de Mâcon, dans les paroisses des archiprêtrés de Charlieu et du Rousset, en 1746. On sait que la ville de Charlieu et les quatorze paroisses qui forment actuellement son canton administratif appartenaient, pour le spirituel, à l'ancien diocèse de Mâcon. Au commencement du XVIIIe siècle, Charlieu devint le siège d'un archiprêtré, composé de trente-cinq paroisses, qui fut constitué au détriment de l'archiprêtré de Beaujeu.

Le volume contenant le compte rendu des visites de Monseigneur de Valras dans ces trente-cinq paroisses, objet de cette nouvelle publication de la Société de la Diana, est un registre in-folio de 377 feuillets, non compris quelques cartons, qui nous est parvenu complet et en bon état de conservation. Il fait suite à un autre volume de même format, intéressant les paroisses de l'archiprêtré du Rousset.

M. l'abbé Cucherat les acquit en 1837 à Mâcon, lors de la mise en vente des livres composant la riche

---

p. 114; t. LII, 1891, p. 64 et tirages à part. Une visite en date de 1318 est empruntée à la collection de Bourgogne, t. LXXXII, n° 391.

bibliothèque de M. Faraud, curé de Saint-Vincent de Mâcon (1). A la mort de M. Cucherat, ils passèrent entre les mains de son héritier, M. l'abbé Méhu, curé de Poisson-en-Brionnais, qui a bien voulu nous les confier et autoriser gracieusement la Société de la Diana à en entreprendre la publication.

Monseigneur Henri-Constance de Valras, avant-dernier évêque de Mâcon, pourvu de ce bénéfice en 1732 par le roi Louis XV, appartenait à une ancienne et noble maison du Languedoc, celle des Lort de Sérignan de Valras. Il gouverna le même diocèse jusqu'à sa mort survenue en 1763, se consacrant tout entier à sa mission et unissant le dévouement et la charité du pasteur à l'activité et au zèle éclairé de l'administrateur. « Le 3 mai 1737, nous dit un de ses biographes, Monseigneur de Valras commença la visite de toutes les paroisses de son diocèse. Depuis de longues années le grand âge et les infirmités de son prédécesseur avaient privé les campagnes de la consolation de voir leur premier pasteur et d'entendre sa parole. Cette visite laissa dans les cœurs des souvenirs édifiants. On ne tarissait pas sur l'affable dignité du pieux évêque, sur ses manières nobles et simples et sur la bienveillance toute paternelle de son accueil. Ce fut un véritable

---

(1) Cette bibliothèque, composée de dix mille volumes, fut vendue aux enchères, ce qui valut à M. Cucherat, alors jeune bibliophile de vingt-cinq ans, la bonne fortune d'être adjudicataire des deux manuscrits, moyennant la somme de trois francs.

triomphe pour l'évêque de Mâcon, qui ne parlait jamais sans attendrissement des témoignages d'amour et de respect qu'il avait reçus de ses diocésains (1) ».

Les compte rendus des visites de Monseigneur de Valras témoignent hautement des soins qu'il apportait dans l'accomplissement de sa mission pastorale et de la sollicitude dont il entourait les fidèles et le clergé de son diocèse. Leur plan, uniforme et méthodique, est si parfaitement ordonné, si scrupuleusement respecté, qu'aucun détail d'administration n'est laissé dans l'ombre, qu'aucun fait digne de quelque attention n'est omis, de telle sorte que chaque procès-verbal constitue pour chaque paroisse un tableau saisissant de vie et de vérité, où se meuvent dans un cadre précis les habitants de toute classe et de toute condition, curé et prébendiers, seigneurs justiciers et décimateurs, hommes de robe, artisans et laboureurs.

La venue de l'évêque a été préalablement annoncée au prône ; au jour dit, le prélat fait son entrée solennelle dans le village, escorté des habitants qui se sont portés au devant de lui processionnellement.

Le rédacteur du procès-verbal a pris soin de désigner nominativement les notables de chaque paroisse, pour la plupart, dans les villages, gens de condition modeste, et il est facile de constater qu'aujourd'hui encore les mêmes familles se retrouvent en grande

---

(1) Comte de la Rochette, *Histoire des évêques de Mâcon*, Mâcon, 1867, t. II, p. 580.

majorité dans les mêmes lieux. Les gros décimateurs ont été convoqués au son de la cloche, mais c'est pour obéir à un usage atteint de désuétude, car depuis longtemps ils ont appris à se soustraire aux charges de leur situation de curés primitifs. Aussi se gardent-ils bien de comparaître, laissant le vice-promoteur qui accompagne l'évêque requérir contre eux un acte de défaut, dépourvu de sanction.

L'attention du visiteur se porte tout d'abord sur l'état des vases sacrés et du maître autel ; puis chaque partie des immeubles affectés au service du culte est minutieusement reconnue et inventoriée ainsi que tous les objets mobiliers. Enfin, l'évêque, interrogeant simultanément le curé et les habitants, puis chacune de ces deux parties séparément, se livre à une triple enquête qui porte tout à la fois sur l'état matériel et l'état moral de la paroisse, enquête dont les résultats offrent pour nous un puissant intérêt.

C'est ainsi que les réponses à ce questionnaire nous donnent l'inventaire des archives paroissiales, aujourd'hui détruites ou dispersées pour la plupart, et que, grâce aux états des dîmes et des novales, toujours exactement confinées, elles fournissent d'excellents matériaux à l'étude de l'ancienne topographie locale.

Les chapelles rurales, les chapelles castrales, les presbytères et même les bâtiments d'exploitation agricole faisant partie du domaine ecclésiastique figurent tour à tour dans cette vaste enquête.

La ville de Charlieu, avec ses nombreuses confréries, ses établissements hospitaliers et religieux, est l'objet d'une véritable monographie qui permet d'enrichir de faits inédits les annales déjà très documentées de cette vieille cité monastique.

Il était impossible à la Société de la Diana de donner dans ses mémoires le texte intégral des visites de l'archiprêtré de Charlieu non plus que de celles de l'archiprêtré du Rousset : des raisons d'ordre matériel ne lui eussent point permis d'aborder un projet de publication aussi étendu, qui, d'ailleurs, l'aurait entraînée hors des limites naturelles de son champ d'étude. Elle a dû se borner à publier la partie du texte relative aux quatorze paroisses de l'ancien archiprêtré de Charlieu qui sont aujourd'hui annexées au département de la Loire et au diocèse de Lyon, et à y joindre la visite de la paroisse de Perreux en 1743, épave isolée des procès-verbaux concernant l'archiprêtré de Beaujeu (1).

Ainsi réduit, notre document est encore assez copieux pour fournir la matière de deux volumes : on trouvera dans le premier les visites des paroisses de Boyer, Saint-Denis de Cabanne, Chandon et Charlieu. Le second volume contiendra celles de Saint-Hilaire, Jarnosse, Maizilly, Mars, Nandax, Saint-Nizier-sous-Charlieu, Perreux, Pouilly, Saint-Pierre-la-Noaille, Villers et Vougy. Il sera pourvu

---

(1) Le manuscrit original de cette visite appartient à M. Amédée d'Avaize ; il lui avait été offert par son ami M. Auguste Chaverondier, qui le tenait lui-même de M. Cohendy, ancien archiviste du Puy de Dôme.

d'une table générale des noms de lieux et de personnes et suivi d'un appendice où nous grouperons dans une série de tableaux statistiques, précédés d'éclaircissements, certains faits se rattachant à des questions particulièrement intéressantes, telles que la quotité des dîmes, les revenus des curés congruistes ou décimateurs, les ressources des fabriques, le nombre des écoles rurales, le nombre et la nature des anciennes confréries. Afin d'asseoir ces tables synthétiques sur des bases plus larges et de leur donner une portée plus générale, nous en emprunterons les éléments aux procès-verbaux des deux manuscrits.

Le lecteur est averti que nous avons transcrit fidèlement le texte original, en respectant même les incorrections de style qui se sont glissées dans sa rédaction, négligences pardonnables dans un travail rapidement composé au jour le jour et parfois avec une précipitation hâtive dont l'écriture du scribe se ressent au moins autant que son style.

Cependant, pour faciliter la lecture de ce document, qui ne saurait présenter aucun intérêt philologique, nous en avons rajeuni l'orthographe, tout en respectant avec un soin scrupuleux les formes souvent insolites des noms de lieux et de personnes.

Les procès-verbaux se succèdent comme dans le recueil original, d'après l'ordre alphabétique des noms de paroisses. Le lecteur qui désirera connaître l'itinéraire suivi par l'évêque visiteur pourra se reporter au tableau suivant où les églises et chapelles sont classées d'après l'ordre des visites.

1745

4 octobre. Église de Perreux.

1746

29 juin. Église de Varennes-sous-Dun.
Chapelle de la Croix-Boutier.
Chapelle de Saint-Roch.
Chapelle du château de la Clayette.

30 juin. Église vicariale de la Clayette.
Chapelle de Sainte-Avoye.
Chapelle de Saint-Amable.

1re juillet. Église de la Chapelle-sous-Dun.
Église de Chassigny-sous-Dun.

2 — Église de Bodemont.
Église de Saint-Laurent-en-Brionnais.

3 — Église de Vauban.

10 — Église de Chandon.
Chapelle du château de la Douze.
Église de Villers.
Église de Jarnosse.
Chapelle du château de Jarnosse.

12 — Église de Jonzy.
Église de Saint-Julien-de-Cray.
Église de Saint-Bonnet-de-Cray.

15 juillet. Église de Saint-Denis-de-Cabanne.
Église de Maizilly.
Église de Mars.
Chapelle de Saint-Roch.
16 — Église de Boyer.
Église de Nandax.
Chapelle du château de Ressins.
Église de Saint-Hilaire.
18 — Église de Saint-Igny-de-Roche.
Église de Coublanc.
19 — Église de Saint-Martin-de-Lixy.
Église de Tancon.
Chapelle de Saint-Loup.
Chapelle du château de Vertpré.
20 — Église de Chauffailles.
Chapelle du château de Chauffailles.
Chapelle de Saint-Jean de Malte.
Chapelle de Notre-Dame de Montchéry.
Église de Mussy-sous-Dun.
Chapelle du château d'Anglure.
21 — Église de Saint-Maurice-lès-Châteauneuf.
Chapelle du château de Moulin-le-Bois.
Chapelle de la maison des Charmes.

21 juillet. Église de Châteauneuf.

Abbaye de Saint-Rigaud, paroisse de Ligny.

22 — Église de Ligny.

Chapelle de Saint-Amable.

Chapelle de Champrond.

Chapelle du Bois.

25 — Église paroissiale de Charlieu *(1re partie)*.

26 — Église de Pouilly-sous-Charlieu.

Chapelle de Sainte-Madeleine.

Chapelle du château du Poyet.

Église de Saint-Nizier-sous-Charlieu.

Chapelle du château du Mont.

Église de Saint-Pierre-la-Noaille.

Chapelle du château de Marchengy.

Chapelle du château de la Garde.

Chapelle de Sainte-Madeleine.

27 — Église de Vougy.

Chapelle de Saint-Roch.

Chapelle du château de Vougy.

28 — Église d'Iguerande.

Chapelle de Saint-Marcel.

Chapelle du château de Chassereux.

Chapelle du château de Chérye.

29 juillet. Église de Mailly.
Chapelle du château du Palais.
31 — Église paroissiale de Charlieu (*suite*).
1 au 7 août Hôpital de Charlieu.
Confrérie de Saint-Éloi de Charlieu.
Confrérie des Pénitents blancs de Charlieu.
Ursulines de Charlieu.
Chapelle de Malfarat.
Chapelle de Saint-Nicolas.

BOYER

Cejourd'hui, seizième du mois de juillet mil sept cent quarante-six, avant midi,

HENRY CONSTANCE, par la miséricorde de Dieu et l'autorité du Saint Siège, évêque de Mâcon, savoir faisons que continuant les visites générales de notre diocèse, et étant arrivé à cet effet en la paroisse de Boyer, sous le vocable de saint Barthélemy, apôtre, dont la fête se célèbre le vingt-quatrième jour du mois d'août, où après avoir été reçu et fait les prières accoutumées, en conséquence de la publication de notre mandement de visite faite au prône le dimanche précédent, ont comparu pardevant nous Me Yves Dereux, prêtre, curé dudt lieu, honnêtes Michel et Etienne Brosselard, Etienne Brosse , Jean Leschères, Antoine et François Merlier père et fils, Claude Martoret, Hugues et Claude Serre père et fils, Jean Bernard, Sébastien Fusil et Sébastien Cavetier, Antoine Patin, Benoît Montet, Claude Charretier, Philibert Brisebras et Claude Montet, Etienne Cruzilles, Benoît Fargeton, André Nerboux, Benoît Villers, Jacques Duvignol, François Desgranges, tous habitants faisant et composant la plus saine et plus nombreuse partie de cette pa-

<small>Vocable.</small>

roisse, convoqués au son de la cloche; nuls autres intéressés, si aucuns sont, ne comparant; les décimateurs présents en la personne du sieur curé de cette paroisse. Contre lesquels non comparants notre vice-promoteur a requis acte et défaut que nous lui avons octroyé et à sa réquisition avons procédé à la visite d'icelle église et autres choses y appartenantes, et dressé le présent procès-verbal en la forme et manière que s'ensuit, pour servir et valoir ce que de raison, assisté de notre vicaire général et vice-promoteur soussignés et des susnommés habitants et autres.

Vases sacrés.   Premièrement, quant aux choses nécessaires pour la célébration du service divin et l'administration des Sacrements, nous avons reconnu un ciboire d'argent, doré en dedans, fermant à charnière, dont le pied est faussé; il manque une croix dessus; il est couvert d'un pavillon de soie blanche, doublée de rouge.

Item, un petit soleil d'argent dont le croissant doit être doré.

Item, un calice et une patène d'argent, dorés en dedans, un peu faussés.

Item, une petite boîte d'argent plate avec un anneau, non dorée pour porter le viatique.

Tabernacle.   Le tabernacle est une caisse de bois marbré, carrée, d'un pied de largeur et de profondeur sur dix-huit pouces de hauteur; les panneaux des côtés sont ornés d'une tête d'ange et le devant d'un calice doré à fond d'azur, en demi relief. Chaque côté de la portière est orné d'un pilastre à cannes soutenant une double corniche qui lui sert de couronnement; il est doublé de satin vert en état.

Niche.   Au-dessus est une niche à trois faces, les côtés de six pouces et le devant de huit, ornée au devant et aux côtés d'une colonne torse et d'un cintre surmonté d'un petit dôme où il manque une croix, le tout peint et marbré.

Gradin.   Il repose sur un gradin de onze pouces de hauteur sur cinq de longueur, surmonté d'un second qui n'est interrompu que par la place dudit tabernacle, l'un et l'autre peints, sur lequel nous avons trouvé deux chandeliers de cuivre et deux de bois, un crucifix de cuivre et deux vases de faïence.

Tableau.
Le tableau qui sert de retable représente en belle peinture un Sauveur crucifié, accompagné de la Sainte Vierge et de saint Jean, dans un cadre de bois peint en rouge de quatre pieds de largeur sur cinq et demi de hauteur ; au-dessus dudit tableau est un dais à fond de toile peinte et à tour d'étoffe de laine à petits carreaux.

Autel.
L'autel est d'une seule pierre, longue de quatre pieds, non sacrée, sur laquelle il y a une ardoise fracturée en quelques endroits avec des marques équivoques de consécration, couvert d'un tapis de cadis (1) vert neuf.

Contretable.
La contretable est de noyer vermicelé, dont les côtés sont revêtus de panneaux de sapin neuf ; il y a un devant d'autel à double face, de calemande (2) rayée de toutes couleurs, de chaque côté. Autre devant d'autel moitié satin uni blanc moitié à fleurs, ledit devant d'autel très usé ; autre, moitié tapisserie, moitié cadis vert.

Marchepied.
Il n'y a point d'autre marchepied que le plateau qui soutient le carrelage du sanctuaire, qui ne laisse que deux pieds en devant de largeur ; pour l'allonger, on y joint un marchepied portatif d'un pied de largeur.

Depuis le gradin jusqu'au mur est un boisage en sapin séparant le sanctuaire du revestiaire (3) qu'on a pratiqué derrière l'autel.

Fonts baptismaux.
Les fonts baptismaux sont dans une cuvette de pierre ronde, à moitié dans le mur en bise de la nef, dans laquelle est une cuvette de cuivre d'un pied de diamètre, en état, fermée sous clef par un demi octogone en menuiserie qui a besoin de réparation. On verse l'eau baptismale avec une coquille, et

---

(1) Étoffe de laine croisée, très commune.
(2) Tissus de laine unis ou façonnés qui se fabriquaient surtout en Picardie.
(3) Pour vestiaire.

elle tombe dans la piscine, dans le pilier de pierre à côté desdits fonts.

Saintes Huiles. — Les vases des Saintes Huiles sont indécents, d'étain et contre les règles; ordonnons qu'il en sera fourni incessamment par qui il appartiendra.

Confessionnal. — On travaille à poser une chaire à prêcher. Le confessionnal n'est point grillé, il est posé en soir, à côté de la porte. Autre espèce de confessionnal peu solide, au coin du sanctuaire, du côté de l'épitre.

Bénitiers. — A quelques pas de l'entrée de ladite église, il y a un pilier de pierre massif, carré, de deux pieds et demi de hauteur, au milieu duquel on a creusé une coquille pour l'eau bénite. Autre bénitier de cuivre pour l'aspersion et qui a besoin de réparation. La croix processionnelle est de cuivre et la bannière de damas cramoisi représentant d'un côté saint Barthélemy et de l'autre saint Etienne, une croix de cuivre argenté en dessus.

Autel de la Sainte Vierge. — Du chœur et partie sanctuaire (1), on entre par un grand arc ouvert dans une chapelle *extra tecta*, bien voûtée, pavée et éclairée d'un vitrail en soir et un second en bise, en bon état, appartenant au seigneur de la paroisse dudit Boyer, sous le vocable de la Sainte Vierge.

L'autel est d'une seule pierre non sacrée, revêtue d'une boiserie en entier, avec un devant d'autel de toile à petits carreaux; il y a un marchepied de bois et un double gradin peint, le tout en état; du reste il n'y a ni tableau ni autres choses nécessaires au saint sacrifice de la messe. Défendons d'y célébrer jusqu'à ce qu'il soit en état. Le banc du seigneur occupe tout le fond en soir.

Enquis le sieur curé s'il y a quelque service audit autel ?

Répond qu'il n'y en a point.

---

(1) Il faut entendre par là que l'arc de communication s'ouvrait tout à la fois sur le chœur et sur le sanctuaire, ces deux parties de l'édifice n'étant point nettement délimitées dans l'ancienne église de Boyer.

De chaque côté, dans la nef, contre le mur qui sépare la nef du sanctuaire, il y a un autel de pierre construit et orné à l'uniforme, revêtu de bois en entier, avec un double gradin de bois peint sur lequel il y a un crucifix et deux chandeliers de bois, deux vases de bois, un tableau de quatre pieds de largeur sur cinq et demi de hauteur, dans un cadre de bois rouge, avec un dais de toile peinte et un tour de cadis vert en état (1). Un devant d'autel de calemande, une nappe simple, un marchepied de bois usé.

L'autel du côté de l'évangile est sous le vocable de saint Barthélemy et saint Etienne, représentés dans le tableau qui sert de retable, et celui du côté de l'épitre est sous le vocable de Notre-Dame du Mont-Carmel, représentée aussi dans le tableau. Les peintures sont fort belles, il n'y a point de fondation.

Autels de Saint-Barthélemy et de Saint-Etienne.

Autel de Notre-Dame du Mont-Carmel.

De là nous sommes entré derrière l'autel où nous avons trouvé un buffet de sapin servant de commode, fermant sous clef les ornements suivants :

1° Une chasuble noire de camelot gaufré (2) ; le voile est hors de service, et il faut réparer l'étole et le manipule ainsi que la doublure de ladite chasuble. Autre de cadis blanc usée et malpropre que nous avons interdite.

Ornements.

Autre de moire rouge à galons de soie verts, sans bourse ni voile, usée. Autre de camelot gaufré violet, complète et neuve.

Autre de drap d'argent à fleurs de toutes couleurs, à galons d'or fin ; l'étole est en mauvais état.

Autre de camelot violet uni à galons de fil déchirés, sans voile ni étole.

Autre de garance de couleur blanche et rouge sans galons ; il n'y a que le manipule.

---

(1) Il s'agit du dais de procession, déposé près d'un des autels latéraux, contre le mur de la nef, et non point d'un dais surmontant un tableau, comme la phrase mal ordonnée pourrait le faire supposer.
(2) Tissu de laine et de poil de chèvre, mélangé d'un peu de soie.

Autre verte de camelot gaufré, neuve et complète. Un tour de dais d'étoffe de laine à petits carreaux.

Un drap mortuaire de pauvres, malpropre. Une petite écharpe de satin.

Linges.   2° Dix nappes d'autel, et deux pour la communion, six aubes, trois surplis, six lavabos, dix amicts, deux cordons, douze purificatoires, huit corporaux.

Livres.   3° Un missel romain et un pour les morts, un cantus et graduel in-4°, en état, deux coussins pour le livre, un mauvais rituel. Un *Te igitur* (1) en état, une lampe d'étain, un encensoir de cuivre avec la navette, quatre burettes d'étain avec une soucoupe aussi d'étain, un fanal pour le viatique, en état, une clochette.

Une représentation (2), un chandelier de bois pour le cierge pascal.

L'église est composée de deux parties, le sanctuaire et la nef (3).

Sanctuaire.   Le sanctuaire est une coquille qui prend naissance contre l'arc qui sépare le chœur de la nef, au-dessus duquel est posé le clocher; il est éclairé en bise et midi par deux vitraux bien entretenus; il peut avoir six pieds de profondeur, y

---

(1) Ce terme s'applique à un carton d'autel ou à un livre contenant en tête le canon de la messe, qui commence par ces mots, Te igitur, clementissime Pater. Le Te igitur pouvait être un livre, car l'usage des cartons ou tableaux n'était pas très répandu au siècle dernier et n'est pas encore adopté dans certaines églises, notamment celles d'Italie. (Cf. Du Cange, *Glossarium*, verbo Te igitur; et Barbier de Montault, *Traité de la construction et de l'ameublement des églises*, t. I, p. 367).

(2) On désigne encore par ce terme les catafalques servant pour les offices funèbres autres que ceux d'enterrement.

(3) L'église de Boyer a conservé son abside romane, voûtée en cul de four. De chaque côté de ce sanctuaire s'ouvre une chapelle. Celle de gauche appartenait au seigneur du lieu. En 1887, des travaux de réparation ont mis à jour une litre peinte sur les murs de la nef, à l'intérieur. Nous y avons vu les écussons suivants : 1° *Ecartelé aux 1er et 4e d'or à cinq merlettes de...... posées deux, une et deux; aux 2e et 3e de vair à la croix de gueules; 2° Parti au 1er d'azur à trois fallots d'or, allumés de gueules, qui est de Ciberand* (voir note des pages 10 et 11); *au 2e d'or à la bande de....*

compris l'espace qu'occupe le vestiaire, sur douze pieds de largeur. Le siège du sieur curé est du côté de l'épître. On descend dans le chœur par une marche en bois ; le reste est carrelé ainsi que le chœur qui peut avoir dix pieds en longueur sur seize de largeur ; il est séparé de la nef par une traverse en bois et un crucifix en état, au-dessous duquel est la table de la communion, en mauvais état. On descend dans la nef par une marche en bois. Elle est lambrissée proprement, bien pavée, blanchie et éclairée par un grand vitrail et un petit en midi en état et un autre petit en soir ; elle peut avoir dix pas en large sur dix-huit de longueur. *Chœur.*

Nef.

Il n'y a qu'une porte dont la marche en entrant a besoin de réparation, bien fermante, au devant de laquelle est un chapiteau (1) dont les lattes sont pourries. *Porte*

Visite faite de l'extérieur de ladite église, les murs nous ont paru en bon état ainsi que la couverture et le clocher qui est une petite tour carrée, mal enduite. Il y a deux cloches bien sonnantes ; on y monte par une échelle en bois en dehors de l'église. *Clocher.*

Le cimetière environne ladite église de toutes parts, il n'est point clos de murs, mais seulement de haies vives, à l'exception de la place appartenant au seigneur qui n'en est point séparée. Le tout avec ladite église de la contenue d'une mesure environ ; confine de toute part le seigneur de Boyer, un chemin entre deux de soir. Il y manque une croix. *Cimetière.*

Après quoi nous avons interrogé le sieur curé et autres susnommés comme s'en suit.

1º Qui nomme à la cure ? *Nomination*

Répondent que la nomination et pleine collation de ladite cure nous appartient à cause de notre dignité épiscopale.

---

(1) Au XVIIIᵉ siècle, ce mot désignait les petits porches en charpente que nous nommons auvents. Aujourd'hui encore, en Forez, un vocable analogue, *chapit*, désigne un auvent, un hangard ouvert.

Communiants.	2° Combien il y a de communiants et de quel ressort ?

Répondent qu'il y a environ cent soixante communiants du bailliage et élection du Beaujolais, parlement de Paris.

Seigneurs.	3° Quel est le seigneur haut justicier ?

Répondent que le sieur Maugé Duchassin a acheté la haute justice.

Décimateur.	4° Qui sont les décimateurs et à quelle quotité se perçoit la dîme ?

Répondent que le sieur curé est seul décimateur dans toute

Confins. l'étendue de ladite paroisse ; confine de matin le chemin tendant du domaine de la Bussière à la croix qui sépare Jarnosse et Boyer, et de là, suit le chemin tendant à Villers, laissant la dimerie de Jarnosse de matin jusqu'au grand chemin tendant de Roanne audit Villers ; de bise, elle suit ledit chemin jusqu'à la borne qui sépare la paroisse de Jarnosse de celle de Boyer, laissant toujours la dimerie de Jarnosse de matin et bise ; de soir, depuis ladite borne, elle descend le long du grand chemin qui va dudit Villers à Nandax jusqu'à la goutte Vuideau, laissant de soir la dimerie de Ressins, laquelle goutte faisant la séparation des deux dimeries, tend auprès du domaine de la Roche du seigneur de Ressins et va aboutir à la rivière de Jarnosse qui fait la séparation de la dimerie de Boyer et de Coutouvre ; de là ladite dimerie remonte le long de ladite rivière jusqu'au grand chemin de Charlieu à Coutouvre, laissant du côté de midi la dimerie de Coutouvre ; de là la dime va reprendre le village de L'Espinasse avec les domaines d'Etieugues, le Poque, lesquels sont confinés par une goutte et rivière de Tesches, et remonte en ligne directe jusqu'au grand chemin de Charlieu à Thisy et enclave le finage de Fouilland, paroisse de Jarnosse, qu'elle suit et qui sépare la dime de Jarnosse et Boyer jusqu'au pin de Jarnosse, tendant en ligne directe à la croix qui sépare Jarnosse et Boyer vers le chemin du domaine la Bussière à ladite croix.

Quotité.	Et se lève ladite dime sur le vin, froment, seigle, orge,

avoine, fèves et chanvre, de vingt la vingt-et-une; lorsqu'il n'y a pas dix gerbes, le décimateur ne prend rien, lorsqu'il y en a dix, il prend la moitié d'une gerbe et à proportion s'il y a plus de dix gerbes ; pour le vin, il se dime de plus le plus, de moins le moins, le tout quérable. Les menus grains qui ne se lient point ne sont point sujets à la dime. Quant aux novales (1), elles demeurent confondues dans la grande dime dont le sieur curé jouit.

Enquis s'il y a des fonds de cure ? *Fonds de la cure.*

Répondent qu'il y a : 1° Un pré attenant à la cure, de trois chars de foin environ. Confine de matin accolant bise les jardin et bâtiments de la cure, de midi le chemin de la cure à Jarnosse, de soir le verger ou pâquier dudit curé, et de bise le pré de Benoît Montet, une haie entre deux.

2° Le verger ci-dessus de l'autre côté de la cure, ledit chemin entre deux, de la contenue d'environ dix mesures. Confine de matin accolant midi le susdit chemin, de bise la terre de Benoît Montet, de soir les terres du seigneur de Boyer, ledit pâquier environné de haies vives, plantées par ledit sieur curé.

Enquis si l'on paye des coupes de feu et des gerbes de Passion ? *Coupes de feu.*
Gerbes de Passion.

Répondent qu'ils ne payent point de coupes de feu ; mais que ceux qui tiennent feu et labourent avec quatre bœufs payent chacun une mesure seigle de Charlieu, et ceux qui n'ont que deux bœufs payent deux coupes ; ceux qui ne labourent point ne payent rien, quoique le sieur curé prétende qu'il est en droit d'exiger d'eux cinq sols par feu, ainsi que son prédécesseur les percevait, moyennant quoi ledit sieur curé est obligé de réciter la Passion chaque jour depuis l'Invention de Sainte Croix jusqu'à l'Exaltation d'icelle.

Enquis quels sont les droits curiaux ? *Droits curiaux.*

---

(1) Voir note 1 de la page 42.

Répondent qu'ils sont en usage de payer trois livres pour les mariages, remises et sépultures des grands corps, trente sols pour la sépulture des enfants, une poule pour la purification des femmes, non compris l'honoraire de la messe ; pour le *débit* de Pâques, dit le sieur curé que lesdits habitans payaient à son prédécesseur six liards par chaque communiant, lesquels il n'a point exigés depuis longtemps attendu la pauvreté desdits habitants.

Fondations. Enquis s'il y a des fondations ?

Répondent qu'il y en a plusieurs et 1° de trois messes basses par semaine, faite par Ponthus de Ciberan (1), sei-

---

(1) Voici quelques renseignements sur l'ancienne famille de Ciberand dont le nom est souvent cité dans ce procès-verbal. Nous les avons puisés à des documents inédits de nos archives (1° Copie par Aug. Chaveroudier d'un registre des archives seigneuriales du château de la Varenne, paroisse de Coutouvre, intitulé *Protocole de plusieurs notaires*, 1491 et années suivantes. Nous avons eu nous-même l'original entre les mains. 2° Notes généalogiques de M. Potignon de Montmegin, érudit brionnais du siècle dernier, dont les papiers, acquis jadis par M. l'abbé Cucherat, sont actuellement notre propriété).

En 1491, Benoît de Ciberand, notaire à Charlieu, était déjà possessionné à Boyer. Il se rendit alors acquéreur au prix de 130 livres tournois du quart de la dîme de Boyer que lui vendit messire C¹ le du Saix, chevalier, seigneur de Ressins. Il eut pour enfants :

1° Jean qui suit.
2° Henri, dont une fille, Claudia, épousa Jean Seurre.
3° Philibert, religieux au prieuré bénédictin de Charlieu.

Deuxième degré. — Jean de Ciberand figure, de société avec son frère Henri, sur un grand nombre d'actes. Nous ne savons si les revenus de la justice de Charlieu qui appartenait aux deux frères furent l'origine de leur fortune. Quoi qu'il en soit, leur patrimoine s'accrut avec une rapidité extraordinaire. En quelques années, comme en témoigne le protocole des archives de la Varenne, ils acquirent successivement onze tènements à Boyer et plusieurs à Charlieu, à Belmont, à Chandon, etc. Enfin, en 1518, possesseurs d'une partie du territoire de Boyer et principaux décimateurs de cette paroisse, ils en achètent la seigneurie.

Jean de Ciberand eut d'Antoinette Faye, sa femme

1° Marthe, mariée à noble Pierre des Fournières, de Pouilly, seigneur de Tigny, châtelain de Charlieu en 1528.
2° Noble Annemond de Ciberand, châtelain de Charlieu en 1532, qui continua la postérité.

Troisième degré. — Noble Annemond de Ciberand, seigneur de Boyer, fit don d'un calice d'argent doré à l'église de Saint-Philibert en 1539. Nous ne savons qui il épousa. Ses enfants furent :

gneur de Boyer, qui a donné à ladite église un domaine dit de Renizet en ladite paroisse; et de plus, en considération du bien qui revenait à ses vassaux de la désunion de la cure de Boyer de celle de Jarnosse faite par M. Gaspard Dinet l'un de nos prédécesseurs, avait doté la cure de Boyer de plusieurs parcelles de dîme, sises en la paroisse de Jarnosse et encore affranchi de cens et servis ledit domaine: appert du tout par la donation reçue Guerin du 26 mai 1602 et son

---

1° Benoît, qui suit.

2° Jean, docteur ès-droits, official primatial et custode de Sainte-Croix de Lyon.

Quatrième degré. — Noble et égrège personne M° Benoît Ciberand, licencié-ès-lois, seigneur de Boyer et Gotillard en Beaujolais, épousa par acte passé au prieuré de Charlieu, le 23 novembre 1560, demoiselle Etiennette Boyer, fille de noble et égrège personne M° Jean Boyer, docteur-ès-lois, seigneur de Trémoles et lieutenant général civil et criminel au bailliage de Mâcon. Il fit élection de sépulture en l'église de Saint-Philibert de Charlieu, dans sa chapelle fondée sous le vocable de sainte Barbe ou dans l'église de Boyer. De son mariage avec Henriette de Boyer naquirent :

1° Jean-Baptiste de Ciberand, mort sans enfant.

2° Ponthus, qui suit.

3° Théodore, entré en religion.

4° Jeanne.

5° Marguerite.

6° Girarde, femme de noble Joachim d'Arcy, sieur de la Farge, paroisse de Combre.

7° Hélène, religieuse à Champchanoux en Bourgogne.

8° Barbe, religieuse à Sales en Beaujolais.

Cinquième degré. — Noble Ponthus de Ciberand, écuyer, sieur de Boyer, Gotillard, la Montagne et Jarnosse, fut lieutenant de la compagnie de chevau-légers du marquis d'Elbœuf. Il comparut au bailliage de Saint-Pierre-le-Moutier lors de la convocation du ban et de l'arrière-ban, comme sieur de la Montagne, le 24 mai 1639. C'est lui qui est l'auteur de la fondation mentionnée dans ce procès-verbal.

Il eut pour femme dame Anne de Chandon, dame de la Montagne-Saint-Honoré et de Marry sous ladite Montagne, pays de Nivernais. Il mourut sans enfant et en lui s'éteignit la maison des Ciberand de Boyer, qui, comme on le voit, tient une place importante dans l'histoire de Charlieu.

Ses neveux, Charles d'Arcy, sieur de la Varenne et Contoure, et Jean du Bost, seigneur de Sauvigne en Charollais, furent ses cohéritiers universels. C'est ainsi que la terre de Boyer passa à la maison d'Arcy.

Ajoutons que les Ciberand portaient *d'azur à trois fallots d'or, allumés de gueules* (Voir page 6, note 3).

testament reçu Bonault du 10 mars 1640, coté n° 1.

Avons fixé ladite fondation, conformément à une réduction déjà faite par M. de Tilladet, notre prédécesseur, à deux messes basses par semaine et y ajoutons une *Antienne* à la Sainte Vierge et un *Libera me* à haute voix dans la chapelle du seigneur chaque dimanche à l'issue des vêpres.

Et sont lesdits héritages : 1° trois portions de terres contiguës, consistant chacune en quarante mesures environ qui se sèment alternativement de trois en trois ans; continent de matin les terres et héritages d'Imbert et Michel Brosselard, de bise les bois du domaine et prés du seigneur, de soir les terres dudit seigneur du domaine Chavoin, de midi les terres de Michel Brosselard et les prés et bois du domaine de Pocque appartenant audit seigneur.

Item, un pré de huit à neuf chars de foin sis au bas desdites terres du domaine, jouxte de bise le ruisseau de Jarnossin, de matin et midi les terres dudit domaine, de soir le chemin de Boyer à Jarnosse.

Item, un bois contigu auxdites terres de huit à dix arpents environ, jouxte de tous côtés lesdits terres et ruisseau.

Item, un taillis, lieu dit aux Brosses Fouillant, de trois à quatre arpents, jouxte le bois et taillis du seigneur et du domaine Pocque de matin, le pré de Jean Des Chavannes de bise, le taillis dudit Des Chavannes de soir, et de midi les terres du domaine Pocque.

Item, une maison de l'état de laquelle nous chargeons notre vicaire général de dresser un état en présence du sieur curé et qui sera joint au procès-verbal.

2° Fondation d'une messe basse par semaine faite par Antoinette de Vouldy sous la rente annuelle de quinze livres, hypothéquée sur tous ses biens par son testament, reçu Ponchon, du 5 mars 1708, dont extrait coté n° 2. Aujourd'hui payée et reconnue par acte de main privée du sieur de Sevelinges, héritier de ladite Devouldy, le 17 février 1714, sous la même cote. Chargeons le sieur curé de faire passer reconnaissance par devant notaire et à sa réquisition avons réduit ladite fondation à vingt messes basses.

3° Fondation de deux messes basses, faite par Etienne Praslus sous la rente annuelle de vingt sols, hypothéquée sur un clos de vigne, jardin et chenevière, lieu dit de Marillié, par acte reçu Berthelet du 17 mars 1640, coté n° 3. Payée aujourd'hui par Antoine et François Merlieu; chargeons le sieur curé de faire passer d'icelle une reconnaissance.

4° Fondation de six messes basses faite par Jean Fouilland sous la rente annuelle de quatre livres hypothéquée sur le clos et tènement de la Rochelle par son testament reçu Berthelet du 30 novembre 1640. Ladite rente aujourd'hui due par le sieur curé comme bien-tenant. Il y a une sentence du bailliage de Beaujolais contre ceux qui tenaient ci-devant lesdits fonds qui tient lieu de reconnaissance, signée Meissonnier, du 6 mai 1726, cotée avec le susdit testament, n° 4.

5° Fondation de quarante-six messes basses, faite par Etienne Brosselard et sa femme, par acte reçu Praslus du 19 octobre 1730, sous la rente annuelle de vingt-trois livres affectée et hypothéquée sur un domaine dit Pralilon; payée aujourd'hui par les héritiers de Claude Fouilland qui l'a reconnue par acte reçu Alemonières le 12 novembre 1739, cotée avec le susdit acte n° 5.

Avons à la réquisition du sieur curé réduit ladite fondation à deux messes par mois et un *Libera me* à voix basse à l'issue de chacune.

6° Fondation d'une ou plusieurs messes, à raison de dix sols par messe, faite par Toussaint Gros-Denis qui a donné une maison, deux petites terres et un coin de jardin situés au village de l'Epinasse, et sont lesdits héritages confinés comme s'ensuit. La première terre joute de matin le sentier de l'église de Boyer au susdit village, de midi la vigne d'Hugues Sève, de bise un coin de terre de Sébastien Fusil, de matin autre terre du même, et de soir le chemin de l'église au village. La seconde terre jouxte de matin les terres du domaine d'Etieugues au seigneur, de bise accolant soir un sentier tendant de l'église audit village, et de midi la terre dudit Fusil; lesdits fonds de six mesures environ. Le jardin joint de soir le chemin tendant du village à la rivière de Sèche, de bise et de matin le sentier de la grange d'Etieugues, de midi la terre dudit Fusil. Chargeons notre vicaire général de visiter les bâtiments de ladite fondation et d'en dresser un état qui sera joint au présent procès-verbal.

Le testament susdit reçu Nompert, du 7 janvier 1690, coté n° 6. Avons fixé ladite fondation à six messes basses.

7° Fondation d'une messe basse, faite par André Périer sous la rente annuelle de vingt sols, hypothéquée sur un pré et une terre dite du Seignet par acte reçu Berthelet du 20 novembre 1636, coté n° 7. Ladite rente payée par Marguerite Praslus et Etienne Brossette; chargeons le sieur curé de les faire reconnaître.

8° Fondation dont on ignore le service et le testateur sous une pension de trente sols hypothéquée sur une maison et héritage sis à Boyer, reconnue par Jean Fouilland par acte reçu Paisseaud du 6 octobre 1614, coté n° 8. Payée par Etienne Cruzille et Antoine Patin, bien-tenants; chargeons le sieur curé de les faire reconnaître et de dire deux messes basses pour le service d'icelle.

Le sieur curé nous a de plus représenté qu'outre les fondations énoncées ci-dessus, il y en a une de vingt-quatre messes basses faite par M. François d'Arcy (1), seigneur de Boyer, sous la pension annuelle de douze livres par son testament, reçu Praslus, notaire, du 22 février 1724; ledit testament n'ayant été ni contrôlé, ni insinué, le sieur curé n'en a pu lever l'expédition, et attendu qu'il ne peut contrain-

---

(1) La note ci-dessus, page 11, explique comment la seigneurie de Boyer était passée de la maison de Ciberand à celle d'Arcy.

dre les héritiers à reconnaître et payer ladite fondation, il n'a pu l'exécuter jusqu'à ce jour.

Sera fait un tableau des fondations conformément au susdit règlement, lequel sera posé dans le vestiaire afin que les parties intéressées puissent y avoir recours.

Enquis s'il y a une fabrique et par qui administrée ? *Fabrique.*

Répondent que la fabrique est actuellement administrée par honnête Claude Chartier, nommé dans une assemblée de paroisse par notre archiprêtre et le sieur curé en 1730, et que ses revenus consistent : 1° en un quart d'huile annuellement légué à ladite église par Pierre Gobier par son codicille du 24 avril 1640, reçu Berthelet, ladite redevance reconnue par Sébastien Fusil le 30 juin 1717, reçu Boujot, et cotée avec ledit codicille A.

2° Dans les honneurs de l'église, appelés vulgairement *Royaume* (1), délivrés au plus offrant et produisant annuellement environ vingt livres de cire.

3° Pour l'ouverture de la terre dans l'église, non compris la réparation du pavé et de la fosse, il est dû un droit à la fabrique que nous fixons à quatre livres.

4° Le produit des quêtes que nous ordonnons être faites les dimanches et fêtes dans ladite église et qui sera déposé dans un tronc fermant à deux clefs et qui sera fait et posé dans le lieu le plus convenable. Et ayant demandé audit luminier les comptes de ladite fabrique, il nous a répondu qu'il n'en tenait point, mais qu'il employait le peu qu'il recevait à mesure que l'occasion s'en présentait. *Comptes.*

Sur quoi nous avons ordonné conformément à l'ordonnance du Roi que ledit luminier tiendra un livre de compte par articles séparés de recettes, dépenses et reprises, et qu'il rendra

---

(1) L'usage d'élire, à certaines fêtes, un roi, une reine et des officiers royaux, subsiste encore dans quelques paroisses. Ces dignités conférées au plus offrant se payent par des oblations de cire. Nous donnons en note, p. 44 le curieux procès-verbal des *Rites du royaume* de la paroisse de Chandon, en 1620.

ses comptes pardevant les sieur curé et notables de la paroisse chaque année ; et, attendu la modicité des revenus de la susdite fabrique, permettons de poser des bancs en longueur le long des murs de ladite église de la largeur d'un pied, dont les places seront amodiées annuellement au plus offrant et le produit appliqué aux besoins dudit luminaire.

Enquis s'il y a des confréries, reliques et indulgences ?

Répondent qu'il n'y en a point.

Enquis s'il y a un presbytère ?

Répondent qu'il y en a un, éloigné de près de huit cents pas de ladite église ; avons commis notre vicaire général pour en faire la visite avec les sieur curé et notables de la paroisse, en dresser un état qui sera joint au présent procès-verbal.

DEREUX, curé de Boyer.

Interrogats des habitants seuls. — Après quoi le sieur curé s'étant retiré, nous avons interrogé les habitants seuls comme s'ensuit :

1º Si le sieur curé fait sa résidence actuelle et ne fait point d'absences préjudiciables au bien de la paroisse ?

Répondent qu'il est très exact.

2º S'il ne manque pas de leur dire la messe et vêpres les jours de fêtes et dimanches aux heures marquées par les ordonnances ?

Répondent qu'il n'y manque pas.

3º S'il visite les malades et si personne n'est mort privé des Sacrements par sa faute ?

Répondent qu'il visite les malades et administre bien les Sacrements.

4º S'il fait les prônes et les catéchismes les dimanches et fêtes, suivant notre dernière ordonnance ?

Répondent qu'il s'acquitte au mieux de tous ses devoirs.

5º S'il exécute exactement les fondations ?

Répondent qu'ils ne se sont pas aperçus qu'il y ait manqué.

Lecture faite de tout ce que dessus aux susdits habitans, ils l'ont trouvé conforme à la vérité et ont signé avec nous le présent procès-verbal, excepté ceux qui ne l'ont su, de ce enquis.

  † H. C., évêque de Mâcon ; l'abbé de BULLY, vicaire général ; BROSSELARD ; BROSSELARD ; B. MONTET ; Antoine PATIN ; BROSSETTE ; PLASSARD, vice-promoteur ; NOBLET, greffier.

Après quoi nous avons interrogé le sieur curé seul comme s'ensuit : *Interrogat du sieur curé seul.*

1º De ses noms, âge, diocèse, ordination, provision et institution de ladite cure ?

Répond qu'il s'appelle Yves Dereux, né à Ambière (1), diocèse de Lyon en 1681, ordonné prêtre à Lyon en 1705, pourvu de ladite cure par M. de Tilladet (2), notre prédécesseur, et mis en possession en 1713.

2º Si ses paroissiens observent la sanctification des dimanches et fêtes ?

Répond qu'il n'a pas lieu de s'en plaindre.

3º S'il n'y a point de fêtes de dévotion ?

Répond qu'ils sont en usage de chômer la fête de saint Roch à cause de la peste et celle des saints Abdon et Sennen à cause d'un orage arrivé à pareil jour.

4º S'il n'y a point d'inimitié, d'éclat, de procès scandaleux, ni de divorces ?

Répond qu'il y a quelques inimitiés particulières qu'il espère d'assoupir, sur quoi nous l'avons exhorté à leur représenter les devoirs de la charité chrétienne.

5º Si personne ne manque au devoir pascal ?

---

(1) Il faut sans doute lire Ambierle.
(2) Michel II Cassagnet de Tilladet, 77ᵉ évêque de Mâcon, 8 déc. 1676 — 6 sept. 1731.

Répond que tous y ont satisfait à l'exception d'un seul qu'il ne veut dénoncer, espérant de le ramener à son devoir par la voie de la douceur.

6º S'il y a des sages-femmes en état d'administrer le baptême en cas de nécessité ?

Répond qu'il y en a une suffisamment instruite.

7º S'il y a un maître d'école ?

Répond qu'il n'y en a point.

8º S'il n'y a point de chapelle rurale ou domestique dans l'étendue de la paroisse ?

Répond qu'il n'y a point de chapelle domestique, mais une rurale sous le vozable de saint Roch (1) à cent pas de l'église. Avons commis pour faire la visite d'icelle notre vicaire général, pour en dresser un état qui sera joint au présent procès-verbal.

Ensuite avons demandé au sieur curé les registres de baptêmes, mariages et sépultures et nous a exhibé les suivants : 1º un petit livre couvert en parchemin contenant tous les actes depuis 1603 jusqu'en 1670.

Autre double depuis 1645 jusqu'en 1660.

Plusieurs feuilles volantes contenant plusieurs actes sans ordre depuis 1670 jusqu'en 1694.

Plusieurs cahiers séparés contenant les actes depuis 1693 jusqu'en 1712 ; il manque trois années jusqu'en 1716.

Autres cahiers séparés depuis 1716 jusqu'en 1737.

Autre depuis 1737 jusqu'en 1740, et depuis ledit temps les actes sont suivis et en ordre jusqu'à la présente année 1746.

Titres de la cure. Enquis s'il a quelques autres titres concernant ladite cure, outre ceux qui sont mentionnés au présent procès-verbal ?

Répond qu'il a les suivants : 1º Une liasse concernant les

---

(1) Cette chapelle a été détruite.

amortissements de la fondation d'Antoinette de Vouldy, cotée B.

2° Verbal de l'état des bâtiments et héritages dépendant de la cure de Boyer, soit presbytère, soit maisons et domaines de fondation, coté C.

3° Liasse concernant les droits d'amortissement des fondations, presbytère et fonds de la cure, cotée D.

4° Transaction au sujet d'une rente annuelle de sept livres seize sols par le sieur curé de Boyer aux sociétaires de Saint-Philibert de Charlieu à cause du domaine de Renizet, ainsi qu'il est porté par le testament de Ponthus de Ciberand, laquelle somme est la rétribution des messes des Quatre-Temps que lesdits sociétaires sont obligés de célébrer pour ledit sieur de Ciberand le dimanche, cotée E.

5° Copie conforme de l'acte de désunion de l'église de Boyer de celle de Jarnosse et de l'érection de ladite église en paroissiale faite par M. Gaspard Dinet, l'un de nos prédécesseurs, en date du 25 novembre 1602, cotée F. Et les susdits titres à nous exhibés ont été à l'instant retirés par le sieur curé qui en demeure chargé et a signé avec nous.

☩ H. C., évêque de Mâcon ; l'abbé DE BULLY, vicaire général ; PLASSARD, vice-promoteur ; DEREUX, curé.

Presbytère.

Nous, vicaire général, en vertu de la commission à nous donnée, avons procédé à la visite du presbytère en présence d'honnêtes Michel et Etienne Brosselard, Benoît Montet, et Claude Chartier, nommés par les habitants pour assister à la visite dudit presbytère. Nous avons trouvé un rez-de-chaussée, [deux mots illisibles] du côté de matin accolant bise, composé d'une cuisine, un passage et une petite chambre, une cave au-dessous d'un autre petit cabinet ; au-dessus sont deux chambres où l'on monte par une échelle de bois, fort rapide, placée dans le susdit passage ; derrière ledit bâtiment est une écurie avec un fenil au-dessus ; les murs, charpente, couvert, tout est en état. Au devant dudit bâtiment est un jardin, lequel, avec les bâtiments et la cour qui les sépare, de deux mesures et demie de Charlieu, confine de matin accolant bise le pré de la cure, de midi le chemin de Boyer à Charlieu, de soir le pré de Benoit Montet ; et ont les susdits habitants signé avec nous ceux qui l'ont su et non les autres, pour ne savoir écrire, de ce enquis.

L'abbé de BULLY, vicaire général ; BROSSE-
LARD ; BROSSELARD ; B. MONTET ; PLAS-
SARD, vice-promoteur.

Chapelle de Saint-Roch, rurale. Ensuite, nous, vicaire général susdit, nous sommes transporté dans la chapelle de Saint-Roch à cent pas de l'église dudit Boyer, isolée, pavée en carreaux et en cadettes, blanchie et lambrissée, éclairée en matin par un œil-de-bœuf, ouverte par le bas par des barreaux et fermée par une porte au milieu, en état, au devant de laquelle est un chapiteau de quatre pas de long sur cinq de large, elle peut avoir cinq pas en largeur sur six de profondeur, les murs et la couverture sont en bon état.

Bâtie par Benoît de Cyberand, seigneur de Boyer et Bontalaud. L'autel est de pierre, revêtu de boiserie en entier et couvert d'une nappe, au devant de laquelle est un devant d'autel de calemande rayée, sur lequel est un gradin de bois simple avec une statue de saint Roch en état, peinte et dorée en partie, de deux pieds de hauteur, un crucifix de bois et quatre chandeliers avec deux vases de verre blanc. L'autel est consacré par M. Dinet.

Enquis s'il y a un service ? Répond le sieur curé qu'il n'y en a point, mais qu'il y vient célébrer chaque année la messe le jour de Saint-Roch processionnellement.

Domaine de Renizet. De là nous nous sommes transporté au domaine de Renizet pour faire la visite du bâtiment d'icelui, que nous avons trouvé en la situation suivante : une chambre basse, dont la grosse poutre est étayée et le plancher en mauvais état ; au-dessus est un grenier à foin ; à côté, en bise, est une autre chambre dont les poutres sont étampées ; il n'y a qu'un jour en matin, très-étroit et grillé ; de soir la grange et l'écurie, séparée par un mur de refend, au-dessus de laquelle est un grenier pour les grains, en état.

Les murs en bise et partie matin ont été relevés à neuf par le sieur curé ; ceux en midi sont en mauvais état ; confine de tous côtés les terres du domaine. Le sieur curé doit y laisser un cheptel de cent livres et quarante mesures de semence seigle, mesure de Charlieu, comme il est porté dans le verbal de visite dudit domaine ci-dessus, coté C.

Etant allé au village de l'Epinasse, nous avons trouvé un bâtiment consistant en une chambre basse et un grenier en dessus, en état. Confine le sentier tendant du village à l'église de l' — de bise et matin, de midi et soir maison attenante de ... tien Fusil, une cour au devant appartenant à la maison du susdit domaine. *Domaine de l'Epinasse.*

<blockquote>L'abbé DE BULLY, vicaire général ; DEREUX, curé ; PLASSARD, vice promoteur.</blockquote>

Nous a représenté le sieur curé que par le testament du sieur Ponthus de Ciberand ci-dessus coté n° 1, ledit sieur charge ses héritiers de payer l'aumône que l'on a coutume de faire à Boyer les trois fêtes des Trépassés, à chacune un boisseau seigle et un boisseau fèves, laquelle aumône il fonde à perpétuité et hypothèque sur tous les biens de ladite terre de Boyer. *Omissions.*

Sur quoi il nous aurait prié d'interposer notre autorité pour faire acquitter ladite fondation.

<blockquote>† H. C., évêque de Mâcon ; l'abbé DE BULLY, vicaire général ; DEREUX, curé ; PLASSARD, vice-promoteur ; NOBLET, greffier.</blockquote>

SAINT-DENIS DE CABANNE

Cejourd'hui, quinzième du mois de juillet l'an mil sept cent quarante-six,

HENRY CONSTANCE de Lort de Sérignan de Valras, par la miséricorde de Dieu et par la grâce du Saint Siège apostolique, évêque de Mâcon, savoir faisons que continuant les visites générales de notre diocèse et étant arrivé à cet effet en la paroisse de Saint-Denis de Cabanne, sous les vocables de saint Denis et de saint Laurent, où après avoir été reçu et fait les prières en la manière accoutumée, en conséquence de la publication de notre visite faite au prône, le dimanche précédent, ont comparu pardevant nous Me Claude Vagiray, curé dudit lieu, sieur Christophe Vaginay, Claude Boussan, Benoit Cucher, Pierre Deshales, Jean Barbin, Jean Fontaine, Claude Guionnet, François Deshales, Antoine Varigaud, Hippolyte Mercier, Jean Varigat, Aimé Lachenat, Jean Boussan, Denis Moncorgier, Pierre Fontaimpe, Pierre Guionnet, Etienne Chorgnon, Louis Delomié, Jean Perret, les décimateurs ni personne pour eux ne comparant, ni autres intéressés si aucuns sont ne comparant, contre lesquels non comparants notre vice-promoteur a requis défaut

Vocables.

que nous lui avons octroyé, assisté encore de notre vicaire général et vice-promoteur susdits et soussignés, et plusieurs autres ; les susnommés, convoqués au son de la cloche et assemblés, étant tous habitants ou paroissiens dudit lieu, faisant et composant la plus grande et plus saine partie de leur paroisse, en présence desquels avons procédé à la visite d'icelle et dressé le présent procès-verbal.

Vases sacrés.   Nous avons reconnu un petit ciboire non doré tenant environ quatre-vingts hosties, un petit soleil dont le seul croissant est d'argent et le pied d'arquemil argenté, une custode de vermeil propre, un calice avec sa patène dorés par dedans, le tout d'argent, excepté le pied du soleil, et en état de servir en faisant nettoyer et blanchir le pied du calice.

Tabernacle.   Le tabernacle avec son gradin, accompagnements dans les côtés, corniche et couronnement sans niche, est de bois peint, doublé d'une vieille étoffe de soie ; sur le gradin sont les statues de saint Denis et de saint Laurent, de bois argenté et doré, avec quatre chandeliers de cuivre et une petite croix de bois noir à laquelle est attaché un petit Christ de plomb. Plus haut que le tabernacle est un tableau pouvant encore servir, représentant Notre-Seigneur en croix, avec cadre de bois peint, formant un petit retable, couvert d'un rideau d'indienne à deux pièces avec pavillon de cotonne pour couvrir le tabernacle.

Autel.   L'autel est en maçonnerie avec table de pierre, où est incrusté un petit marbre sacré en état ; ledit autel est couvert d'une nappe à dentelle et de deux sous-nappes, revêtu d'un cadre de bois peint, usé dans les bouts, avec devant d'autel d'un vieux satin rayé, et hors de service ; marchepied de pierre.

Fonts baptismaux.   Les fonts baptismaux, placés du côté de l'évangile à quelque distance de la porte, sont de pierre de taille ovale, posée sur un pied circulaire ; ils sont garnis d'une cuvette de cuivre avec son couvercle de bois ; il y a un bassin de cuivre pour recevoir l'eau, qui tombe dans les fonts mêmes, où est la piscine sous la cuvette ; il y a un couvercle de bois fermant à clef, armé de pointes de fer avec une croix aussi de fer. Les Saintes Huiles sont conservées dans trois petites ampoules d'étain, renfermées dans un vase de même matière. Vis-à-vis les fonts baptismaux est un bénitier proprement fait, garni d'une cuvette de cuivre. Le confessionnal, en mauvais état, est de bois de sapin, placé contre le mur de la nef du côté de l'épitre. La chaire à prêcher qui lui fait face de l'autre côté est de bois de chêne avec petit couronnement, sans dossier ni degré. Vases des Saintes Huiles.
Bénitier.
Confessionnal.
Chaire à prêcher.

La bannière est de satin blanc, à franges de soie, où est représentée des deux côtés la Sainte Vierge tenant l'Enfant Jésus entre ses bras ; elle est attachée à une petite croix processionnelle de cuivre argenté. Bannière.
Croix processionnelle.

Autre bannière de satin rouge, petite et usée, attachée à une croix processionnelle de cuivre anciennement argentée. Le tour du dais est d'une étoffe de soie rouge à franges de soie jaune, l'impériale de toile. La table de la communion est une petite balustrade de bois de chêne placée sous l'arc qui sépare le sanctuaire de la nef. Au haut de la nef sont deux autels uniformes, l'un à la droite, sous le vocable de Notre-Dame de Pitié, représentée dans un tableau effacé et brûlé dans un endroit, avec double cadre et corniche de bois, formant un retable, couvert d'un rideau de toile en deux pièces ; l'autel est en maçonnerie avec table de pierre, sur laquelle est un petit marbre sacré pouvant à peine servir, enchâssé dans du bois, ledit autel est couvert de deux nappes, revêtu d'un cadre de bois, avec devant d'autel de satin rayé, en état ; marchepied de pierre ; il y a sur l'autel deux mauvais gradins de bois blanchi, où sont quatre petits chandeliers et une croix de bois, où est aussi une petite statue de la Sainte Vierge de bois peint. Dais.
Autel de Notre-Dame.

L'autre autel à la gauche, sous le vocable de saint Denis, est en tout semblable au précédent, excepté que le tableau est plus mauvais, qu'il n'y a point de marbre sacré et que le rideau en deux pièces est d'indienne ; point de fondations. Autel de Saint-Denis.

Sacristie. Derrière l'autel est un petit espace humide, fermé par un boisage de chêne de six pieds de haut, servant de vestiaire.

Linges. Dans une petite armoire de bois de noyer, placée dans le sanctuaire, avons trouvé une mauvaise nappe d'autel, une nappe de communion presque usée, trois corporaux, six purificatoires, une aube pouvant à peine servir, une autre hors de service, trois amicts, deux surplis, un cordon usé.

Ornements. Une chasuble de camelot violet, dont la croix est verte, de service, une autre vieille, de moquette, hors de service, une autre de camelot rouge usée, sans bourse, une autre de damas à fleurs, à dentelle d'argent, pouvant servir en y faisant quelques réparations, une autre noire de calemande en état, une écharpe de calemande rayée.

Livres. Un missel de service avec deux petits rituels pour tout livre, un vieil encensoir avec sa navette de cuivre, un bénitier de cuivre pour l'aspersion, deux burettes d'étain, une clochette, une petite lampe de cuivre, une très petite d'étain, un fanal, un petit pupitre, un fauteuil de bois pour le célébrant.

Description de l'église. L'église(1) est de deux parties. L'une forme le sanctuaire, de grandeur médiocre, bien cadetté mais fort humide, éclairé de deux petits vitraux, garnis d'un barreau de fer, lambrissé de bois de sapin à compartiments, mais dont le lambris a besoin d'être refait presque partout, terminé par un arc en pierre,

Clocher. sur lequel est un petit clocher en charpente et en pierre dont partie des bois sont pourris, de même que les plateaux de bois qui le couvrent ; il y a deux petites cloches bien sonnantes.

La nef est longue d'environ cinquante pieds sur vingt de large, partie carrelée, partie cadettée ; il est nécessaire de relever les cadettes et les carreaux en plusieurs endroits. Dans le haut est une pièce de bois supportant un crucifix de bois peint ; ladite nef est éclairée de quatre vitraux dont deux

---

(1) L'édifice actuel, œuvre de M. Bertler, architecte à Mâcon, date du milieu de ce siècle.

sans vitres ; les murs en paraissent bons ; elle est lambrissée de planches de sapin, presque neuves ; il y a une petite balustrade de bois au-devant des deux petits autels ; l'espace qu'elle termine, un peu plus élevé que la nef, forme comme un chœur ou avant-chœur.

Ensuite avons visité le cimetière régnant autour de l'église, clos partie en murs de pierres sèches, et la plus grande partie par des buissons ; il n'y a point de croix, mais il y en a une de pierre qui n'en est séparée que par un chemin ; ordonnons qu'elle y soit apportée. Devant la porte de l'église est un chapiteau, soutenu par des colonnes de bois, posées sur une muraille à hauteur d'appui ; il est bien couvert de tuiles creuses, comme l'église, dont les murs extérieurs paraissent en bon état. *Cimetière.*

Après quoi avons interrogé le sieur curé et sus-nommé comme s'ensuit.

Qui nomme à la cure ? *Nominateur.*

Réponse que c'est le prieur de Charlieu.

Combien il y a de communiants, de quel bailliage et parlement et quel est le seigneur haut justicier ? *Communiants.*

Réponse environ cent soixante communiants, du présidial de Lyon, du parlement de Paris, et qu'il y a plusieurs co-seigneurs.

Quels sont les décimateurs ? *Décimateurs.*

Réponse que ce sont les prieur et religieux de Charlieu pour cinq sixièmes, et le sieur curé pour l'autre, lesquelles dîmes s'amassent par indivis dans les terres et vignes, savoir : des froment, seigle, orge, avoine, vins et chanvre, excepté celui qui se laisse pour grainer, de douze la treize, même des nombre rompus. Contre lesquels décimateurs non comparants dûment avertis, notre promoteur a requis défaut que nous lui avons octroyé.

Enquis en quoi consistent les autres revenus du sieur curé ? *Revenus du curé.*

Réponse, que les prieur et religieux de Charlieu lui payent annuellement deux cent quinze livres, pour supplément de portion congrue, par traité sous seing privé du 1er février 1715, exhibé et retiré par ledit sieur curé, plus par le même traité doit jouir de la sixième partie des dimes et des fonds de cure qui sont :

Fonds de la cure. Un pré d'un char et demi de foin et une vigne de six ouvrées, joints ensemble, dits la Verchère, ladite vigne autrefois terre jouxte la terre du sieur de Tigny de matin et bise, le chemin de l'église à Charlieu de midi accolant soir, le bois de Gatelier de soir ;

Prédit pré de la Cure, d'un char et demi de foin, jouxte le pré du sieur de Tigny de matin et midi, la rivière de Sornin de soir et bise ; terre dite la Moinerie de deux mesures de semence, jouxte le cimetière de matin et midi, la terre du sieur de Tigny de soir et bise.

Novales. Enquis s'il y a des novales ?

Répond que par traité sous seing privé du 2 juillet 1746, signé Dom Huchard, prieur de Charlieu, Vaillant, chambrier, Tirant, aumônier, Tirant, sacristain, et Vaginay, curé de Saint-Denis, lesdits prieur et religieux s'obligent à payer audit sieur curé pendant sa vie la somme annuelle de quarante livres, pour lui tenir lieu de novales qui sont :

Une vigne et terre appartenant à Aimé Lachenal, appelée des Bois, de trois ouvrées de vigne et de trois coupes de semence, jouxte la terre de Pierre Deshales de midi, le jardin et chenevière dudit Lachenal de matin, la terre du sieur de Guillelmain de soir, la vigne de Claude et Benoît Cucher de bise et soir.

Une vigne et terre de trois mesures appartenant à Claude et Benoît Cucher, jouxte les vigne et terre d'Aimé Lachenal de matin, une broussaille appartenant à François Deshales de midi, le ruisseau de la Goutte-Banay de soir, la terre de la Renardière de bise.

Cinq vignes jointes ensemble au lieu dit les Perrières, de la contenue en tout de dix-sept ouvrées, jouxte le bois de

Barnay de matin, les vignes du sieur Chabrier de midi, le bois du sieur Michelet de soir, la terre du seigneur de Barnay de bise.

Vigne audit lieu, de trois ouvrées et demie, appartenant à Claude Guionnet, jouxte la vigne du cœur Cristophe de matin, celle de Mathieu Perraud de midi, le verger du sieur Michelet de soir, autre vigne du sieur Cristophe de bise.

Terre de vingt mesures appartenant au sieur de Tigny, jouxte la terre dudit sieur de Tigny de matin, le bois du nommé Joutillon de midi, et les autres terres du sieur de Tigny de soir et bise.

Terre de quatre mesures autrefois bois, jouxte le bois de Jean Chervier de matin, la terre du seigneur de Gatelier de midi, la terre du sieur de Tigny de soir, le bois du sieur Rouyer de bise.

Terre de six mesures, au même endroit, dépendant du château de Gatelier, ayant mêmes confins.

Terres de quinze mesures, appartenant à Pierre Vaginay, jouxte le bois du sieur de Tigny de matin, celui des Ursulines de Charlieu de midi, le chemin de Maizilly à Charlieu de soir et bise.

Quinze ouvrées de vigne aux Perrières, appartenant au sieur Michelet, jouxte le bois dudit sieur de matin, et ses vignes de midi, soir et bise.

Terre de quinze mesures, ci-devant bois, jouxte le bois du sieur Michelet de matin et bise, les vignes dudit sieur de midi, le chemin de Tancon à Charlieu de soir, ladite terre appartenant au sieur Michelet.

Terre ci-devant pâquier de quatre mesures, jouxte le pré de la Durie de matin, la terre de Jean Chemey de midi, celle de Claude Villeret de soir, le bois dudit Chemey de bise; ladite terre appartient audit Chemey.

Déclarent les sieurs curé et habitants qu'il peut y avoir encore quelques autres novales, mais qu'ils ne peuvent présentement les nommer et confiner. Enjoignons au sieur curé d'en faire la recherche et ensuite un état par quatre confins, qu'il fera certifier par ses habitants pour être joint au présent procès-verbal. *(Il a été fourni ci-après).*

Droits de Passion. S'il y a des droits de Passion?

Répond que ceux qui ont charrue payent deux coupes de seigle faisant les quatre cinq coupes ordinaires, ceux qui ne labourent qu'avec deux bœufs ou vaches une coupe, les autres propriétaires cinq sous, les journaliers trois sous, les habitants aisés et qui n'ont que des vignes devant payer, comme les meilleurs laboureurs et les autres à proportion; moyennant quoi le sieur curé doit dire la Passion depuis une Sainte-Croix jusqu'à l'autre, lesdits droits réglés par traité reçu Rolland, le 24 octobre 1706, coté n° 1.

Casuel. Comment ils payent le casuel:

Répond qu'ils payent trois livres pour mariage ou remise, autant pour la sépulture d'un grand corps, la moitié pour celle d'un petit, une poule et cinq sous pour la bénédiction des femmes après leur couche, un sou par feu et un sou par communiant pour le droit de Pâques, le tout par usage.

Fabrique. S'il y a une fabrique et comment administrée:

Répond que le luminaire n'a point de revenu fixe, qu'il s'entretient de quêtes qui peuvent produire par an quatre ou cinq livres, plus de royautés ou oblations en cire qui en fournissent trois ou quatre livres, et comme le produit est insuffisant pour entretenir le luminaire, le sieur curé a la bonté d'y suppléer. Est luminier depuis environ un an Claude Boussan lequel n'a touché aucun argent, et n'a point de compte à rendre. Jean Boussand qui l'a précédé dans ledit emploi a touché cinq livres dont quarante sous ont été employés à l'achat des cordes, et les autres trois livres remises au sieur curé qui en a acheté des cierges. S'est présenté sieur **Bancs.** Christophe Vaginay lequel a demandé à avoir un banc dans ladite église, au-dessous de la chaire, sous la redevance annuelle de vingt sous, payable à la Saint-Martin, ce qui lui a été accordé tant et si longtemps qu'il payera ladite redevance ; bien entendu qu'à défaut de paiement ledit banc serait espulsé et la place délivrée à celui qui ferait la condition meilleure. Avons réglé de l'avis desdits sieur curé et habitants qu'on ne pourra faire enterrer personne dans ladite église sans payer préalablement la somme de six livres, sans y comprendre les frais du pavé, ce qui s'étendra même à ceux qui obtiendraient des concessions de bancs.

Ensuite avons procédé avec les susdits à la reconnaissance du presbytère et avons trouvé qu'il consiste en une cour avec porte et portail, dans laquelle est un corps de logis composé d'une cuisine, chambre haute, cabinet, écurie, fenil et grenier, cellier, tinnalier où est un petit pressoir fait des deniers du sieur curé et dont il déclare faire don audit bénéfice ; il y a encore deux petites cuves à lui appartenant et dont il se réserve de disposer. A côté du tinnalier est une petite cave avec grenier dans le dessus et, plus loin, une petite maison pour retirer un locataire, pour la sûreté du sieur curé dont la maison est bien isolée et éloignée de l'église de deux cent cinquante pas. Tous lesdits bâtiments en assez bon état, édifiés et réparés pour la plupart aux frais du sieur curé, le tout, compris la cour et jardin, de la semence d'une mesure, jouxte le pré du sieur Tigny de matin, le chemin de l'église à Charlieu de midi, la vigne de la cure de soir, le pâquier, donné pour fondation, de bise.

Presbytère.

Enquis les sieurs curé et habitants des fondations de leur église ?

Fondations.

Répondent qu'il y a les suivantes. Une fondation de vingt messes avec *Salve Regina* et *De profundis* à la fin, par acte reçu Rolland le 26 décembre 1710, coté 2, pour supportation de laquelle fondation a été léguée une portion de terre de deux mesures et demie de semence par Claude Des Roches ; ladite terre à présent jointe à une portion de trois coupes de l'ancien de la cure, jouxte la terre de la demoiselle Perraud de matin, midi et soir, le chemin de l'église à Charlieu de bise.

Plus un pâquier de six coupes attenant à un autre petit

pâquier donné à la charge d'une messe le jour de Saint-Joseph, par les auteurs du sieur Perraud par acte reçu Micol le 29 avril 1689, le tout de la contenue de sept à huit coupes, jouxte les prés et terre du sieur de Tigny de bise et matin et midi, la vigne et le jardin de la cure de soir.

Finalement une rente de sept livres dix sous, à présent due et payée par le sieur de Tigny et hypothéquée sur tous ses biens. Autre d'une messe par Pierre Burle, par acte reçu Berthelet le 27 février 1637, coté 3, à présent due et payée par Claude Guionnet ci-présent, lequel en a fait la déclaration, consentant qu'elle tienne lieu de reconnaissance en attendant qu'il en passe une devant notaire.

Autre du vin pour célébrer la messe, par ledit Burle et Jeanne Vaginay, sa femme, dont le sieur curé n'a pas de titre, pour supportation de laquelle le sieur curé jouit d'une vigne ruinée au lieu dit des Perrières, jouxte la vigne de Mathieu Perraud de bise et matin, celle du sieur Guillermain de midi, celle de Claude Guionnet de soir.

Autre d'une messe par Jean Varigat, selon son testament, reçu Nompère le [sic], sous la rente de douze sous ; à présent due et payée par Jean Varigat, reconnaissant comme dessus.

Autre d'une cornue d'huile au profit de la lampe par Charles Dumont, par contrat reçu Deshayes, due par ledit Varigat.

Autre d'une messe et d'une cornue d'huile au profit de la lampe, par Benoit Villeret sous la rente de dix sous, le tout dû et payé par Philibert Villeret et Jean Barbin présents et reconnaissant.

Autre d'une messe et d'une cornue d'huile par Henry Chogniard, par contrat reçu Rolland en 1691, à présent due et payée par Etienne Chogniard ; il y en a encore une autre d'une messe par le même acte sous la rente de douze sous, ●●● par Philibert Cucherat.

Autre de trois messes par Claude Auboyer, par acte reçu Rolland le [sic], sous la rente de quarante sous, à présent due et payée par François Deshalles, présent et reconnaissant comme dessus.

  VAGINAY, curé de Saint-Denis.

Après quoi ont été interrogés les habitants seuls comme s'ensuit. *Interrogats des habitants seuls.*

Si leur curé fait sa résidence actuelle dans leur paroisse ?

Répondent que oui.

Si leur curé dit la messe et les vêpres dimanches et fêtes et à quelle heure ?

Répondent qu'il les dit aux heures prescrites dans le diocèse.

S'ils sont contents de leur curé par rapport à l'administration des sacrements, aux secours spirituels des malades et à ses autres fonctions curiales ?

Répondent que oui.

S'il est exact à faire les prônes, catéchismes et instructions ?

Répondent qu'il s'en est acquitté.

S'ils ne connaissent point d'empêchements de parenté ou autres entre personnes mariées ?

Répondent que non et ont signé avec nous ceux qui l'ont su.

Déclarent avoir omis les novales suivantes: une terre dite le bois Banchet, de la semence de trois mesures, appartenant à Claude et Benoît Cucher, jouxte le chemin de Gatelier à Mars de matin, le bois taillis dit Moreau de midi, la maison dudit Cucher, chemin entre deux, de soir, la terre de Denis Corger de bise. *Omission de deux novales.*

Terre de Denis Corger dite le bois Banchet, de deux coupes, jouxte le chemin de Gatelier à Mars de bise et matin, la terre de Claude et Benoît Cucher de midi, un chemin d'aisance de soir.

  † H. C., évêque de Mâcon; MANOURY, vic. général ; VAGINAY; BOUSSAND; CUCHERE; Louis DELOMIER; MONCORGIER; PLASSARD, vice-promoteur.

Interrogé du sieur curé seul. — Avons ensuite interrogé le sieur curé seul comme s'ensuit :

Enquis de ses noms, âge, diocèse, ordination et provision de ladite cure ?

Répond qu'il s'appelle Claude Vaginay, né en la paroisse d'Écoches de notre diocèse en 1665, prêtre en 1692, pourvu de ladite cure en 1699.

Si ses paroissiens observent la sanctification des dimanches et fêtes ?

Répond qu'ils sont peu assidus aux offices de paroisse, et qu'il y en a qui n'y viennent presque jamais.

S'il n'y a point de divorces, de troubles, d'inimitiés, de procès scandaleux.

Répond que non, mais qu'il y a un fils dénaturé qui met son père avancé en âge dans la nécessité de mendier, quoiqu'il soit en état de le nourrir.

S'il n'y a point de gens qui manquent au devoir pascal ?

Répond que non.

S'il y a une sage-femme qui sache baptiser ?

Répond qu'il y en a une assez instruite.

Registres. — Ayant demandé au sieur curé les registres des baptêmes, mariages et sépultures de son église, il nous a exhibé les suivants, affirmant n'en avoir point d'autres. Un registre couvert en parchemin pour les baptêmes depuis 1621 jusqu'en 1654, un autre de même depuis 1654 jusqu'en 1668, un autre couvert de papier depuis 1668 jusqu'en 1673, sept autres couverts partie en parchemin partie en papier depuis 1682 jusqu'en 1698, trois autres depuis 1699 jusqu'en 1721. Depuis 1722 jusqu'en 1736, le sieur curé s'est contenté d'écrire lesdits actes sur deux feuilles volantes assez suivies, mais non signées ni en papier marqué, et en mauvais ordre, que nous avons enjoint au sieur curé de signer et certifier véritables. Sept autres, couverts de papier bleu, depuis 1737 jusqu'en 1745, finalement le registre à double de l'année courante.

Enquis le sieur curé des titres et papiers de son église. — *Titres.*

Répond n'en avoir d'autres que ceux mentionnés au présent procès-verbal et cotés dont il demeure chargé, ayant appris par tradition que les titres de son bénéfice, en grand nombre et qui lui attribuaient des droits utiles et honorifiques, ont été enlevés et déposés aux archives du prieuré de Charlieu.

Déclare ledit sieur curé qu'il y a une chapelle au château — *Chapelle du château* de Gatelier où il a vu un calice avec sa patène, des ornements — *de Gatelier.* et linges en quantité suffisante, mais que comme ladite terre est en décret (1) depuis longtemps et que ledit château est inhabité, nous nous y serions transporté inutilement pour reconnaître l'état de ladite chapelle, où nous faisons défense de — *Interdit.* célébrer jusqu'à ce qu'elle ait été visitée par nous ou par ceux que nous voudrons commettre à cet effet.

Déclare encore le sieur curé qu'il y a une fondation de — *Fondation omise.* vingt-quatre messes, qu'il doit acquitter, sous la rente de douze livres reconnue par MM. de Matha, par acte reçu Audibert, à Charlieu, le 9 avril 1733, et a signé avec nous.

† H. C., évêque de Mâcon ; MANOURY, vic. gén. ;
C. VAGINAY, curé de Saint-Denis ; NOBLET,
greffier.

(1) La vente *par décret* équivalait à notre vente judiciaire.

CHANDON

—

Cejourd'hui dimanche dix du mois de juillet de l'an mil sept cent quarante-six.

HENRY CONSTANCE de Lort de Sérignan de Valras, par la miséricorde de Dieu et l'autorité du Saint Siège apostolique, évêque de Mâcon, savoir faisons que continuant les visites générales de notre diocèse, et étant arrivé à cet effet en la paroisse de Chandon, sous le vocable de saint Eloi dont la fête se célèbre le 1er décembre (la translation des reliques est encore chômée le 26 juin), où après avoir été reçu et fait les prières en la manière accoutumée, en conséquence de la publication de notre visite faite au prône le dimanche précédent, ont comparu pardevant nous : Me Antoine Donadei, curé dudit lieu, sieurs Jacques Sivelle, Louis Chervier, Benoit Chervier, Claude et Benoit Villerest, Jacques Desvarenne, Jean Grandjean, Antoine Desgranges, Pierre Dessertine, Louis Berthier, François Pralus, Jean-François Vaginay, Jean Thevenet, Benoit Grandjean, Benoit Delomier, Germain Moreau, Antoine Montcorgier, Jean Agirard, François Bussy, Pierre Mongorcier, Louis Cherveron, Claude Bussières, Benoit Auclerc, les décimateurs ou autres intéressés, si aucuns sont ne comparant. Contre lesquels notre vice-promoteur a requis défaut que nous lui avons octroyé, assisté encore de notre vicaire général et vice-promoteur, les sus-nommés tous habitants ou paroissiens dudit lieu faisant et composant la plus grande et saine partie de leur paroisse, en présence desquels avons procédé à la visite d'icelle et dressé le présent procès-verbal.

Vases sacrés. — Nous avons reconnu un grand et beau ciboire tenant trois cents hosties, doré en plein, dont le pied est de cuivre doré, un assez beau soleil non doré, dont le pied est de cuivre argenté, un petit calice avec sa patène dorés par dedans, une custode dorée de même, où manque la croix, le tout en bon état et d'argent, excepté ce qu'on a dit n'en être pas.

Tabernacle. — Un grand et beau tabernacle non doublé, en forme de dôme sculpté et orné de statues, reposant sur deux gradins de bois, et ayant dans le dessus une niche à colonnes torses à jour, surmontée d'un couronnement, le tout de bois doré fort propre et couvert d'un rideau de futaine ; sur lesdits deux gradins de bois peint sont aux côtés du tabernacle deux statues sur leur piédestal, l'une en pierre représentant saint Antoine, l'autre en bois, partie dorée, représentant saint Eloi ; il y a encore six chandeliers de cuivre et une croix de cuivre argenté.

Autel. — L'autel est en maçonnerie, la table une pierre de taille, où est incrusté un marbre sacré en état, quoique trop long sur sa largeur ; il est couvert de trois nappes, revêtu d'un cadre de bois peint avec devant d'autel peint sur toile, le tout décent ; marchepied de bois.

Fonts baptismaux. — Les fonts baptismaux placés près la porte du côté de l'évangile sont de pierre de taille, pratiqués dans l'enfoncement du mur, et qui ne débordent que par une partie, sur laquelle s'élève un petit boisage fermant à clef ; ils sont garnis d'une cuvette et d'un bassin de cuivre ; la piscine près lesdits fonts est aussi de pierre.

Vases des Saintes Huiles. — Les Saintes Huiles sont conservées dans trois petites ampoules d'étain. Vis-à-vis les fonts et de l'autre côté, est un bénitier de pierre proprement fait, posé sur un pied de même. — Bénitier.

Le confessionnal, de bois de chêne et en bon état, est placé dans une chapelle *extra tectum* et néanmoins *in loco patenti*. La chaire à prêcher, de bois de chêne, sans couronnement ni dossier, est placée contre le mur du côté de l'épître. La bannière de damas cramoisi à franges de soie, où est représenté d'un côté le Saint Sacrement, de l'autre saint Eloi, peints sur cuir; elle est attachée à une croix de cuivre argenté, il y a une autre croix processionnelle de cuivre. Le tour du dais est d'une étoffe rayée partie soie, partie coton, à franges de soie, le ciel de toile rouge. La table de la communion, une petite balustrade de bois placée au haut de la nef. — Confessionnal. Chaire à prêcher. Bannière. Croix. Dais. Table de communion.

Au haut de la nef sont deux petits autels sans vocables tous deux en maçonnerie, avec table de pierre non sacrée; ils sont couverts chacun d'une nappe, revêtus d'un cadre de bois, avec devant d'autel l'un de toile, l'autre de cuir doré hors de service; marchepied de bois; sur l'un sont deux gradins de bois peint avec deux mauvais chandeliers de bois, même chose sur l'autre. — Petits autels.

Dans la nef *extra tectum* est une chapelle de grandeur médiocre, voûtée en voûte à arêtes, un peu fêlée du côté de midi, éclairée d'un vitrau (sic) assez propre garni de barreaux de fer, carrelée de carreaux de terre; on y communique par un grand arc en pierre, elle est sous le vocable de la Sainte Vierge représentée par une statue de pierre, posée sur un pied de même. Visite faite de l'autel, l'avons trouvé en maçonnerie avec table de pierre, où est incrusté un marbre en état; il est couvert d'une nappe, revêtu d'un cadre de bois de noyer, avec devant d'autel de cuir doré de service, marchepied de bois; aux deux côtés sont deux petites armoires de bois peint, servant de crédence; sur ledit autel sont deux petits gradins de bois peint, deux chandeliers de bois, une petite croix de cuivre, un tableau de service représentant saint Claude dans un cadre de bois peint. — Chapelle de la Sainte Vierge.

Derrière l'autel est un espace non fermé servant de vestiaire, — Linges.

où, dans une armoire de bois de noyer avons trouvé quatorze nappes ou sous-nappes toutes bonnes, quatre nappes de communion, huit corporaux dont sept à petite dentelle, trois douzaines de purificatoires, quatre aubes neuves, trois cordons, six amicts, deux surplis.

Ornements. — Une chasuble de taffetas violet à galons de soie, une autre de satin à fleurs, à galons d'or faux, une autre aussi de satin à fleurs, à galons d'or faux, toutes propres et en bon état, cinq autres de camelot, rouge, blanche, verte, violette et noir, une autre de camelot rouge à galons d'or faux, toutes assorties de bourses, voiles, étoles et manipules aussi en bon état. Une chape de satin à fleurs, à galons et franges d'or faux, une étole de même, une écharpe en satin blanc à franges d'or faux, une autre de taffetas, usée, à dentelle d'or faux ; un drap mortuaire de cadis.

Livres. — Un missel de service, un graduel in-4°, un antiphonaire in-4° usé, un petit rituel, un encensoir avec sa navette de cuivre, un bénitier de fonte pour l'aspersion, deux burettes et un plat d'étain, deux clochettes, une lampe de cuivre argenté, une autre petite de cuivre, un fanal, un pupitre.

Description de l'église. — L'église est de deux parties : l'une compose le sanctuaire fort petit, voûté en pierre, éclairé de trois vitraux, dont un plus grand et plus propre, garnis de barreaux de fer excepté le plus petit, cadetté et en état ; il est séparé de la nef par un arc en pierre, sur lequel est un petit campanier aussi de

Cloches. — pierre, où sont deux petites cloches bien sonnantes ; on y monte par une échelle placée hors de l'église, au haut dudit

Nef. — arc ; du côté de la nef est un crucifix de bois. La nef est longue d'environ quarante-cinq pieds sur dix-huit de large, très bien cadettée, éclairée par deux petits vitraux et deux œils de bœuf, voûtée en voûte canne, les murs en sont bons, ils ont été nouvellement blanchis de même que la voûte ; ladite église est décente (1).

---

(1) L'église actuelle date de 1868. Tout son mobilier est également moderne.

Avons visité le cimetière régnant autour de l'église, clos de *Cimetière.*
haies vives et de palissades, il y a une croix de pierre en
état, et devant la porte un petit chapiteau (1) posé sur quatre
colonnes de bois, couvert de tuiles creuses de même que
l'église, dont la couverture et les murs extérieurs sont en bon
état.

Après quoi avons interrogé le sieur curé et [les habitants]
susnommés comme s'ensuit.

Qui nomme à la cure ? *Nominateur.*

Répond que toute collation nous en appartient à cause de
notre dignité épiscopale.

Combien il y a de communiants, de quels bailliage et parle- *Communiants.*
ment et quel est le seigneur haut justicier ?

Répond deux cent cinquante communiants, du présidial de
Lyon, du parlement de Paris, que la justice appartient aux
religieux de Charlieu.

Quels sont les décimateurs ? *Décimateur.*

Répond que ce sont les prieur et religieux de Charlieu, et
se lèvent les dimes dans les terres et vignes, des froment,
seigle, orge, avoine, chanvre et vin, de treize la quatorze,
même des nombres rompus.

A néanmoins le sieur curé une petite portion de dime ap- *Dime de fondation.*
pelée de Genouilly, dans ladite paroisse, qu'il possède de
temps immémorial, et qui a été léguée à ladite cure par feus
Pierre et Jean Alex, seigneurs de Genouilly, à la charge d'un
Salve ou *Inviolata* les dimanches, d'un *De profundis* avec l'o-
raison au prône, d'un *Libera me* avec l'oraison lesdits jours, et
de deux messes par an, dans laquelle possession ledit sieur
curé a été confirmé par arrêt du Grand Conseil le 19 janvier
1699, coté avec la procédure y jointe n° 1. Et se confine
ladite dime par la terre des Ursulines de Charlieu de matin,
les prés desdites religieuses et la rivière Chandonnet de midi,
les terres et bois du seigneur de Genouilly de soir, le chemin

---

(1) Voir sur ce terme la note de la page 7.

de Charlieu à Coublanc de bise, et se lèvent à la même quotité et des mêmes choses que dessus.

En quoi consistent les autres revenus du sieur curé ?

Portion congrue. — Répond qu'ils consistent dans la portion congrue de trois cents livres, qui lui seraient payées par les prieurs et religieux de Charlieu, s'il n'avait fait avec eux un traité à vie, reçu Bardet, le 11 mars 1732, par lequel ils lui ont relâché toutes les dîmes sous la refusion annuelle de cent dix livres.

Fonds de la cure. — S'il y a des fonds de cure ?

Répond qu'il n'y a qu'une terre de la semence de quatre mesures, au lieu dit des Places où était anciennement le presbytère, jouxte la terre de Jean Chabey de matin et midi, un chemin entre deux, les broussailles appartenant anciennement au curé, et par lui abandonnées ausdits religieux pour jouir en plein de la portion congrue, de soir, la rivière de Chandonnet de bise. Plus appartient encore à ladite cure une terre de la contenue de trois mesures dite en Colonge, jouxte la vigne de Jean Grandjean de matin, la petite brosse du sieur Civelle de midi, la terre Judit Grandjean de soir et bise; ladite dernière terre reconnue pour être anciennement de fondation, et la première étant l'emplacement de l'ancienne cour et jardin du presbytère.

Novales. — S'il y a des novales (1) ?

Répond qu'il y a les suivantes, appartenant d'autant plus

---

(1) *Novales*, terres nouvellement mises en culture, après avoir été défrichées. Les dîmes des novales appartenaient toujours au curé de la paroisse où elles étaient situées, quelque droit qu'eût un seigneur laïque ou ecclésiastique de percevoir les anciennes dîmes. (*Dict. de Trévoux*, édit. de 1771).

Les gros décimateurs ne pouvaient prétendre aux dîmes novales sans produire un titre particulier de possession. Toutefois le Grand Conseil admettait une exception à cette règle en faveur de certains ordres religieux, ceux de Cluny et de Fontevrault notamment, auxquels il reconnaissait le droit de jouir des novales à proportion des grosses dîmes. C'est à ce privilège que le curé de Chandon fait allusion. Ces distinctions entre les dîmes anciennes et les dîmes novales, source de fréquentes contestations entre le curé et le décimateur, furent abrogées par l'édit de 1768 qui attribua aux gros décimateurs la possession des novales. (Voir Guyot, *Répertoire de jurisprudence*, 1775, tome XIX.)

incontestablement au sieur curé, que quand même le privilège prétendu par l'ordre de Cluny aurait lieu, il ne peut lui être opposé puisque les dimes de sa paroisse appartenaient à MM. de Digoyne-Champdieu, lesquels ont échangé lesdites dimes avec les religieux de Charlieu, qui ont donné en contre-échange les dimes de Poule.

Une vigne de douze ouvrées, vignoble des Perrières ou Torus (), aux héritiers Louis Favre, jouxte la vigne d'Antoine Aucours de matin, la terre du seigneur de Genouilly de midi, la vigne de Jacques Desvarenne de soir, les bois des Rafaux de bise.

Vigne audit lieu, de trois ouvrées, jouxte la susdite vigne de matin, la terre du seigneur de Genouilly de midi, la vigne de Claude Moncorger et Louis Dessaux de soir et bise.

Vigne audit lieu, de neuf ouvrées, jouxte la vigne de François Cherveron de matin, la terre du seigneur de midi, la vigne de Pierre Dessertine de soir, celle de Claude Grandjean de bise.

Vigne audit lieu, de quinze ouvrées, jouxte la vigne de Louis Delomier de matin, celle de Claude Chevalier de midi, celle de Camille Delorme de soir et bise; toutes lesdites vignes dépendantes du château de Genouilly qui y prend le quart des fruits.

Vigne dite en Gondy, de quinze ouvrées, jouxte les terres du sieur Bardet et ses bois de toutes parts.

Terre de douze mesures de semence dite au Champ Cheval, jouxte le chemin de Chandon à Saint-Denis de matin et autre chemin de matin et midi, le bois des héritiers Louis Favre de soir, la commune de Saint-Denis de bise.

Terre de dix mesures au domaine de Montferrand, jouxte les fonds du sieur de la Ronzière de toutes parts.

S'il y a des droits de Passion? Droit de Passion.

Répond que chaque maison et feu faisant labourage paye une coupe de froment faisant le tiers de la mesure de Charlieu.

et les autres à composition honnête, moyennant quoi le sieur curé doit dire la Passion depuis une Sainte-Croix jusqu'à l'autre, le tout par usage, reconnu par les visites de nos prédécesseurs et confirmé par sentence du châtelain de Charlieu du 9 janvier 1699, coté 2.

Casuel. Comment ils payent le casuel?

Répond qu'ils payent trois livres par mariage ou remise, autant pour la sépulture d'un grand corps, la moitié pour celle d'un petit, une poule et un cierge pour la bénédiction des femmes après leur couche, un sou par communiant pour le droit de Pâques, le tout par usage.

Fabrique. S'il y a une fabrique et comment administree?

Répond que le luminaire s'entretient de quêtes qui se font dans l'église et peuvent produire dix à douze francs par an, plus, de royautés ou oblations en cire qui en fournissent environ dix livres (1). Est fabricien Jacques Devarenne, lequel a

---

(1) Voici un curieux passage des registres paroissiaux de Chandon, relatif aux élections de roi et de reine.

« S'ensuit les mizes du Royaulme de l'année qui vient que nous dirons mil six cents vingtz.

Premièrement pour estre Roy, Jehan Desroche, ciri (cire)	I livre.
Pour estre capitaine, Estienne Danières, ciri	I card et quart.
Pour estre lieutenant, Jehan Dubost, ciri	I card.
Pour estre pourte enseigne, Benoist Danières, ciri	II card.
Pour estre tête vin du Roy, Benoist Girot, ciri	I card.
Pour estre sergent, Benoist Alagorge, ciri	I card.
Pour estre maréchal, Antoine Villerestz, ciri	I card.
Pour pourter le guidon, Pierre Berthier, ciri	I card.
Pour pourter le Roy, offrit Martin Danières, ciri	I card.
Anthoine de Noailleu, pour danser le branle du Roy, ciri	I card.
Pour estre volontaire, Zacharie Alagorge, ciri	I card.
Pour estre le second sergent, Claude Sotillard, ciri	I card.
Pour estre Royne, Anthoinette Alix, ciri	I livre.
Pour estre Doffine (Dauphine) Marguerite, fille de Bastien, ciri	I card.
Pour danser la banlière (?), Chaterine Alagorge, ciri	I card.
Pour pourter les deux premières torches, Hugues Morinier, ciri	I card.
Charles Agnet, pour dévassion, ciri	I card.
Pour pourter la Royne, offrit Benoiste Régnard, ciri	I card.
Pour pourter les deux premières torches, Huguette Villeresta et sa compagne, ciri	I card.

une clef du tronc où se déposent les quêtes, et le sieur curé l'autre, ledit fabricien prend de l'argent dans le tronc pour payer la façon des cierges, dont il a justifié par quittances; il n'a aucun argent entre ses mains, et n'en touchant que comme il vient d'être dit, point de compte à rendre.

Ensuite avons procédé avec les susdits à la reconnaissance du presbytère, éloigné de l'église d'environ sept cents pas, et avons trouvé qu'il consiste en une cour close de murs, dans laquelle est un corps de logis composé d'une cuisine et de trois chambres basses, avec grenier dans le dessus, plus d'une cave et tinnallier où sont deux cuves tirant chacune vingt tonneaux de vin et un pressoir; lesdites cuves et pressoir reconnus appartenir au sieur curé par acte reçu Dextre le 10 septembre 1738. Au bout du tinnallier est encore une écurie avec fenil, tous lesdits bâtiments en bon état. Dépend encore dudit presbytère un jardin joignant, le tout de la semence de trois coupes, jouxte le pré donné à la cure et la terre aussi donnée pour fondation, de matin et midi, la chenevière de Benoît Bissebras de soir, le chemin de la croix de Rampon à Saint-Hilaire de bise.

Presbytère.

Enquis lesdits sieurs curé et paroissiens des fondations de ladite église?

Fondation.

Répondent qu'il y a les suivantes : une fondation par M. Claude Corteille, curé dudit lieu, par acte reçu Bouyot le 30 avril 1721, dûment homologuée, coté 3, pour supportation de laquelle il a légué :

Un pré de trois chars de foin, joignant le presbytère,

Pour vailler (veiller ou bailler?) les chandelles de la Royne.
  Pierrette Deshayes, ciri . . . . 1 card.
Pour danser le branle de la Royne, Zacharie Alagorge, ciri . 1 card.
Monte le tout dix sept livres (17 livres) ».
  (Archives de la Loire, rapport manuscrit de M. l'archiviste Auguste Chaverondier, à M. le Préfet de la Loire, archives communales, 1875).
  L'énumération est incomplète ou l'addition fautive, car le total des oblations de cire ne se monte qu'à sept livres.

jouxte une terre de la cure de matin, un chemin de midi, la terre de Jean Grandjean et le pré des religieux encore de midi et soir, la maison curiale et jardin de bise : l'emplacement du presbytère actuel, la cour et jardin provenant aussi des libéralités dudit sieur Corteille, à la charge néanmoins que sa succession ne pourra être inquiétée pour les réparations de l'ancien presbytère.

Une terre de trois mesures, jouxte celle du sieur Civelle de matin, le pré du seigneur de Genouilly, celui de la cure, un chemin entre deux, de soir, un chemin de Chandon à Saint-Hilaire de bise.

Une terre inculte de quinze mesures, jouxte les terres et pré du seigneur de Genouilly de toutes parts.

Une terre au territoire du Charney à présent vigne, de quinze ouvrées, jouxte la vigne d'Antoine Tacher de matin, celle de François Paradis de midi, la terre inculte de ladite cure de soir et bise.

Un bois de la semaille de trois mesures, jouxte celui du seigneur de Genouilly et sa terre de matin et midi, le bois de Jean Grandjean de soir, la terre dudit seigneur de bise.

Une maison consistant en une cuisine, cellier, étable, cour, jardin, chenevière, pré, terre, ensemble et de la semence de cinq mesures, lesdits fonds asservisés à Benoît Bissebras, par acte reçu Chabrier le 22 mars 1724, coté 4, sous la rente de douze livres, à la charge de bien et dûment entretenir lesdits bâtiments et héritages, situés près ladite cure ; par le même acte est encore asservisée une autre terre à présent vigne de quatre à cinq ouvrées où le sieur curé prend la moitié des fruits en fournissant par an un char de fumier.

Une maison, boutique, cellier, jardinet, chenevière, asservisés à Claude Montadre, situés proche l'église, aux mêmes conditions que dessus, par acte reçu Arcelin le 6 octobre 1717, sous la rente de douze livres : le même acte, coté 5, portant encore asservisage d'une terre à présent vigne de quatre à cinq ouvrées, où le sieur curé doit prendre la moitié des fruits, tous lesdits fonds précédemment chargés de sept messes, ledit acte de fondation coté 6.

Autre fondation de douze messes par la veuve de Benoît Joasson, selon son testament reçu Chabrier l'aîné, le 8 décembre 1724, coté 7, ladite fondation dûment homologuée, pour supportation de laquelle a été léguée une maison et bâtiment avec jardin, chenevière, verger et terre situés en ladite paroisse et asservisés à Jean Alix sous la rente de quinze livres, par acte reçu Dextre le 30 avril 1724, coté 8.

Autre d'une messe par Henry Legrand, curé dudit lieu, par acte reçu Dutrève le 12 juin 1677, coté 9, pour supportation de laquelle il a légué une vigne de deux ouvrées, jouxte la vigne du sieur Civelle de matin, celle des religieux de Charlieu de midi, celle de Benoît Villeret de soir, celle de Philibert Donjon de bise. *Nota* que ledit acte porte aussi donation de la maison proche l'église, employée dans le dénombrement des fonds donnés par le sieur Corteille.

Autre de deux messes par Pierre Bernisson, par acte reçu Nompère le 31 mai 1677, coté 10, sous la rente de vingt et un sous, à présent due et payée par les Ursulines de Charlieu, ainsi qu'il consiste par leur contrat d'acquisition des biens, sur lesquels était hypothéquée la rente, reçu Deshaye le 29 décembre 1679, coté 11.

Autre d'une messe par Pierre Villerest, par acte reçu Delagresle le 3 septembre 1655, coté 12, sous la rente de huit sous, à présent due et payée par Benoît Villerest.

DONADEI, curé.

Après quoi ont été interrogés les habitants seuls comme s'ensuit :

Interrogat des habitants seuls.

Si leur curé fait sa résidence actuelle dans leur paroisse ? Répondent qu'il la fait bien.

S'il ne manque point à leur dire la messe et vêpres les dimanches et fêtes et à quelle heure ?

Répondent qu'il dit la messe à sept heures en été, à huit

en hiver et les vêpres sur les deux heures.

S'ils sont contents de leur curé par rapport à l'administration des sacrements, aux secours spirituels des malades et à ses autres fonctions curiales ?

Répondent qu'ils ont tout lieu de s'en louer.

S'il est exact à faire les catéchismes, prônes et instructions ?

Répondent que oui.

S'ils ne connaissent point d'empêchements de parenté ou autres entre personnes mariées ?

Répondent que non, et ont signé avec nous ceux qui l'ont su.

† H. C., évêque de Mâcon ; MANOURY, vic. gén. ; SIVELLE ; Benoist VILLEREST ; Jean GRAND-JEAN ; Jacques DESVARENNE ; Benoist CHERVIER ; Claude VILLEREST ; Louis BERTHIER ; CHERVIER ; VAGINAY ; Benoist DELOMIER ; PLASSARD, vice-promoteur ; NOBLET, greffier.

Interrogat du sieur curé seul.

Avons ensuite interrogé le sieur curé seul comme s'ensuit :

Enquis de ses noms, âge, diocèse, ordination et provision.

Répond qu'il s'appelle Antoine Donadei, âgé de cinquante-six ans, né dans le diocèse de Glandève (1), prêtre depuis 1712, pourvu de ladite cure en 1724.

Si ses paroissiens observent la sanctification des dimanches et fêtes ?

Répond que oui.

S'il n'y a point de divorces, de troubles, d'inimitiés, de procès ?

Répond que non, si ce n'est qu'il y a une femme qui s'est séparée d'avec son mari, et qui demeure dans la paroisse de

---

(1) Glandève, ancienne ville de Provence, siège d'un comté et d'un évêché, détruite par une inondation du Var. Le diocèse de Glandève était borné par ceux d'Embrun, de Grasse, de Digne et de Nice.

Mars en qualité de domestique.

S'il n'y a point de gens qui manquent au devoir pascal ?

Répond qu'il n'y en a point qui manquent à s'y présenter.

S'il y a une sage-femme capable de baptiser et un maître d'école ?

Répond qu'il n'y a point de maître d'école, mais une sage-femme assez instruite.

Ayant demandé au sieur curé les registres des baptêmes, mariages et sépultures, il nous a exhibé les suivants, affirmant n'en avoir point d'autres : un registre non couvert, déchiré et en mauvais ordre, commençant en 1649 et finissant en 1650, autre en meilleure forme commençant en 1656 et finissant en 1671, autre des mariages seulement commençant en 1657 et finissant en 1671, autre des sépultures commençant en 1656 et finissant en 1671, autre depuis 1671 jusqu'en 1676, quatre autres depuis 1676 jusqu'en 1692, vingt-deux autres couverts partie en carton, partie en papier, partie en parchemin, en bon ordre, contenant tous actes depuis 1693 jusqu'en 1745, finalement le registre à double de l'année courante. *Registres.*

Enquis ledit sieur curé des titres de son bénéfice ? *Titres.*

Répond qu'il n'en a point d'autres que ceux mentionnés au présent procès-verbal, si ce n'est une transaction passée entre M. Gabriel de Roquette, évêque d'Autun, prieur de Charlieu, et le sieur Henry Legrand, curé de Chandon, reçue Devert et Bouvet, notaires à Paris, le 12 août 1674, cotée 13, par laquelle le prieur de Charlieu reconnaît que la dîme de Genouilly et la terre de Colonge sont chargées de fondation, et s'engage de payer en entier la portion congrue en laissant jouir en outre ledit sieur curé de ladite dîme et terre ; et par la même transaction ledit sieur curé renouvelle l'abandon fait de plusieurs fonds appartenant anciennement à ladite cure.

Et a ledit sieur curé retiré lesdits papiers dont il demeure chargé, et a signé avec nous.

† H. C., évêque de Mâcon ; MANOURY, vic.

gén.; DONADEI, curé; PLASSARD, vice-promoteur; NOBLET, greffier.

Chapelle au château de la Douze. Ensuite nous avons visité une chapelle sise au château de la Douze dans l'étendue de ladite paroisse. L'autel est un boisage sur lequel est un marbre sacré, il est couvert de trois nappes; sur un gradin de bois de noyer repose un crucifix dont le Christ est de cuivre; plus haut est un fort beau crucifix dans un cadre de bois, avec boisage aux côtés, où sont attachés deux petits chandeliers de cuivre. Sous la table de l'autel et dans trois rayons avons trouvé un calice avec sa patène dorés par dedans, fort légers et en très bon état, deux chasubles dont une de satin blanc à fleurs, et une de camelot noir gaufré, complète et en état, quatre aubes dont deux à dentelles, deux cordons, douze amicts, trois nappes d'autel; lesdits ornements sont fermés à clef par un boisage qui forme le devant d'autel; aux deux côtés sont deux petites armoires en forme de crédence dans l'une desquelles avons trouvé un missel en état. Ladite chapelle au premier étage dudit château et à la bise d'icelui a huit pieds de large sur dix de long, carrelée en carreaux de terre, blanchie, éclairée d'un vitrau (*sic*) et garnie de planches en forme de lambris.

Enquis ledit sieur curé présent et M. de la Ronzière aussi présent à notre visite s'il y a des fondations dans ladite chapelle?

Répondent qu'il y a une fondation tous les premiers lundis de chaque mois par M. Gilbert de la Ronzière par acte reçu Lardet, le 17 mai 1727, sous la rente de quinze livres; ladite fondation doit s'acquitter dans la chapelle et est payée par les héritiers de Jacques Alimonière. Autre fondation dans ladite chapelle de quatre messes par M⁰ François de la Ronzière selon son testament reçu Alimonière le 7 juin 1728, sous la rente de six livres, payée par M⁰ François de la Ronzière, avocat; et a ledit sieur curé signé avec nous.

† H. C., évêque de Mâcon; DONADEI, curé; DE LA RONZIÈRE LA DOUZE; l'abbé DE BULLY, vic. gén.; PLASSARD, vice-promoteur; NOBLET, greffier.

CHARLIEU

Aujourd'hui dimanche vingt-quatrième du mois de juillet, l'an mil sept cent quarante-six, avant midi.

HENRY CONSTANCE, de Lort de Sérignan de Valras, par la miséricorde de Dieu et la grâce du Saint Siège apostolique évêque de Mâcon.

Savoir [faisons] que continuant la visite générale de notre diocèse, et qu'étant au lieu de Malfara (1) situé près la ville de Charlieu, lequel nous avons choisi pour y faire notre demeure pendant le temps que nous vaquerons à la visite dudit Charlieu, s'y sont rendus aujourd'hui matin les principaux officiers, bourgeois et habitants de ladite ville, tous à cheval et conduits par Me Buynand, juge bailli, maire d'icelle, lesquels nous ont accompagné jusqu'à ladite ville vers la porte de Notre-Dame, où nous avons rencontré la milice bourgeoise sous les armes, et un grand concours de monde qui nous ont reçu avec acclamations, et étant descendu en la maison du sieur Gacon pour nous y revêtir de nos habits pontificaux

---

(1) Voir plus loin une note sur le lieu de Malfarat accompagnant l'inventaire de la chapelle de ce nom.

et où nous étions attendu par le clergé dudit Charlieu, revêtu de chapes, et par les PP. Cordeliers et Capucins. Nous, accompagné de nos vicaires généraux et de notre promoteur, sommes allé processionnellement et au son des cloches de toutes les églises, sous le dais, porté par les premiers officiers, jusqu'à la grande et principale entrée de leur église paroissiale, le clergé chantant le cantique: *Benedictus Dominus Deus Israël*. Et de là, après y avoir baisé la croix, reçu l'aspersoir et été encensé par le sieur curé, avons été (le clergé tant séculier que régulier continuant la procession et chantant l'antienne ordinaire) jusqu'au prie-Dieu qui nous était préparé au pied de l'autel où, après les oraisons et l'adoration du Saint Sacrement et après les prières accoutumées, avons ensuite donné la bénédiction épiscopale, fait les prières et absoutes pour les morts, exhorté le peuple, célébré la sainte messe, et donné le sacrement de la confirmation, avons renvoyé notre visite de l'église et notre procès-verbal d'icelle au jour de demain matin, avec déclaration que nous y procéderons tant en présence qu'absence. Après quoi, le susdit clergé tant séculier que régulier, précédé de ladite bourgeoisie sous les armes, nous a conduit et mené processionnellement comme dessus au logis du sieur curé.

Dudit jour après midi.

Prieuré. Nous, évêque susdit, désirant assister au *Te Deum* qui doit se chanter aujourd'hui suivant notre mandement, en l'église du prieuré de Saint-Fortunat de ce lieu, en action de grâces de la prise de la citadelle d'Anvers (1), ledit clergé, lesdits religieux, capucins, les corps de la justice et de la ville qui ont coutume d'y être appelés, messieurs de ville et la milice bourgeoise se sont rendus devant le logis du sieur curé, et nous étant revêtu de nos habits pontificaux, ils nous ont conduit proces-

---

(1) Le roi Louis XV avait probablement invité tout le clergé de son royaume à chanter un *Te Deum* d'action de grâces à l'occasion de la prise de la citadelle d'Anvers. La ville, assiégée à la fin de la guerre de la succession d'Autriche par une armée de quatre-vingt dix mille combattants que commandaient le roi et le maréchal de Saxe, s'était rendue sans opposer de résistance.

sionnellement et dans l'ordre que dessus, sous le dais, audit prieuré et au-devant de la grande porte de l'église où nous avons rencontré le R. P. Dom Huchard (1), prieur titulaire, avec les officiers et religieux dudit prieuré revêtus d'aubes et de chapes, qui nous attendaient, nous avaient invité et nous ont reçu avec les cérémonies accoutumées; et ensuite après avoir baisé la croix, reçu l'aspersoir, été encensé par ledit P. prieur et par lui harangué, nous avons été conduit processionnellement jusqu'au grand autel, d'où nous nous sommes retiré au trône qui nous était préparé au chœur, du côté de l'évangile, pour y entonner le *Te Deum* qui a été chanté alternativement par le chœur, et ensuite l'*Exaudiat*; et après avoir dit les oraisons ordinaires, nous avons donné solennellement la bénédiction épiscopale, et avons été ramené processionnellement dans le même ordre au logis dudit sieur curé.

Cordeliers. Ensuite, jugeant à propos de visiter les maisons religieuses des environs de cette ville, et n'en laisser aucune sans lui donner des témoignages de notre affection, nous sommes allé au couvent des cordeliers qui nous sont venus recevoir à la porte de leur église, où ils nous ont présenté la croix à baiser, l'aspersoir, encensé, et de là conduit en procession chantant l'antienne ordinaire, jusqu'au-devant du grand autel où après avoir adoré le Saint Sacrement et dit l'oraison de saint François, avons donné de même notre bénédiction épiscopale. Après quoi nous sommes entré en leur cloître, vu leur couvent et tout ce qui en dépend, et nous sommes retiré, en leur offrant nos services, pour aller visiter les PP. Capucins. capucins qui nous ont reçu de la même manière à la porte de l'église, où le P. gardien nous a donné la croix à baiser, présenté l'aspersoir, et encensé, et ensuite avons été conduit devant le grand autel, où après l'adoration du Saint Sacrement, et les prières comme dessus avons pareillement

---

(1) Philibert Huchard, licencié en Sorbonne, prieur de Charlieu de 1745 à 1781, époque de sa mort.

donné notre bénédiction épiscopale solennellement, et ensuite ayant vu leur cloître, leur maison et leur enclos, et leur offrant notre protection, nous nous sommes retiré à Malfara.

<small>Religieuses Ursulines.</small>
Quant à nos bonnes filles religieuses de Sainte-Ursule, nous renvoyons à les visiter à un autre jour, et à dresser le présent procès-verbal de la visite de leur chapelle, de l'intérieur de leur monastère et de leurs observances, état spirituel et temporel.

<small>Hôpital.</small>
De même renvoyons à un autre jour la visite de l'hôpital, pour dresser en même temps notre procès-verbal.

Cejourd'hui lundi vingt-cinquième du mois de juillet l'an mil sept cent quarante-six.

<small>Paroisse.</small>
HENRY CONSTANCE de Lort de Sérignan de Valras, par la miséricorde de Dieu et grâce du Saint Siège apostolique évêque de Mâcon, savoir faisons que continuant la visite générale de notre diocèse et qu'en conséquence des publications de notre mandement pour icelle faites au prône de l'église paroissiale de Saint-Philibert de Charlieu, notamment hier dimanche, et encore de notre avertissement fait hier en notre réception, avec indication que nous procéderions à la visite d'icelle église paroissiale cejourd'hui au matin, tant en présence qu'absence, nous sommes transporté de Malfara, où nous faisons notre demeure, en la ville dudit Charlieu et au-devant ladite église paroissiale de Saint-Philibert, où nous étions attendu par une grande multitude de peuple et où nous avons trouvé le sieur curé et les sieurs vicaires et sociétaires qui nous ont conduit au grand autel. Après les prières et les cérémonies accoutumées, ont comparu pardevant nous : M. Me Tillard de Tigny, conseiller du roi, juge royal civil et criminel de ladite ville et siège, prévôt criminel et lieutenant particulier de la juridiction ordinaire d'icelle ville, M. Me Gaspard Buynan, juge bailli et maire de ladite ville, Me Jean-Louis Duvernay, avocat en parlement, ancien conseiller du roi et maire de ladite ville, Me Pierre Audibert, procureur du roi en la mairie et procureur fiscal,

Me Laurent Chabrier, notaire, Me François Bardet, aussi notaire et ancien procureur du Roi, Mes Claude Arcelin, François Adam et Camille-François Patural, tous notaires et procureurs, Pierre-Benoît Corderaud, commis-greffier, sieurs Jean et François-Laurent Michelet père et fils, Antoine de Veaux, Nicolas de Veaux, François-Philippe Michelet de Beauvoisin, Claude Morillon, Antoine Perraud, Eléazard Gacon, Pierre Villard, François Vedeau, procureur, Gaspard Nobis, Benoît Bernaud (1), François Nobis, Etienne Mériclet, Claude de Villaine, premier huissier audiencier, Claude Gacon et Denis Gacon frères, François et Benoît Nobis frères, Augustin Ronieuf, Balthazar Bardet, Louis Audron, Claude Cercaud, Camille Duvernay, François Matray, Aimé Joatton, Claude-Marie Auboyé, Claude Aleigne le jeune, Marc Cirot, François Gonard, sieur Pierre Pailler, Claude Andrieux, Toussaint Triboulet, Gaspard Ménard, autre Claude Gacon, Claude Lafont, Philibert Grappeloup, Claude Pinet, Claude Chenard et autre Claude, père et fils, Etienne Bernaud, Jean-Marie Perraud, François Chabreuil père et Claude Chabreuil fils et Claude-Marie Chabreuil aussi fils dudit François, Jean-Claude Aleigne ancien fabricien, Claude Prouillé, Guillaume Desroche, Baptiste Colet, Bertrand Villard, Jean-Louis Carré, François Lafond, Antoine Auclerc, François Cartellier, Michel Cartier, Antoine Augagneur, Philippe Vaginay, Benoît Moucher, François Simon, Joseph Couturier, Claude Duperron, Gilbert Bernaud, Benoît Vermorel, Gaspard et Benoît Crestin, Jean Ray, Frédéric Blanchet, Frédéric Boutouge, Frédéric Bernaud, Pierre et autre Pierre Bernaud père et fils, François et Gaspard Alemonière frères, Antoine Gainard et plusieurs autres, tous habitants et paroissiens de ladite paroisse de la ville de Charlieu, faisant la notable, plus saine, plus nom-

---

(1) Le lecteur est averti que nous respectons la forme orthographique des noms propres. Nous les transcrivons tels qu'ils sont portés sur le manuscrit, où les noms patronymiques se présentent avec de nombreuses variantes, comme dans tous les documents antérieurs à l'établissement de l'état civil. C'est ainsi que le nom des Barnaud, ancienne famille de Charlieu, est écrit ici *Bernaud*.

breuse et meilleure partie de ladite ville et paroisse, les décimateurs ou autres intéressés ne comparant, etc..... et avons procédé à notre visite et d'icelle dressé procès-verbal à la forme qui suit.

Premièrement, quant à la célébration des services divins et à l'administration des sacrements.

Ciboire. — Avons reconnu que le ciboire est de vermeil, en forme antique mais décente. Le couvercle est attaché à la coupe, ce qui le rend incommode au prêtre. D'ailleurs la charnière est rompue; il faut remettre le tout incessamment en bon état.

Custode. — La custode est d'argent, non dorée en dedans, la tige sert de vase pour porter les Saintes Huiles aux infirmes, le pied est un peu étroit.

Soleil. — Le soleil est fort beau et d'argent; le croissant n'est pas doré; il faut une autre croix, celle qui y est étant si petite qu'elle est imperceptible dans les rayons.

Calices. — Deux calices, l'un d'argent avec sa patène aussi d'argent, l'un et l'autre dorés régulièrement; le second est d'argent doré avec sa patène; l'un et l'autre à l'antique; il faut une croix sur le pied du calice, souder une partie du dessous de la patène, il est faussé en quelques endroits, qu'il faut réparer et y faire une croix par dessous.

Tabernacle. — Le tabernacle est de bois sculpté et doré de même que les accompagnements à droite et à gauche, ainsi que la niche qui est au-dessus; la dorure commence à passer, cependant en bon état; aux deux côtés sont de petites statues aussi en bois sculptées et dorées représentant saint Philibert, saint Eloi, saint Grégoire et saint Bonaventure; au bas sont deux gradins

Chandeliers. de bois sculptés et dorés, sur lesquels sont six chandeliers d'arquemil (1) fort propres, au milieu est un crucifix, attaché

---

(1) Alliage imitant l'argent dont la composition est indéterminée. Après avoir désigné la recherche du grand œuvre, c'est-à-dire la transmutation des métaux, le mot alchimie ou arquemie est devenu un terme industriel appliqué à l'art de composer des alliages imitant les métaux précieux. (V. Victor Gay, *Glossaire archéol.* au mot *Alchimie*.)

à la porte du tabernacle, la croix est dorée et non le Christ qui est sculpté seulement. Le tabernacle ferme à clef, en deux parties séparées, l'une plus élevée, qui sert à fermer le soleil, et l'autre où l'on tient le Saint Ciboire; l'un et l'autre sont doublés d'une étoffe de soie rouge à fleurs blanches; derrière ledit tabernacle est un grand tableau représentant la résurrection de Notre-Seigneur avec saint Philibert et saint Éloi; il est placé dans une menuiserie de bois sculpté, blanchi et doré fort proprement, qui est accompagnée aux deux côtés d'une architecture de menuiserie aussi blanchie et dorée fort proprement à colonnes torses avec un couronnement de même; le tout formant le retable dudit autel; aux deux côtés et en dehors sont des statues avec même menuiserie, sculptées et dorées fort proprement, représentant saint Philibert et saint Éloi (1); derrière sont encore des doubles colonnes de mêmes menuiserie et architecture que celles qui forment le retable.

L'autel est de pierre, non sacré, mais sur lequel on célèbre avec un marbre sacré et régulier et incrusté proprement dans la pierre dudit autel, qui porte sur massif de maçonnerie; il est couvert de trois nappes régulières et de deux pièces de tapis en cuir doré qui couvrent les deux extrémités dudit autel; il y a encore un autre tapis d'étoffe en laine verte un peu passée. La contre-table est d'une menuiserie sculptée, blanchie et dorée, en bon état, si ce n'est que la dorure est fort ternie, dans laquelle il y a un devant d'autel de satin vert et fleurs de différentes couleurs, fort propre; le marchepied est d'une menuiserie ancienne, mais bonne et assez propre. *Autel.*

Aux deux côtés dudit autel sont deux armoires, qui servent *Crédences.*

---

(1) Ces deux statues, mesurant 1m 80 de hauteur, sont actuellement placées derrière le maître autel. Elles sont sans doute l'œuvre d'un maître menuisier de Charlieu, nommé Jean Magrolette, dit Bérichon. On sait que cet artiste avait exécuté le retable du maître autel de l'église Saint-Philibert en 1656, d'après les ordres de messire Gaspard Dupont.

Cet ouvrage existait encore au temps de M. de Sevelinges et ne devait pas être sans mérite artistique si l'on en juge par ces deux statues. (V. de Sevelinges, *Hist. de la ville de Charlieu*, p. 92.)

à fermer les ornements des chapelles de la Vierge et de Saint-Eloi, devant lesquelles on met des paremens d'étoffe de soie rouge, lesquelles armoires forment une espèce de crédence, au-dessus de chacune desquelles il y a un reliquaire en bois sculpté et doré, contenant des reliques sans aucune authentique.

Fonts baptismaux. Les fonts baptismaux sont placés au fond de ladite église du côté de l'épitre, près ½ grand'porte de l'église : ils sont d'une pierre solide, régulière, qui porte sur un piédestal aussi de pierre. La cuvette contenant l'eau baptismale est de plomb en bon état; elle est couverte d'un couvercle en bois sur lequel on tient un bassin de cuivre pour recevoir l'eau du baptême, qui est trop petit; **Saintes Huiles.** les Saintes Huiles pour les baptêmes et pour les infirmes sont contenues dans trois vaisseaux d'étain propres et réguliers, ils sont enfermés dans un petit coffre aussi d'étain en bon état. Lesdits fonts sont revêtus d'une menuiserie ancienne en forme de dôme fermant à clef. La piscine qui est à peu de distance desdits fonts est rompue; il faut la réparer incessamment. Nous ordonnons que lesdits fonts seront transportés du côté de l'évangile près le pilier où est actuellement le bénitier de pierre, et que ce même bénitier sera placé du côté de l'épitre, proche le pilier le plus près de la grand'porte.

Chaire à prêcher. La chaire à prêcher est placée du côté de l'évangile contre le pilier le plus voisin du chœur ; elle est de pierre, blanchie et peinte en couleur ; le couronnement et le degré pour y monter sont en menuiserie ancienne en mauvais état qu'il faut réparer incessamment (1).

Confessionnaux. Il y a deux confessionaux, l'un de sapin, régulier ; il est placé dans la chapelle ; il faut le reculer dans le fond en

---

(1) Tous ceux qui ont visité Saint-Philibert de Charlieu connaissent cette chaire, curieux et rare monument de l'art gothique du XVI° siècle. Elle se compose d'une cuve hexagonale assise sur une pilette mono-cylindrique. Un arc en accolade, avec crochets, occupe chacune des six faces, dont l'une porte en outre un écusson aux initiales B. C.

attendant qu'il puisse être transporté dans un endroit convenable de ladite église. L'autre est placé au fond du collatéral de l'église du côté de l'évangile, près la chapelle de Saint-Roch; il n'y a que la place du prêtre sans niches ni prie-Dieu aux deux côtés pour placer les pénitents : nous ordonnons qu'il sera ôté et qu'il en sera fait un autre régulier, qui sera placé dans l'endroit où sont les fonts baptismaux actuellement.

Il y a un bénitier de pierre régulier, placé du côté de l'évangile proche le pilier le plus près de la grand'porte de l'église, qui sera transporté vis-à-vis comme il a été dit ci-dessus ; il y en a un plus petit de pierre, près la petite porte de l'église appelée la porte de Saint-Crépin, qu'il faut supprimer parce que l'eau s'y perd et en faire un autre en pierre solide ; il y en a un troisième, aussi de pierre, près la porte du collatéral du côté de l'épitre, au fond de ladite église, lequel est en bon état ; il y en a un de cuivre, qui sert pour les aspersions, qui est bon et propre. *Bénitiers.*

Il y a une croix processionnelle qui est d'argent et fort propre, qui pèse cinq marcs trois onces, la lance est de cuivre argenté assez proprement ; il y a encore une croix processionnelle de cuivre ancienne et rompue, dont nous défendons l'usage ; il y a encore deux chandeliers de cuivre argenté fort propres, qui servent les dimanches et fêtes pour les acolytes quand on dit les grand'messes ; il y a une petite croix portative de cuivre pour les processions, qui est sans pied et qui ne peut servir. *Bannières et croix processionnelles.*

Etant entré dans la sacristie, qui est près le sanctuaire du côté de l'épitre, qui consiste en deux espaces d'égale grandeur, séparés par une porte qui ferme à clef, et dans la dernière partie est un meuble où il y a cinq tiroirs d'une menuiserie fort ancienne et mauvaise, dans lesquels on tient les ornements à l'usage de ladite église, qui appartiennent néanmoins à Messieurs les sociétaires, excepté une seule chasuble de damas blanc avec l'orfroi à fond blanc et fleurs, partie en or et en couleurs, garnie d'un petit galon d'or fin, complète, neuve et propre, laquelle a été donnée par le sieur Rolland, *Sacristie.* *Ornements.*

curé de la paroisse de Juliénas de notre diocèse et autrefois sociétaire dans cette église. Les autres ornements appartenant à ladite société et servant à l'usage de ladite église consistent, savoir : une chasuble complète, deux tuniques d'un satin à fond blanc à fleurs, partie en or et fleurs de différentes couleurs, garnies d'un galon qui paraît d'or faux; il y a encore trois chapes d'un satin à fond blanc et fleurs de différentes couleurs, dont l'orfroi et galon sont uniformes à l'étoffe et galon de la chasuble et tuniques ci-dessus; il y a une frange d'or faux autour du chaperon qui sert pour le célébrant. Une autre chasuble d'un damas rouge fort passé, garnie d'un galon de soie de même que les deux tuniques uniformes à la chasuble, qui est complète. Un ornement noir de camelot garni d'un galon de soie, consistant en une chasuble complète, deux tuniques. Une quatrième chasuble servant pour le violet, d'un ras de Sicile (1) en soie fort propre, à fond bleu et fleurs jaunes, garnie d'un galon d'argent faux, complète, donnée à la Société par Madame de la Douze. Autre chasuble servant encore pour le violet, d'une espèce de ligature en filosèle et fil à fond bleu et fleurs presque violettes, garnie d'un galon de soie bleu et blanc, assez propre, mais sans bourse et sans voile. Une sixième chasuble d'un damas rouge, fort usée, garnie d'un galon d'argent faux, sans bourse, et le voile, qui est d'une autre étoffe de soie rouge, est en partie rompu. Une septième chasuble de satin à fond blanc et fleurs de différentes couleurs, garnie d'un galon de soie de même, complète, mais fort usée et rompue en quelques endroits, qui peuvent se réparer, ainsi que le manipule qui en a besoin. Une huitième chasuble de satin rayé en différentes couleurs, garnie d'un galon de soie et frange de même, sans bourse et sans voile et sans étole, fort usée et surtout au devant, où elle est rompue. Une neuvième de camelot violet garnie d'un galon de soie de différentes couleurs, complète

---

(1) Serge à poils ras. Ces tissus étaient désignés sous le nom de la localité où ils étaient fabriqués : ras de Châlons, ras de Saint-Lô, ras de Saint Maixent, ras de Lusignan, etc.

mais fort passée. Une dixième, verte, de camelot, garnie d'un galon de soie et frange verte et blanche, complète et en bon état, quoiqu'un peu passée. Une onzième, noire, d'une vieille étoffe de soie, dont la croix est de satin blanc, garnie d'un galon de soie blanche, sans bourse et sans voile, d'ailleurs en bon état. Il y a une étole pastorale de satin à fond blanc et fleurs de différentes couleurs d'un côté, et de l'autre d'un satin violet et fleurs aussi de différentes couleurs ; elle est garnie d'un galon et frange de soie jaune, le tout neuf et propre.

Outre les trois chapes dont il a été parlé ci-dessus, il y en a encore une d'un gros de Tours (1) de soie à fond blanc et fleurs de différentes couleurs, fort propre, garnie d'un galon et frange d'argent faux, qui appartient à ladite Société : il y a encore trois chapes de camelot noir fort passé, qui sont garnies d'un galon de soie blanche et noire ; il y a deux écharpes, l'une d'un taffetas blanc assez propre, garnie d'une frange d'or faux ; l'autre d'une vieille étoffe de soie rayée et fleurs de différentes couleurs, sans garniture et fort passée. Il y a encore quatre devants d'autel, dont l'un est de satin à fond blanc et fleurs partie en or et de différentes couleurs, garni d'un galon d'or faux fort passé ; les trois autres de camelot, l'un noir garni d'un galon de soie noir et blanc ; les deux autres servant de différents côtés pour le violet, le vert, le blanc et le rouge, tous malpropres et usés, et celui qui est actuellement au grand-autel a une autre face d'un satin à fond blanc et fleurs violettes, le tout garni d'une frange de soie de même couleur.

Il y a deux dais, l'un pour les processions du Saint Sacrement, qui est d'une ancienne étoffe de soie à fond rouge rayé et à fleurs de différentes couleurs, garni d'une frange qui paraît d'or faux. L'autre, qui sert lorsqu'on porte le Viatique aux malades, est d'un vieux satin à fond blanc et fleurs

Chapes.

Echarpes.

Dais.

---

(1) Taffetas de soie, à gros grain, très épais, dont l'usage, comme étoffe de luxe, était très répandu au XVIII° siècle. On le fabriqua d'abord à Naples, ensuite à Tours.

rouges, garni d'une frange de soie rouge et blanche, le tout fort propre.

Il n'y a point d'aubes, ni amicts, ni ceintures appartenant à ladite église, il y a seulement deux aubes en dentelles fort usées et presque hors de service, une troisième de même qui sert aussi pour les grandes fêtes, mais qui appartient à la chapelle de Sainte-Anne, les deux autres appartenant à la Société; il y a encore trois petites aubes communes pour les acolytes; mais chaque sociétaire, de même que M. le curé et MM. les vicaires, se fournissent eux-mêmes de tous les linges ci-dessus, ainsi que de surplis, mais non de purificatoires, de corporaliers et lavabos qui se fournissent aux dépens et en commun par MM. les sociétaires, de même que les nappes du grand autel, pour lequel il y en a sept, compris celles qui y son actuellement, dont trois neuves et les autres fort usées ; il y a environ trois douzaines de purificatoires et six corporaliers en état de servir; il y a trois nappes de communion qui sont usées. La modicité des linges et le mauvais état où ils sont vient de ce que MM. les décimateurs n'en fournissent aucun non plus que des ornements pour les couleurs auxquelles ils sont tenus.

Livres. Il y a un missel romain neuf, donné par ledit sieur Rolland, curé de Juliénas, pour l'usage de la Société ; il y a un autre missel si usé qu'il est hors de service ; il y a deux cahiers pour les morts, en bon état; il y a un graduel in-folio qui est en bon état; il y a aussi deux grands antiphoniers in-folio, qui peuvent servir ; il y a encore deux antiphoniers in-folio qui ont besoin de réparation et deux psautiers de même qui sont hors de service ; l'autre psautier peut servir, quoiqu'il soit bien usé ; lesquels livres ont été achetés par MM. les sociétaires.

Argenterie. Encensoirs. Il y a deux encensoirs, l'un d'argent avec sa navette de même, fort propre, pesant quatre marcs trois onces, non compris la cuillère qui n'est pas d'argent ; l'autre encensoir est d'arquemil, de même que la navette, le tout fort usé, mais peut servir encore.

Outre la lampe de cuivre qui est devant le grand autel, il y en a une autre grande d'argent, qui sert pour les fêtes, elle est propre et pèse environ neuf marcs deux onces. *Lampes.*

Il y a un petit plat d'argent avec deux burettes de même et une petite clochette d'argent pour les messes ; ces quatre pièces pesant environ trois marcs dix-huit deniers.

Les burettes ont besoin d'être raccommodées aux pieds, qui commencent à se détacher ; il y a deux lanternes régulières, qui servent lorsqu'on porte le Saint Viatique aux malades, qui appartiennent aux pénitents de cette ville, lesquels sont obligés suivant leurs instituts d'accompagner le Saint Sacrement, lorsqu'on le porte aux malades. Ladite sacristie ferme à clef, et dans la première partie il y a une armoire en menuiserie ancienne servant de table pour habiller et déshabiller les prêtres ; l'on y ferme les calices et menus linges de l'église ; ladite sacristie est voûtée en pierre en forme de croix de Saint-André, ainsi que la deuxième partie ; il y a dans chacune une fenêtre vitrée et garnie de grilles et barreaux de fer ; elle est pavée en carreaux de terre, mais elle est trop humide, en sorte que les ornements et linges s'y corrompent.

Il y a une chapelle, qui est placée sur la tribune de l'église, que le sieur Simon, premier vicaire de cette paroisse, nous a dit être sous le vocable de Saint-Jean-Baptiste, dans laquelle il y a un autel, où est un tableau qui sert de retable représentant saint Jean-Baptiste baptisant Notre-Seigneur, qui est régulier et en bon état (1) ; il est revêtu d'un cadre de bois sculpté et blanchi ; au-dessus est un grand crucifix dont le Christ est régulier ; au bas sont deux gradins de bois simple couverts de linge blanc seulement, sur lesquels il y a deux chandeliers de bois, anciens, sculptés et dorés, et un crucifix de même, dont le Christ n'est pas doré ; le tout fort passé ; il y a encore deux chandeliers de bois, vieux et malpropres ; *Chapelle de Saint-Jean, sur la tribune.*

---

(1) Cette toile est actuellement placée au-dessus de l'arcade qui met le collatéral gauche en communication avec le chevet, dans un lieu trop obscur pour qu'on puisse apprécier le mérite artistique de l'œuvre.

l'autel est de pierre sur un massif de maçonnerie, qui n'est pas sacré, mais on y a célébré jusqu'ici avec un marbre sacré ; il est couvert d'une nappe et d'un tapis de cadis vert. La contre-table et le marchepied sont d'une menuiserie ancienne, indécente et hors de service ; le devant d'autel est de toile peinte, qu'il faut supprimer ; et comme la table de l'autel est trop étroite et qu'il n'y a pas huit pouces d'espace entre le marchepied dudit autel et le balustre en pierre de ladite tribune, nous défendons d'y célébrer, et quant aux messes fondées dans ladite chapelle, dont il sera parlé dans l'article des fondations, nous ordonnons, en attendant le règlement qui en sera fait, qu'elles seront célébrées à l'avenir au grand autel. Ledit sieur Simon, vicaire, nous a dit qu'il y a dans ladite chapelle une dévotion des bouchers de cette ville (1), qui n'a aucun revenu fixe pour l'entretien de ladite chapelle, et pour supportation des services qu'ils font faire par dévotion pour la fête de saint Jean-Baptiste, ils donnent à la Société trois livres tous les ans.

Du côté de l'épitre sont les petits autels suivants.

Chapelle de Notre-Dame de septembre.

Savoir : 1° au fond du collatéral, à côté du jubé et contre le mur qui ferme l'arrière-sacristie, est un autel sous le vocable de la Sainte Vierge où il y a grande dévotion ; il est construit en pierre, l'on y célèbre sur une pierre sacrée, il est revêtu d'une contre-table en bois sculpté peint et doré, mais dont la dorure est passée, dans laquelle il y a un devant d'autel de damas blanc avec une frange d'argent faux (il y a encore treize devants d'autel de différentes couleurs pour changer) ; il est couvert de trois nappes, il y a encore cinq nap-

---

(1) On trouve aux archives de la Loire une « ordonnance faisant défense à toutes personnes, de quelque condition qu'elles soient, de tirer et débiter aucunes chairs cuites, grosses ou menues, si elles ne sont au préalable agrégées à la compagnie et société des bouchers de la ville de Charlieu, à peine de 100 livres d'amende, moitié applicable pour aider à décorer la chapelle de Saint-Jean-Baptiste, érigée en l'église Saint-Philibert de Charlieu, patron de leur confrérie, et l'autre moitié au profit de l'Hôtel-Dieu de cette ville, etc. » (Chavemondier, *Inv. des arch. dép. de la Loire*, t. III, p. 357).

pes à dentelles et six sous-nappes dont trois fort usées, pour changer ; il n'y a ni corporaliers, ni purificatoires, ni lavabos, il y a deux mauvaises aubes hors de service avec un cordon.

Sur cet autel il y a un gradin à deux degrés, peints, ornés de frises en dorure; sur icelui sont un crucifix de bois, huit chandeliers et huit vases, le tout doré et assortissant. Dans les vases il y a huit bouquets à fleurs naturelles.

Sur ce gradin et contre le mur est un tableau à cadre doré en forme d'un carré barlong représentant le Sauveur, la Sainte Vierge, saint Jean-Baptiste et saint Joseph, sainte Anne et saint Joachim. Au-dessus est la statue de la Sainte Vierge, tenant entre ses bras l'Enfant Jésus; il y a deux couronnes d'argent fort propres; elle est en pierre, placée dans une niche de bois en menuiserie et sculpture et dorée; elle est revêtue d'un satin blanc à fleurs naturelles, au bas de laquelle robe est attachée une frange d'argent faux [1]. Il y a plusieurs autres robes pour changer, savoir: cinq rouges en étoffe de soie dont trois sont fort propres, les deux autres sont en satin à fleurs, déjà un peu usées; item, sept autres robes blanches dont l'une est de satin à fleurs rouge, la 2ᵉ aussi de satin à fleurs rouges, un peu usée, la 3ᵉ d'un damas garnie d'une dentelle d'argent faux, la 4ᵉ aussi de satin rayé en blanc et rouge couleur de chair, la 5ᵉ est d'une étoffe de soie

---

[1] On sait que, comme le rapporte l'*Almanach du Lyonnais* de 1754, la statue miraculeuse de Notre-Dame de Charlieu était l'objet d'une vénération fort répandue. Elle occupe encore aujourd'hui sa place primitive au-dessus d'un autel moderne, dans son ancienne chapelle qui appartient au XIIIᵉ siècle et dont les arcs ogives portent sur des culs de lampe sculptés, d'un style original. La statue en pierre calcaire, recouverte d'une peinture polychrôme, mesure 1ᵐ 01. C'est une œuvre qui nous paraît appartenir à la fin du XVIᵉ siècle ; il est donc vraisemblable qu'elle ait remplacé une image plus ancienne, détruite peut-être par les calvinistes ou les ligueurs qui, en 1590, ravagèrent les chapelles latérales de Saint-Philibert. La description de ce beau monument de sculpture, malheureusement voilé par des draperies, nous entraînerait à de trop longs développements. Le visage de la Vierge, particulièrement remarquable par la pureté des traits et la gravité de l'expression, paraît se ressentir de l'imitation d'un modèle antique : il est déparé par un enduit de couleur noire qui se retrouve sur la plupart des Vierges miraculeuses. Notons que les pieds de l'Enfant Jésus sont brisés et que sa tête est détachée du tronc.

appelée taby (1), elle est sans voile; la 6ᵉ est d'un satin glacé à fleurs naturelles, et la 7ᵉ est d'un satin blanc damassé. Item une autre bleue d'un raz de Sicile à fleurs naturelles. Autre de damas bleu à fleurs d'or. Autre de damas bleu en plein. Autre de damas vert à fleurs d'or et garnie d'une grande frange d'or fin. Autre de damas bleu en plein. Autre d'un taby vert. Autre d'un damas violet un peu passé. Autre de satin rayé de diverses couleurs et à fleurs blanches. Autre de taffetas bleu. Autre de damas rouge cramoisi. Et enfin une de satinade rayée de différentes couleurs. Ces quatre dernières robes sont sans voile. Une toilette de taffetas rouge d'Angleterre, garnie d'une dentelle d'or fin. Un tapis pour couvrir l'autel, d'une étoffe de soie appelée taby, garnie d'une dentelle d'argent faux.

A côté dudit autel sont deux petites armoires en forme de crédence sur lesquelles sont deux niches en bois sculpté, ornées de deux colonnes torses, le fond blanchi et la sculpture dorée; dans ces deux niches sont les statues de saint Pierre et de saint Paul, incarnées et dorées (2), au-dessus sont des anges adorateurs aussi en bois et incarnés et dorés. La couronne de la Vierge est soutenue par deux anges, et autour il y en a six autres qui portent chacun un chandelier, tous en bois et dorés de même. Le tout en bon état et bien entretenu. Il y a contre les deux piliers quatre bras portant aussi chacun un chandelier. Devant ledit retable et ses ornements ci-dessus énoncés, il y a un grand rideau de cadis vert avec sa tringle pour le conserver.

Argenterie de la chapelle de Notre-Dame.

Cette chapelle est fermée par un balustre en bois surbaissé aux deux côtés et en devant. Sur le balustre en devant il y a deux gros chandeliers en bois, et à côté un tronc pour recevoir les offrandes qu'on fait pour l'entretien de cette

---

(1) Tabis ou taby, grosse étoffe de soie moirée, quelquefois mélangée de fil ou de coton (Havard, *Dict. de l'ameublement*).

(2) L'inventaire désigne ainsi les statues de bois dont toutes les parties sont dorées, sauf le visage et les mains qui sont peints au naturel ou de carnation.

chapelle ; il y a une lampe de cuivre en mauvais état, mais il y a quatre autres petites lampes d'argent. Une statue de la Vierge de neuf pouces de hauteur aussi d'argent sur un pied d'estal d'ébène. Neuf petites croix d'argent de peu de valeur. Trois petites croix d'or. Trois autres croix un peu plus grosses, et de la forme de celles de Malte, aussi d'argent. Trois cœurs d'argent et un quatrième plus petit, une figure plate et en argent de l'Enfant Jésus et d'environ neuf pouces. Deux formes d'yeux en argent, un *Agnus* en argent sans reliques. Toutes lesquelles choses sont des dons faits à ladite chapelle, où il y a grande dévotion et où l'on vient de toutes parts (1).

Il y a un calice d'argent dont le pied est bossé en plusieurs endroits, il faut le raccommoder, au reste il est régulier. Deux burettes d'argent en forme d'urnes et fortes en poids.

Trois chasubles, l'une de damas blanc, garnie d'un galon d'or fin ; l'autre de damas à galon faux ; et la troisième aussi de damas à galon de soie. Autre chasuble de satin à fond blanc et à fleurs naturelles. Toutes quatre sans bourse, excepté la première. *Chasubles de la chapelle de Notre-Dame.*

Autre chasuble de satin rayé à fleurs blanches, garnie d'une dentelle de soie, le tout d'un goût antique, mais propre, aussi sans bourse.

Autre chasuble d'une étoffe en soie à petites fleurs de différentes couleurs, fond garni d'un galon de soie, elle est complète.

Autre chasuble noire complète d'une étoffe de drap de Saint-Maur.

Une rouge d'une étoffe ancienne qui est semée de quelques grandes fleurs en or. La croix est d'un taby violet glacé. Elle n'a point de bourse.

Et finalement une autre chasuble de taffetas violet, ou pourpre, déjà passée.

---

(1) Le trésor de N.-D. de Septembre aurait été plus riche en pièces d'argenterie sans un vol commis en cette chapelle à la fin du XVIIe siècle, vol dont le procès-verbal existe aux archives de la Loire (Chaverondier, *Invent.*, I, p. 333).

Sur la plupart desquelles chasubles, et sur les dalmatiques assortissant à la troisième chasuble ci-dessus, sont des armoiries que nous ordonnons être ôtées avant qu'on puisse s'en servir (1).

La chape est aussi de même étoffe que les dalmatiques.

Les cartons pour les messes avec leurs cadres en bois sculpté et doré.

Un voile de calice d'une persianne (2) à fond rouge de fleurs d'argent et de couleurs naturelles, bordé d'une petite dentelle d'argent fin.

Il y a pour couvrir, tous les jours ordinaires, un tapis de cadis vert avec une frange de soie.

Appartient encore à ladite chapelle une bannière de damas blanc sur laquelle est la figure de la Sainte Vierge en broderie. La croix est de cuivre. Il y en a une autre qui n'est pas montée et qui ne sert plus, pour être passée. Il y a encore contre les piliers au-dessus dudit balustre de clôture deux petits tableaux à cadre de bois noirci, représentant la Sainte Vierge et les personnes qui les ont donnés par vœu. Il n'y a point d'inscription.

Fondations de la chapelle ou autel de Notre-Dame.

Enquis s'il y a des fondations en cette chapelle?

Disent qu'il y a quelques fondations de messes faites au profit des sociétaires de cette église, desquelles il sera fait état avec les autres fondations de cette Société. Il n'y a point de chapelain titulaire.

Confrérie des tisserands de toile.

Disent qu'à cette chapelle ou autel il y a la confrérie des

---

(1) On voit par là que l'ancienne liturgie proscrivait les armoiries des vêtements sacerdotaux. Cette défense n'était guère respectée, depuis qu'au XVe siècle, les abbés commendataires avaient fait un singulier abus de leurs écussons dans la décoration des édifices et des objets mobiliers religieux. C'est ainsi qu'en Roannais, Pierre de la Fin, à la Bénisson-Dieu, et Antoine de Balzac, à Ambierle, donnèrent l'exemple de cette vanité. La belle chasuble des Nérestang, à la Bénisson-Dieu, porte les armes de cette maison, brodées dans un petit cartouche, malgré les défenses ecclésiastiques.

(2) Persianne ou perse, tissu d'ameublement, originairement de provenance orientale.

tixiers en toile, dont la fête est le jour de la Nativité de la Vierge.

Enquis des revenus et par qui administrés ?

Disent que les revenus de cette chapelle consistent en une rente de trois livres onze sols six deniers, due par Guillaume Desroches et sa femme, et dans le produit des offrandes qui se font et qui sont mises dans ledit tronc, lesquelles offrandes qui se trouvent dans le tronc se partagent par moitié avec le sieur curé qui est recteur-né de cette confrérie. Consistent encore les revenus dans les quêtes qui se font par la ville, mais qui sont entièrement à ladite chapelle, lesquels revenus sont régis et administrés présentement par sieur Jean Michelet, trésorier de ladite chapelle, et pour le soin des ornements et décorations et entretien de la chapelle sont choisis deux officiers appelés bâtonniers qui sont présentement Claude Chesnas, et Etienne Demont qui ont aussi soin et direction du luminaire de ladite chapelle, et ce qui se trouve de restant en cire offerte, se partage aussi par moitié avec ledit sieur curé et la moitié revenant à ladite confrérie et chapelle, ledit luminaire entretenu, est vendue par lesdits bâtonniers, et les deniers remis entre les mains du trésorier, lequel sieur Michelet, trésorier, ci-présent, nous a dit être prêt à nous présenter ses comptes en recettes et dépenses, l'examen desquels nous avons renvoyé à la suite de notre présent procès-verbal. *Comptes renvoyés ci-après.*

Disent lesdits confrères de Notre-Dame de Septembre que lesdits bâtonniers tiennent un registre des noms des confrères, qui sont ouvriers tous en toile.

Enquis quels sont les exercices de dévotion de leur confrérie ?

Disent qu'outre les services qui ont été fondés au profit de la Société par les confrères, et dont il sera fait mention dans l'article des autres fondations ci-après, ils font encore chacun an faire le service solennel qui consiste à chanter les vêpres devant ladite chapelle de la Sainte Vierge dite de Septembre, à donner ensuite la bénédiction du Saint Sacrement au grand autel, prédication le jour de la fête avant vêpres, et le matin une grand'messe à diacre et sous-diacre avant la messe de la paroisse, en leur chapelle ; et dans l'octave ils font encore dire trois grand'messes sans diacre pour le repos des âmes des confrères décédés, pourquoi ils donnent à ladite société douze livres outre l'honoraire qu'ils payent séparément au prédicateur.

Autel de Notre-Dame du Rosaire.

2° A côté dudit autel de la Sainte Vierge dite de Septembre, est une chapelle *extra tectum* bien voûtée et vitrée appartenant pour la propriété et le droit de vœu aux descendants de Me Jean Gayant, sieur de Gatellier et Montferrand, qui en a donné la jouissance aux confrères de la confrérie du Rosaire pour y faire leurs exercices de piété, par acte reçu Denizard le 4 mars 1621. Et est l'autel de cette chapelle sous le vocable de Notre-Dame du Rosaire (1).

Il est construit en maçonnerie, sur laquelle repose une pierre qui paraît avoir fait la moitié d'un autel et le surplus en bois ; défendons d'y célébrer sans marbre sacré, il est revêtu d'une contre-table en menuiserie et sculpture dorée, dans laquelle il y a un devant d'autel de toile peinte, au milieu duquel est la représentation de la Vierge tenant un rosaire ; il est couvert de trois nappes, dont l'une à dentelle, et d'un tapis de cadis vert. Sur le gradin est posé un tabernacle doré en plein et fort propre ; il y a quatre chandeliers de bois sculpté avec quatre vases, le tout doré, mais dont la dorure est ternie. Contre la petite porte du tabernacle est attaché un petit crucifix ; au-dessus et derrière ledit tabernacle est un tableau avec son cadre doré représentant Notre-Dame du Rosaire avec saint Dominique et sainte Rose, le tout accompagné d'un fort joli retable, composé de deux colonnes torses avec des vignettes en sculpture, et couronné par une sculpture assortissant le tout, doré sur sculpture et filets et en

---

(1) Cette chapelle est encore dédiée à la Vierge. Son retable en pierre est revêtu d'une peinture gothique représentant la Visitation et la Nativité. Il a été découvert il y a quelques années derrière un briquetage (qui existait déjà en 1746, puisque cet inventaire n'en fait pas mention), et restauré par M. Détanger, artiste peintre à Lyon.

bon état ; il y a contre les colonnes, deux anges tenant en main chacun un chandelier aussi en bois doré et un petit bras au-dessous qui sert de chandelier. Pour remplir le fond de ladite chapelle, il y a aux côtés dudit retable huit tableaux contigus de chaque côté, qui représentent les mystères du Sauveur dans sa naissance et dans sa passion jusqu'à son ascension, et au-dessous sont deux armoires en menuiserie faites en forme de crédences dans lesquelles se sont trouvés les ornements suivants, savoir :

Un calice d'argent doré en dedans avec sa patène, le tout régulier et conservé dans un étui, et deux burettes d'argent légères ; une petite croix unie, d'argent ; une lampe d'argent, qui a environ sept pouces de diamètre ; outre laquelle lampe, il y en a une de cuivre pour tous les jours. Une chasuble de satin à fond blanc et fleurs rouges, garnie d'un galon d'or faux ; elle est complète et sa bourse est garnie d'un corporalier et pale (1). Autre chasuble d'une satinade blanche garnie aussi d'un galon d'or faux : il y manque la bourse. Autre chasuble de velours noir, dont la croix est de satin blanc. Autre chasuble en pièces et non encore montée ; elle sera de damas bleu avec une croix de damas blanc, il y a aussi de quoi faire une chape assortissant. Autre chasuble d'un tabis vert avec la croix de cadis violet, garnie d'un galon jaune.

Trois aubes dont l'une est usée, sans ceinture ni amict ; deux nappes à dentelles, un missel, une bannière de damas bleu au milieu de laquelle est l'image de Notre-Dame du Rosaire ; elle est attachée à une croix processionnelle d'arquemie. Trois devant d'autel, l'un de satin à fond blanc et fleurs rouges, le second d'un damas blanc à galon de soie jaune, le troisième de tabis bleu avec un galon de soie bleue. Un quatrième devant d'autel de soie violette avec des bandes de tapisserie à l'aiguille. Deux tapis assortissant audit devant d'autel pour mettre devant lesdites deux crédences. Six autres

Calice.

---

(1) Carton carré garni de toile blanche qui se met sur le calice pendant la messe.

petits tapis de différentes couleurs pour changer. Devant ledit retable est un rideau avec sa tringle pour le couvrir, et ce rideau est de cadis vert. Tout autour de ladite chapelle, de soir et midi, est une vieille tapisserie de Bergame. Et comme cette chapelle est vaste, il y a un balustre à barreaux tournés, fort propre qui forme un sanctuaire, et dans le surplus de la chapelle sont des bancs pour les confrères. Sur le balustre est attaché un tronc pour recevoir les aumônes qui se font audit Rosaire, et comme l'on nous dit que le calice de cette chapelle et celui de Notre-Dame de Septembre, crainte d'être volés, sont tenus par les bâtonniers dans leur maison où ils peuvent tomber en toutes sortes de mains, nous ordonnons pour la décence qu'ils seront fermés dans la sacristie en l'armoire des sociétaires, et sur le champ, celui de la chapelle de Notre-Dame de Septembre y a été porté, et y sera porté celui du Rosaire aussitôt que les confrères auront fait graver le nom du Rosaire sous le pied.

Enquis des revenus de ladite confrérie et par qui administrés ?

Répondent qu'ils consistent seulement dans les droits de réception de chaque confrère, qui alors donne cinq sols ; de plus chaque confrère donne chacun an, les uns un sol, les autres plus, les autres moins et suivant leur pouvoir et dévotion. Outre cela il y a encore les aumônes qui se trouvent dans le tronc ; ce qui peut produire ensemble par année commune environ dix ou douze francs.

Ajoutent que les bâtonniers ou procureurs de ladite confrérie sont présentement François Jacquemin et Augustin Ronieuf, lequel ils ont nommé et nomment dès à présent pour second bâtonnier et demeurent tous deux chargés des ornements et autres choses ci-dessus inventoriés.

Enquis s'ils rendent exactement les comptes de leur gestion ?

Comptes de la confrérie du Rosaire. Sur quoi ledit Jacquemin a présenté son compte en recettes et dépenses ; examen et calcul d'icelui fait, la recette, à compter depuis et compris 1729 jusqu'à ce jour, à la somme de cent soixante-dix-huit livres trois deniers et la dépense pendant le même temps à la somme de cent soixante et dix-sept livres dix sols six deniers, partant le revenant bon n'est que de neuf sols neuf deniers.

Ensuite ouverture faite dudit tronc, il s'y est trouvé vingt-un sols desquelles deux sommes lesdits bâtonniers feront recette dans leur prochain compte; et d'autant que nous avons remarqué que ledit tronc ne ferme qu'à une clef, nous ordonnons qu'il sera fait une seconde serrure, dont la clef sera remise entre les mains du sieur curé, qui est recteur né de cette confrérie, pour les ouvertures dudit tronc être faites en sa présence et les deniers qui s'y trouveront, être comptés sur le champ et remis entièrement entre les mains desdits bâtonniers ou du bâtonnier receveur, lequel en chargera son livre de recette et sera chaque fois l'article signé par le sieur curé.

Enquis quelles sont les dévotions de cette confrérie et si elle a été établie sous notre autorité ou celle de nos prédécesseurs ?

Répondent qu'elle a été autorisée par M. Colbert, l'un de nos prédécesseurs, comme appert par ses lettres du 16 avril 1668, qu'ils nous ont exhibées et à l'instant retirées.

Disent que les exercices publics de leur confrérie sont de faire célébrer une messe basse, tous les premiers dimanches des sept premiers mois de l'année, sur les sept à huit heures et de même les cinq fêtes de la Vierge, lesquelles messes sont fondées au profit de la Société et seront rappelées avec les autres fondations de la Société. Les cinq autres premiers dimanches des mois, l'on dit la messe en ladite chapelle par dévotion. Tous les premiers dimanches des mois de l'année, l'on fait une procession après les vêpres, où l'on chante les litanies de la Vierge et au retour on expose le Saint Sacrement et on en donne la bénédiction. Le jour de la fête du Rosaire, qui est le premier dimanche d'octobre, l'on chante une grand'messe à diacre et sous-diacre et sermon l'après-midi, duquel l'honoraire se prend sur les revenus de la confrerie, et le lendemain il y a une grand'messe pour les confrères qui sont décédés.

Autel Sainte-Barbe. 3° Du même côté de l'épitre est *extra tecta* une chapelle sous le vocable de Sainte-Barbe bien vaste, fermée par un balustre de bois élevé de huit pieds ; elle est bien voûtée ; il manque quelques vitres ; le pavé est dérangé parce que l'on y a enterré. L'autel est de pierre non sacrée, il y a un vide entre la pierre qui le couvre et la contre-table qui est en bois, vieille et caduque ; le marchepied n'est pas non plus en bon état. Sur le gradin, il n'y a que quatre mauvais chandeliers de bois, peints en rouge et vermisselés ; le crucifix ne convient point sur un autel. Le tableau peut avoir sept pieds de hauteur. Il représente la Sainte Vierge, sainte Barbe, saint Fiacre et saint Henri, dans un mauvais cadre de bois noirci, aux côtés duquel sont deux minces colonnes cannelées qui forment un retable bien simple, le tout mal entretenu et en mauvais état. Ordonnons qu'elle sera réparée incessamment et jusqu'à ce défendons d'y célébrer. L'autel est couvert d'une seule nappe garnie d'une petite dentelle ; et dessus est un tapis rouge de droguet. Dans cette chapelle est placé le confessionnal en bois sapin et tout neuf, dont il a été parlé ; au fond de la chapelle, contre et le long du mur est un grand banc à dossier, ancien et qui tombe par vétusté.

Enquis à qui appartient cette chapelle?

Répondent que les mineurs du sieur Jacques Dutreyve, bourgeois de cette ville, prétendent qu'elle leur appartient.

S'il y a des fondations de messes ou prébende, et qui est prébendier ?

Disent qu'il y a une messe tous les Quatre-Temps de chaque année, fondée au profit de la Société, laquelle fondation sera ci-après articulée parmi celles de la Société, et en attendant que ladite chapelle soit mise en état d'y être célébrées, lesdites messes se diront au grand autel, de même que celles de sainte Barbe, et du jour de saint Henri qui sont aussi fondées au profit des sieurs sociétaires.

4° Du même côté de l'épître est un autel construit dans une chapelle *extra tectum*, sous le vocable de Saint-Claude bien voûtée, blanchie, pavée et vitrée, éclairée par deux grands vitraux, l'un du côté de soir et l'autre du côté de midi (1). L'entrée est sous un grand arc élevé comme à la chapelle Sainte-Anne ci-devant; entre cet arc il y a un pareil balustre de huit pieds de hauteur pour fermer cette chapelle. Elle a de profondeur environ vingt-deux pieds sur treize de largeur. L'autel est construit contre le mur de main. Il est en pierre, non sacré; l'on y célèbre avec un marbre portatif; il est revêtu d'une contre-table en menuiserie dans laquelle est un devant d'autel de cuir doré, tout neuf, il y en a un autre pour changer qui est en tapisserie à l'aiguille, fort passé. Il y en a deux autres hors de service, et nous en défendons l'usage. L'on monte à l'autel par un marchepied à deux marches fait en menuiserie. Cet autel est couvert seulement de deux nappes avec un tapis vert. Il y en a encore trois autres dans une armoire, qui sont garnies d'une dentelle. Avons ordonné que d'autant qu'on célèbre la messe audit autel, il sera toujours couvert de trois nappes. Sur cet autel il y a un gradin en bois peint peu proprement, un crucifix, deux chandeliers de cuivre, deux flambeaux de chambre de cuivre, une petite statue de saint Joseph. Sur ledit gradin repose un tableau de six à sept pieds de hauteur, représentant la Famille Sainte et saint Claude; son cadre est de bois noirci. Le retable est orné de sculpture et de deux grosses colonnes canne-

Chapelle de Saint-Claude.

---

(1) Aujourd'hui chapelle de Saint-Joseph, fondée comme on le verra plus loin par Jean de la Ronzière, en exécution de son testament reçu par Cyberaud, notaire, à Charlieu, du dernier avril 1505.
Elle se compose de deux travées, ouvrant sur le collatéral droit par deux grands arcs plus larges que les entre-colonnements du bas-côté. Les culs de lampe des voûtes sont ornés de feuilles frisées; l'un d'eux porte l'image d'une Mélusine, femme à queue de poisson, tenant un peigne et un miroir. L'autel est moderne. A droite, se trouve une piscine murale, flanquée de pinacles à crochets. La clef de voûte de chaque travée porte un écusson, le premier *de...* au chevron de... accompagné de 3 roses de... Ces armes sont sans doute les armes parlantes du fondateur Jean de la Ronzière; le second *écartelé de... et de...* probablement *d'argent et d'azur*, armes des Sainte-Colombe, seigneurs du Poyet.

lées, au milieu et dessus la corniche dudit retable est une statue, en bois doré, de saint Claude, dans une niche ; aux côtés desdites deux colonnes sont deux autres niches aussi sculptées en bois et assortissant au retable dans lesquelles sont deux statues en bois, dorées et de près de quatre pieds de hauteur, l'une est de saint Joseph et l'autre de sainte Anne. Dessous les colonnes et ces niches, sont deux armoires servant à serrer les ornements de ladite chapelle qui consistent, en une chasuble de damas blanc à galon de soie, en un devant d'autel de satin rayé en différentes couleurs, parsemé de petites fleurs, et aux nappes susdites. L'on serre encore dans ces armoires les cierges destinés à ladite chapelle.

Prébendier. Enquis s'il y a quelque fondation de prébende, qui est prébendier, et s'il y a quelque commission de messe ?

Disent qu'il y a un chapelain en titre de cette chapelle Saint-Claude, qui est le sieur curé de cette ville de Charlieu, lequel ci-présent nous a dit être prêt à nous déclarer les charges et revenus de ladite chapellenie, et de nous en exhiber les titres qui la concernent, lesquels étant en grand nombre, avons renvoyé ladite déclaration à recevoir, à l'examen desdits titres qui se feront ci-après.

A qui appartient cette chapelle ?

Disent qu'ils croient qu'elle appartient aux héritiers de la famille de la Ronzière.

Ajoutent que par permission de Frédéric-Joseph Dupont, donataire de Frédéric de la Ronzière et héritier de Jean de la Ronzière, les menuisiers et charpentiers et maçons de cette ville font en ladite chapelle Saint-Claude les exercices de dévotion envers saint Joseph et sainte Anne, leurs patrons, ainsi qu'il appert par acte sur ce reçu Deshayes, notaire royal, le 20 août 1670, lequel nous a été à l'instant exhibé par Michel Couturier, procureur desdits corps de métiers, qui l'a à l'instant retiré, et consiste leur dévotion, à faire chanter en ladite chapelle par les sieurs curé et sociétaires, la veille de Saint-Joseph, les vêpres ; le lendemain, matines, une grand' messe à diacre et sous-diacre ; le soir, les vêpres du jour et celles des morts, et le lendemain, une grand'messe des trépassés pour ceux de leurs confrères ; et payent la rétribution de leurs propres deniers auxdits sieurs curé et sociétaires. Lesdits corps de métiers ont fait faire le retable de ladite chapelle, et les ornements d'icelle ci-dessus énoncés leur appartiennent.

5º Du côté de l'évangile et au fond de l'église est *extra tectum* une chapelle de six pieds de large sur quinze de longueur, bien voûtée, éclairée par deux vitraux en bon état, bien pavée et fermant par un balustre d'environ sept pieds et demi de hauteur. L'autel est sous le vocable de saint Roch. Il est construit en pierre et en bois mêlés ensemble.

L'on n'y célèbre qu'avec une pierre sacrée qu'on y apporte alors. Il est couvert d'une sous-nappe en double, et d'une nappe à la Venise, garnie d'une large dentelle, et sur le tout est un tapis de cadis vert ; il y a un simple cadre vieux dans lequel est un devant d'autel de damas rouge avec un galon d'argent fin. Au devant est un marchepied de bois. Dessus le gradin qui est peint en blanc avec un filet jaune, et qui a deux degrés, sont un crucifix avec quatre chandeliers et quatre vases, le tout en bois, sculptés et dorés en plein, tout neufs et fort propres. Dans lesdits vases il y a quatre bouquets de fleurs artificielles, bien fraîches. Sur ledit gradin est un tableau avec son cadre peint représentant saint Roch ; au-dessus, il y a une corniche qui est terminée par une menuiserie simple, en bois mal peint, laquelle sert de couronnement et au milieu de laquelle à la place d'une représentation de quelque saint, sont peintes des armoiries qui le sont déjà sur ledit tableau dans un coin, et sur les titres de ladite chapelle. Pourquoi nous ordonnons qu'au lieu desdites premières armoiries, sera peinte sur ladite menuiserie l'image d'un saint.

Enquis s'il y a fondation de messes, ou de prébende en ladite chapelle Saint-Roch et par qui entretenue ?

Disent qu'il n'y a ni prébende ni messe fondées, en cette

Petits autels et chapelle du côté de l'évangile.

Chapelle de Saint-Roch.

chapelle et qu'elle s'entretient par la dévotion que l'on a à saint Roch. Et que le surplus des aumônes est employé à faire faire par les sieurs sociétaires les services des jours de la fête saint Roch et du lendemain, à l'intention de ceux qui ont donné lesdites aumônes soit vivants ou défunts.

Il appartient à ladite chapelle une grande bannière de damas blanc, bordée d'une frange en soie ; au milieu est la représentation de saint Roch, des deux côtés. Il y a encore quatre écharpes de taffetas rouge, garnies d'une dentelle d'or faux, que sieur François Carré ci-présent dit lui appartenir.

Chapelle St-Homme-Bon et ci-devant St-Barthélémy. Du même côté de l'évangile est une semblable chapelle à la précédente sous le vocable de Saint-Barthélemy et à présent sous celui de Saint-Homme-Bon (1). L'autel est en pierre ; on n'y célèbre que sur un marbre portatif sacré. Il est revêtu d'un simple cadre peint dans lequel est un devant d'autel peint sur toile ; il y en a trois autres de différentes couleurs, usés et passés, pour changer. Il est couvert d'une sous-nappe doublée et d'un tapis de camelot. Au bas est un marchepied de bois. Au-dessus ledit autel est un gradin sur lequel il y a quatre chandeliers de bois tournés et propres (2) sur un autel. Trois bustes en relief et bois doré représentant la Famille Sainte. Une croix sur lequel est un crucifix en cuivre. Un tableau de six pieds avec son cadre peint, sur lequel est le saint Homme-Bon représenté en donnant l'aumône dans les occupations de son métier de tailleur. Au-dessus est un Enfant Jésus peint sur une menuiserie en consoles qui sert d'ornement capital et sur le tout est un dais en bois peint. Contre le mur, à côté de l'évangile, est un tableau de même gran-

---

(1) Il s'agit de saint Homobon ou Hommebon, dont la fête se célèbre le 13 novembre. Le P. Cahier dans ses *Caractéristiques des saints* cite en effet saint Homobon, qui vivait au XIIe siècle, comme le patron des tailleurs d'habits à Lille et en Italie. On voit que son culte existait dans nos provinces et que les tailleurs de Charlieu le fêtaient aussi le 13 novembre. Il est regrettable que son image, rareté iconographique, ait disparu, sans doute au moment où sa chapelle fut consacrée à un nouveau patron.

(2) Il faut sans doute lire *mal propres*, puisque l'évêque prescrit plus loin le changement de ces chandeliers.

deur représentant saint Barthélemy, apôtre, qui était anciennement le tableau (1) de la chapelle.

Il y a une seconde nappe à dentelle. Il n'y a pas d'autres ornements. Il convient de changer lesdits chandeliers avec d'autres moins simples et plus convenables.

Enquis s'il y a fondation de messes ou de prébende?

Disent ledit sieur curé et lesdits sieurs sociétaires que d'ancienneté il y a fondation de douze messes pour les douze premiers jeudis de chaque mois, avec une grand'messe le jour de Saint-Barthélemy, principal patron. Il n'y a point de prébendier.

Ajoutent que les marchands drapiers, toiliers, quincailliers, tailleurs d'habits et autres (2) font faire en cette chapelle leurs exercices de dévotion envers saint Homme-Bon, leur patron, les 12, 13 et 14 novembre de chaque année, lesquels consistent à faire chanter les vêpres la veille par les sieurs curé et sociétaires, le lendemain, une grand'messe à diacre et sous-diacre et les secondes vêpres, et enfin une grand'messe de *Requiem* pour les défunts de leurs corps le 14 novembre, le lendemain de la fête ; la rétribution desquels services est payée par eux chacun an. Disent encore que le tableau de saint Homme-Bon et autres choses dessus mentionnées pour la décoration de la chapelle ont été fournis par lesdits corps à leur frais et de leurs aumônes et que ce sont eux qui l'entretiennent. *Confrérie des drapiers.*

7° Du même côté de l'évangile est une chapelle de même forme que les précédentes sous les vocables de Sainte-Marguerite et de Sainte-Catherine. L'autel est fort mal construit ; il est couvert de planches qui portent à faux ; il faut le refaire *Chapelle Sainte-Catherine, Sainte-Marguerite et Sainte-Geneviève.*

---

(1) Le tableau du retable de l'autel avant celui représentant saint Homobon.

(2) L'association des quincailliers et des tailleurs dans une même confrérie n'est point une anomalie, comme on pourrait le croire. Ces deux corps de métiers concouraient en effet à la confection des vêtements. Parmi les principaux produits de la quincaillerie, figuraient les boutons de métal et les boucles de soulier, témoin la « manufacture de clincaillerie et de boutons de métal de toutes espéces » que les frères Alkoë dirigeaient à Roanne en 1789 et qui n'occupait pas moins de cent ouvriers.

à neuf en maçonnerie et le couvrir d'une pierre qui remplisse la contre-table qui est fermée d'un cadre vieux, mais assez bon, dans lequel il y a un devant d'autel d'une calemandre rayée, tout neuf et convenable ; le marchepied ne vaut rien, il en faut un autre. Ledit autel est couvert d'une nappe seule, doublée, à laquelle est attachée une dentelle fort large. Au-dessus est un gradin de deux degrés sur lequel sont quatre mauvais chandeliers ; il en faut d'autres qui soient décents. Un crucifix de bois noirci, le Christ est d'étain ; au-dessus est un tableau du Sacré Cœur de Jésus, avec son cadre noir en forme de carré barlong. Au-dessus sont les deux figures de sainte Marguerite et de sainte Catherine d'environ quatre pieds de hauteur. Entre deux est un petit tableau à cadre doré représentant la Sainte Vierge et Jésus en son enfance avec saint Jean-Baptiste. Le tout est couvert par un dais de taffetas rouge, garni d'une dentelle d'argent faux, et au devant est un rideau de toile peinte. Il y a une petite lampe qui est en mauvais état et jamais éclairée. Il faut la changer ou la supprimer.

Il y a deux devants d'autel, l'un à fond rouge, de satin, avec des fleurs naturelles, et l'autre de satin tout rouge. Deux écharpes de taffetas, l'une verte et l'autre rouge pâle. Un tapis vert pour couvrir l'autel. Quatre bouquets tout neufs à fleurs artificielles.

Enquis s'il y a des fondations en ladite chapelle Sainte-Catherine ?

Disent qu'il y a deux grand'messes au profit des sieurs curé et sociétaires, l'une le jour de Sainte-Catherine, de l'office, et l'autre des trépassés le lendemain, ajoutent qu'il y a encore une grand'messe fondée le jour du Sacré Cœur de Jésus. Desquelles fondations il sera fait mention dans le dénombrement des fondations de la Société ci-après. Disent aussi qu'ils ont ouï dire qu'autrefois il y avait un chapelain titulaire fondé en ladite chapelle Sainte-Catherine, mais qu'ils ne savent ce qu'est devenue cette fondation ancienne.

Et à l'instant s'est présenté M⁰ Camille de Bréteville lequel dit que cette chapelle appartenait à feu Camille Dechizelle, écuyer contrôleur de l'ordinaire des guerres, et appartient à présent à lui Camille-Joseph des Mares Levecq de Bréteville étant son petit-fils, et fils de M⁰ Jean Evrard de Bréteville et de dame Marie Dechizelle, lequel sieur Camille Dechizelle était acquéreur et cessionnaire de M. le comte de Damas par contrat reçu De la Collonge, notaire royal à Coublanc, en 1717. Lequel était propriétaire d'icelle chapelle comme dépendant par les femmes de M⁰ Mathieu Gambin, frère de M⁰ Jean Gambin, curé de dit lieu, donataire et cessionnaire de sieur François Fayes de Gatellier, en laquelle cession ledit Mathieu Gambin a été maintenu par transaction entre lui et Etiennette Desroches, veuve Jean Péricard, et Antoinette Auboyer, veuve Jacques Reparé, et encore Jean Gayand, sieur de Montferrand, et Philippe Gayand, sieur de Jarnosse, par acte reçu Constantin, notaire royal, le 6 août 1617, que ledit sieur déclarant nous a exhibé et retiré.

Ajoutant que ledit feu Camille de Chizelle par son testament reçu Aléaume et son confrère, notaires à Paris le 24 avril 1739, a fondé douze messes dans ladite chapelle Sainte-Catherine et Sainte-Geneviève, pourquoi il veut être choisi et nommé un chapelain par ses héritiers et donne pour la supportation et dotation une maison avec deux jardins en dépendant sis en la ville de Charlieu, le long des murs d'icelle et par lui acquis du sieur de la Rivoyre, à la charge en outre d'acquitter la rente de trente sols due aux Cordeliers de Charlieu et celle due au prieur dudit Charlieu et sous les charges dont les usufruitiers sont tenus, et a signé.

BRETTEVILLE.

8° Dudit côté de l'évangile, autre chapelle de la même forme et construction que les précédentes et également en état sous le vocable de sainte Anne. L'autel est construit en pierre, il y manque un marbre sacré. Défendons d'y célébrer sans ce marbre. Il est revêtu d'un mauvais retable qui tombe de vétusté, dans lequel il y a un vieux devant d'autel de velours

Chapelle Sainte-Anne.

vert; il y en a trois autres pour changer, l'un de satin à fond blanc et fleurs rouges, le second de damas violet tout uni, et le troisième de camelot noir avec une dentelle fausse. Il n'y a point de marchepied, et au lieu du pavé en pierre toute la chapelle est planchée, et, mauvais état. Sur le gradin il y a deux chandeliers de cuivre et deux d'étain; la croix est de bois noirci avec un crucifix [1], buis. L'autel est couvert d'une sous-nappe doublée et d'une nappe à dentelle. Il y a encore une autre nappe à dentelle pour changer; deux tapis d'autel, un de cadis vert et l'autre de satin passé et usé. Sur ledit gradin et contre le mur sont trois tableaux en bosse et peints, chacun avec un cadre doré, tous de la même grandeur; celui du milieu représente la Sainte Vierge, et les deux autres, saint Antoine de Padoue et saint Sébastien; au-dessus est une statue de la Vierge d'environ deux pieds quatre pouces de hauteur et encore au-dessus un tableau en bosse de sainte Reine. Aux côtés sont deux figures, l'une de sainte Anne et l'autre de saint Joachim, toutes deux d'environ quatre pieds et demi de hauteur, peintes et dorées, le tout décent et couvert d'un dais dont la pente est de damas violet; et caché par un rideau de cadis presque usé, sans tringle de fer. Il y a une grosse lampe de cuivre. Contre le mur au-dessous du vitrail, il y a un tableau représentant saint Benoît, saint Nicolas et saint Grégoire. Au fond de la chapelle est un vieux banc à dossier et prie-Dieu dans lequel est une armoire pour serrer les ornements. Le balustre de cette chapelle n'est pas élevé comme ceux des trois précédentes; il est bien mieux travaillé, et n'est qu'à hauteur d'appui.

Les veuves font dire chacun an en cette chapelle une grand'messe le jour de Sainte-Anne, et le lendemain une autre grand'messe pour les veuves trépassées.

Chapelle Saint-Crépin. 9° Au fond du collatéral du côté susdit de l'évangile est la chapelle de Saint-Crépin. L'autel est de pierre et l'on y célèbre sur une pierre sacrée régulière qui est à la paroisse. Il n'est couvert que d'une nappe et d'un vieux tapis rouge.

La contretable est en mauvais état et trop basse. Sur le gradin à deux degrés il y a un crucifix en bois, avec quatre chandeliers assortissant, le tout sculpté et doré, mais bien terni. Au-dessus contre le mur est un tableau de trois pieds de hauteur sur cinq de longueur représentant le martyre de saint Crépin et de saint Crépignan ; le cadre est en bois peint accompagné d'un petit retable orné de petites colonnes cannelées ; aux côtés de l'autel sont deux armoires bois noyer en forme de crédence sur lesquelles reposent deux grandes niches où sont les statues en bois peint et doré de saint Crépin et saint Crépignan, d'environ quatre pieds de hauteur. Une lampe d'arquemie. Cet autel est fermé par un petit balustre à hauteur d'appui. La description du surplus de cette chapelle et de l'état présent où elle se trouve sera faite ci-après dans l'article de l'état intérieur de l'église (1).

Disent que cet autel appartient au corps des tanneurs et cordonniers qui sont chargés de l'orner et de l'entretenir, ainsi que les couvert, vitres et pavé. Qu'ils y font faire leurs exercices de piété envers leursdits patrons saints Crépin et Crépignan, lesquels consistent à y faire chanter les vêpres la veille ; le lendemain une grand'messe à diacre et sous-diacre par les sieurs curé et sociétaires, et encore chanter les vêpres ledit jour de la fête desdits saints ; et le lendemain une grand'messe pour les confrères défunts. Lesquels services ils payent de leurs propres deniers.

Confrérie des cordonniers.

Disent y avoir eu autrefois fondation d'une messe tous les lundis de l'année, à présent réduite à une messe seulement les premiers lundis de chaque mois, par lesdits sieurs curé et sociétaires. Plus il y a fondation des vêpres des morts ledit jour lendemain de la fête des saints Crépin et Crépignan.

---

(1) La chapelle de Saint-Crépin, qui a conservé son vocable, s'ouvre sur la travée collatérale gauche du chœur. C'est une construction assez commune, de style gothique du XVIe siècle. On peut y voir encore le tableau du martyre des saints Crépin et Crépignan, toile plus curieuse par le sujet qu'elle représente que par sa valeur artistique. Cette peinture, qui paraît appartenir au XVIIe siècle, est probablement l'œuvre d'un peintre de la localité.

Disent lesdits confrères qu'il leur appartient et dépend de leur confrérie une bannière de damas rouge au milieu de laquelle sont les deux figures de saint Crépin et saint Crépignan. Il y a trois devant d'autel usés et passés et comme hors de service, trois petits carreaux ou coussins sur l'autel, une nappe à vieille dentelle, deux anges en bois doré, et une croix processionnelle de cuivre, pour mettre au bâton auquel s'attache la bannière. Deux petits chandeliers de cuivre, trois bustes en bois doré représentant le Sauveur, la Sainte Vierge et saint Joseph. Une cloche pour les messes. Il y a quatre bancs de bois antiques, à dossier, et tombant de vétusté que nous ordonnons être ôtés, si mieux n'aiment lesdits confrères les rétablir et mettre en état décent.

Autel de Notre-Dame de Bonne-Nouvelle.

Et comme dans la place au-devant ledit autel, et vis-à-vis la petite porte il y avait une forme d'autel peu convenable à l'endroit, que nous avons ordonné être démoli et où il y avait fondation d'une messe basse chacun an, fondée par Claudine Narbot, femme de Jean Dury, en son testament reçu Chabrier, notaire, en 1722, sous la rétribution de douze sols dont est chargé sieur Jean-Baptiste Collet, ci-présent et ci-après soussigné à la clôture de notre présent procès-verbal, lequel promet en continuer chacun an, à l'avenir, le payement comme il a fait par le passé, et ce, comme mari et maître des droits de demoiselle Jacqueline Rabot, héritière dudit Jean Dury, qui l'était de ladite fondatrice. Laquelle messe fondée nous avons transférée et transférons de leur gré et volonté audit autel de la chapelle Saint-Crépin pour y être dite par les sieurs curé et sociétaires le jour de l'Annonciation de la Sainte Vierge, 25 mars.

Autel ou chapelle Saint-Pierre.

10° Dans la nef du côté de l'évangile et contre le pilier le plus près du jubé et où est placée la chaire à prêcher, est construit un autel sous le vocable Saint-Pierre, premier apôtre, lequel est en pierre et l'on y célèbre sur un marbre sacré que l'on y apporte alors; il est revêtu d'une contretable en menuiserie qui est en bon état et dans laquelle est un devant d'autel de bandes de satin rouge cramoisi et de satinade verte à fleurs blanches. Il y en a quatre autres pour changer. Il est couvert de trois nappes et d'un tapis vert. Il y a trois autres nappes garnies de dentelles; un marchepied au bas, en bois. Au-dessus, un gradin sur lequel six chandeliers en bois, peints en rouge avec des filets argentés; quatre vases de même avec leurs petits bouquets à fleurs artificielles. Le crucifix est d'os, le tableau avec son cadre est de deux pieds de hauteur sur quatre de longueur et il représente saint Pierre, saint Laurent, saint Augustin et sainte Madeleine. Au-dessus, sur un piédestal de pierre, est la statue de saint Pierre, bien sculptée en bois, peinte et dorée. Le tout tenu proprement et en bon état; il y a une bannière de taffetas rouge au milieu de laquelle de chaque côté est l'image de saint Pierre; elle est attachée à une croix processionnelle d'arquemie.

Il y a des messes hautes et basses, fondées à ce petit autel au profit des sieurs curé et sociétaires dont il sera fait mention dans l'article ci-après de leurs fondations.

11° Du côté de l'épitre, dans la nef et contre le pilier vis-à-vis, est un autre petit autel sous le vocable Sainte-Geneviève, construit du même goût et à peu près de la même forme. Il est de pierre; l'on y célèbre avec une pierre sacrée que l'on y apporte. Il est couvert d'une seule nappe à dentelle et il n'y en a d'autre; il y a un tapis de cadis vert. La contretable est en bois simplement travaillé, mais en bon état; il y a dedans un devant d'autel d'une étoffe de soie blanche; le marchepied n'est pas propre ni bon. Sur le gradin six chandeliers en bois tourné et peint, ils ne sont pas assez propres pour un autel, non plus que le crucifix; il en faut un autre. Le tableau est de la hauteur et grandeur de celui de l'autel qui est vis-à-vis et dont l'on vient de parler, il a son cadre en bois noirci, il représente sainte Geneviève, saint Jacques le Mineur et saint Christophe. Au-dessus sur un piédestal et une corniche, est une grande statue de sainte

Petit autel Sainte-Geneviève.

Geneviève en bois et peinte. A ses côtés sont deux autres statues moindres, l'une représentant sainte Agathe et l'autre saint Amable, toutes les deux en bois, peintes et dorées. Au-dessus est un dais en bois, qui couvre le tout.

Il y a quelques messes fondées à cet autel, dont il sera fait mention dans l'état ci-après des fondations faites au profit de la Société.

Mais l'on ne saurait dire, à cet autel ni à l'autel de saint Pierre, vis-à-vis, la messe avec décence, attendu qu'entre les bancs et le marchepied il y a à peine deux pieds de distance, ce qui fait que les personnes qui s'y placent sont trop près, de telle sorte qu'il faut ou supprimer et transporter ailleurs et dans autres autels les fondations susdites faites à ceux-ci, ou lesdits bancs. A quoi il sera pourvu ci-après dans l'article des bancs, et dans les règlements généraux qui seront faits.

Confrérie du St-Sacrement au grand autel.

Au maître autel il y a une confrérie du Saint Sacrement dont les exercices consistent à dire les vêpres solennelles la veille du Corps de Dieu et donner la bénédiction pendant l'octave, chaque jour, avec exposition du Saint Sacrement, depuis les huit heures du matin jusqu'après les vêpres que l'on chante tous les jours de l'octave, auquel temps on donne la bénédiction solennellement, mais les matins avant l'exposition du Saint Sacrement on donne encore la bénédiction sans solennité; laquelle confrérie est simplement de dévotion et n'a d'autres revenus que des quêtes dont le produit est employé à acheter des cierges pour entretenir le luminaire du grand-autel pendant l'octave du Saint Sacrement et pour acheter encore de gros cierges qui se distribuent à chaque personnes les plus notables et les plus qualifiées qui assistent aux offices et processions qui se font pendant l'octave du Saint Sacrement.

Lesquels produits de quête ont été remis depuis quelques années au sieur Claude Basset qui a été chargé par le sieur curé et les principaux habitants pour acheter ce qui serait nécessaire pour l'entretien de ladite confrérie; de laquelle administration ils ont été et sont si contents qu'ils nous ont supplié de vouloir bien le continuer, ce que nous approuvons en l'exhortant de continuer à y donner ses soins pour veiller à la décoration de ladite confrérie quoi qu'elle ne soit que de dévotion.

Appartient à ladite confrérie une bannière de damas blanc presque neuve et fort propre où est représenté en broderie partie de soie et d'argent, de chaque côté, le Saint Sacrement en forme de soleil soutenu par deux anges.

Ensuite avons vaqué à la connaissance de l'église et de son état actuel (1). Elle consiste en trois parties et deux collatéraux, savoir un espace voûté en pierre à l'antique, assez proprement, en croix de saint André avec des cordons de pierre de taille et qui forme le sanctuaire, au fonds duquel et contre le mur est placé le grand-autel, au-devant duquel est une lampe de cuivre ancienne mais propre ; il y a un rideau de cadis vert, sur le retable dudit autel, malpropre et rompu en plusieurs endroits, qu'il faut supprimer et y en mettre un plus décent ; il y a deux grands vitraux réguliers qui éclairent ledit sanctuaire.

État intérieur de l'église.

Sanctuaire.

La seconde partie qui est voûtée comme le sanctuaire forme le chœur ; il est boisé à l'antique avec dix stalles de chaque côté, dont la menuiserie est ancienne (2) et a besoin

Chœur.

---

(1) Vers 1860, l'église de Saint-Philibert parut insuffisante et l'on se mit en mesure de l'agrandir. Le 15 août de cette même année, le ministre des cultes alloua pour les travaux à exécuter une subvention de 6000 francs, en exprimant le désir que la façade principale du monument fut intégralement conservée « cette façade étant un type très intéressant du style bourguignon du XIIIe siècle » (Archives de la Loire, série O, 3e section, n° 231 S). Ce vœu n'a malheureusement pas été pris en considération, et la perte de cette façade est d'autant plus déplorable que Saint-Philibert est, dans l'arrondissement de Roanne, le seul édifice religieux de style gothique primitif. La nef et l'abside carrée offrent encore des détails intéressants. Tout autour des bas côtés, du XVe au XVIe siècle, ont été construites des chapelles particulières dont ce procès-verbal indique la plupart des fondateurs.

(2) On voit que les *vingt-quatre* stalles à dossiers ornés de peintures actuellement placées contre les murs de l'abside, ne se trouvaient pas dans

de réparation, surtout pour les sièges des stalles qui sont en partie rompus et qu'il faut réparer ; les pupitres qui sont devant les stalles de chaque côté et qui servent à tenir les livres de chœur, sont d'une menuiserie propre. Au milieu du chœur est un lutrin en menuiserie ancienne, mais en bon état, sur lequel sont placés les livres de chœur pour les offices. Ledit chœur est éclairé par deux fenêtres en forme de roses assez propres, mais où il manque plusieurs carreaux de vitres surtout du côté de soir, qu'il faut réparer incessamment. Le chœur ainsi que le sanctuaire sont pavés en grands carreaux de pierre assez propres. Au bas du chœur est une tribune en pierre en forme de jubé (1) qui porte sur une arcade voûtée, qui est trop basse et trop étroite, qu'il conviendrait de supprimer, au-dessus de laquelle est l'autel de Saint-Jean-Baptiste et un grand crucifix au-dessus, dont il a été parlé ci-devant dans la description de la chapelle de Saint-Jean-Baptiste. Ladite tribune est environnée d'une balustrade antique de pierre. Au-dessus de ladite tribune est un grillage de fer qui ferme à clef ; il conviendrait de l'ôter et d'y mettre en place la table de la communion.

Entre le chœur et la nef de ladite église est un autre espace voûté en pierre à peu près comme le chœur, mais plus petit et plus élevé au-dessus duquel est le clocher qui porte sur quatre piliers, dont deux sont attenant au chœur et les deux autres sont dans la nef.

---

l'église paroissiale de Charlieu en 1746. Faut-il donc croire certaine tradition qui les fait venir de l'église bénédictine après la Révolution ? Nous inclinons maintenant vers cette opinion, malgré que les curieuses peintures de ces stalles ne soient nullement signalées dans un procès-verbal de visite du prieuré, dressé le 8 septembre 1778, document manuscrit conservé au presbytère de Charlieu. On y lit en effet la simple mention suivante : *Les stalles sont d'une boiserie ancienne sans être dégradées*. Il faut donc admettre que les moines visiteurs de Cluny ont oublié de signaler dans leur inventaire les vingt-quatre panneaux peints, dont le style archaïque ne pouvait d'ailleurs attirer l'attention bienveillante d'un visiteur, au XVIIIe siècle.

(1) Ce jubé existait encore, au dire de M. de Sevelinges, dans les premières années de ce siècle.

Il y a quatre cloches (1) dans ledit clocher, qui sont bel-   Cloches.
les ; mais l'on en sonne que trois et non la quatrième faute
de corde et le joug n'en vaut rien et la seconde a besoin
d'être rattachée, parce qu'elle varie dans le joug ; et celle appelée du Rosaire est si mal suspendue, qu'on ne saurait la
sonner aisément ; il faut remédier incessamment à tous ces
articles. La voûte qui est au-dessous dudit clocher paraît en
mauvais état dans un endroit ; et les boîtes par où passent
les cordes des cloches sont gâtées en partie, en sorte qu'on
ne peut sonner aisément lesdites cloches. Il y a une cloche
qui sert quand on porte le viatique aux malades.

La troisième partie est la nef ; elle est assez spacieuse pour   Nef.
contenir les paroissiens ; elle est lambrissée à l'antique, mais
entre le lambris et les murs du clocher il faut refaire les
moraines parce qu'il pleut dans l'église par ces endroits-
là. Les murs paraissent bons ; elle est éclairée par sept vitraux qui paraissent en bon état.

Au fond de la nef et au-dessus de la grande porte de l'é-   Orgues.
glise, il y a un orgue composé de treize jeux imparfaits et en
mauvais état ; le degré en bois par où l'on y monte est en
mauvais état et sa charpente sur laquelle l'orgue est placé,
n'est pas trop bonne. Dans les côtés de la nef il y a un collatéral assez spacieux et qui communique de chaque côté
dans la nef par quatre grandes arcades en pierre, qui portent
sur trois piliers de pierre de taille assez propres, non compris
ceux qui sont à l'entrée du chœur. Il y a un grand vitrail
au fond de chacun des collatéraux, où il manque quelques
carreaux de vitre ainsi qu'à celui qui est au-dessus de la
grande porte de ladite église. Les deux collatéraux sont lam-   Collatéraux.
brissés seulement jusqu'aux premiers piliers du clocher et
sont en bon état quoique celui du côté de l'évangile soit
vieux et l'autre neuf. Le reste des collatéraux est voûté en

---

(1) Les cloches avaient été refondues en 1709 par René Valette, maître
fondeur. Celles qui meublent aujourd'hui le beffroi sont modernes.

pierre à peu près comme le sanctuaire de ladite église, si ce n'est que les voûtes sont plus basses et plus étroites et celle qui est à l'extrémité, au-dessus de la chapelle de Saint-Crépin à côté du sanctuaire et du chœur, se ruine parce que le couvert au-dessus n'en vaut rien ; nous ordonnons que la voûte et le couvert seront réparés incessamment et que les bancs en forme de coffres en bois si indécents et rompus en partie, et qui sont de chaque côté des murs de ladite chapelle jusqu'au-dessous de la chapelle de Notre-Dame de Bonne-Nouvelle, seront supprimés ou refaits en forme décente, de même que les vieilles tapisseries qui sont au-dessus, et qui tombent en pourriture.

Bancs. Il y a dix-neuf bancs dans ladite église, non compris celui des fabriciens qui est au-dessous du clocher, qui est en mauvais état ; il convient d'en ôter l'impériale ; d'ailleurs il avance trop dans la nef ; il convient de le réduire à une forme plus régulière. Quant aux autres bancs, les propriétaires ou ceux qui y prétendent droit, se conformeront au règlement qui sera fait ci-après soit pour la réduction, soit pour la suppression si le cas y échoit. La nef et ses collatéraux sont pavés assez proprement en cadettes de pierre, excepté dans la partie du côté de l'évangile à commencer depuis le pilier qui est à l'entrée du chœur jusqu'à l'autel de la chapelle de Saint-Crépin qu'il faut réparer, ainsi que la voûte et le couvert, comme il a été dit ci-dessus, dans l'espace de six mois, et, en cas qu'il y ait des messes fondées dans ladite chapelle de Saint-Crépin, nous ordonnons qu'elles seront acquittées au grand-autel jusqu'à ce que les réparations soient faites.

Il y a quatre portes dans ladite église, savoir la grande dont le bois est vieux mais peut encore servir ; mais la serrure qui la ferme par derrière doit être refaite à neuf. La petite porte du fond du collatéral du côté de l'épitre est bonne avec sa fermante et ferme à clef. Celle qui est au fond du collatéral du côté de l'évangile est en très mauvais état aussi bien que sa fermante ; l'une et l'autre doivent être faites à neuf. La quatrième porte est dans le même collatéral du côté de bise, ferme mal et n'est pas assez grande, en sorte qu'il y a des ouvertures dessus et dessous ; la fermante ne vaut rien non plus ; il faut aussi refaire l'une et l'autre. Celle par où l'on monte au clocher qui est derrière celle-là, est dans le même cas et a besoin des mêmes réparations.

Au-devant de la grande porte de l'église il n'y a point de chapiteau (auvent); un des jambages de la grande porte doit être réparé à neuf près la fondation, et le mur du pignon ou du frontispice est en mauvais état, il en est tombé une partie au-dessous du cadran, qu'il faut réparer incessamment ; le reste du même mur doit être arraché et repris à neuf en plusieurs endroits, de même que les autres murs et ogives, qui sont autour de la nef, du chœur et du sanctuaire, surtout près des fondations, où il y a des ouvertures qu'il faut réparer incessamment ; le couvert de toutes les chapelles doit être refait presque tout à neuf, surtout celui de la chapelle de Saint-Crépin, qui menace ruine ; celui de la sacristie doit être aussi refait n'ayant pas assez de pente pour écouler les eaux, avec une bonne moraine entre le couvert et le mur du chœur, parce que les eaux de la pluie coulent et tombent sur la voûte de la sacristie par cet endroit-là. *État extérieur de l'église.*

Le clocher qui est entre le chœur et la nef, est en forme carrée ; les murs en paraissent bons, de même que le couvert qui est à tuiles creuses ainsi que ceux du chœur et des collatéraux. Celui de la nef est à tuiles plates, aussi en bon état, excepté la partie du collatéral le long du chœur du côté de l'évangile, dans lequel est la chapelle de Saint-Crépin où il y a encore d'autres réparations à faire, qui sont détaillées ci-devant, et lesquelles, les confrères de Saint-Crépin ci-présents et dénommés avec les autres habitants et paroissiens et avec eux ci-après soussignés, promettent de faire faire d'ici à la Toussaint sous toutes soumissions. *Clocher.*

Promesse de réparer la chapelle Saint-Crépin.

Il y a quatre cloches dont l'une est fort grosse, et toutes en bon état, mais il faut faire au beffroi et aux garnitures des cloches les réparations ci-devant expliquées. *Cloches.*

Le corps de l'église est isolé. Elle se confine de soir par une place au-devant la grande porte, appelée la grande place de Charlieu ; de bise par la rue Mercière ; de matin par la rue appelée de derrière l'église, auprès de laquelle était autrefois un cimetière ; et de midi autre rue aboutissant audit cimetière ancien.

Cimetière.

Le cimetière est hors la ville près la porte Chante-Loup et est éloigné de l'église d'environ quatre à cinq cents pas. Il est d'une étendue suffisante, il y a une croix de pierre au-dedans. Il est clos d'un mur de pierre du côté de bise et soir seulement. Cette clôture est rompue en deux ou trois endroits qu'il faut incessamment réparer, le reste du cimetière est comme ouvert, n'y ayant que de mauvais buissons, et par là est exposé à des indécences et des profanations.

Ordonnance pour la clôture.

Ajoutent qu'une portion de la chenevière qui est au midi, fait partie de ce cimetière et en dépend. Nous ordonnons sous peine d'interdit, qu'il sera entièrement clos de murailles semblables aux susdites et ce dans un an à compter de ce jour. Ce cimetière peut contenir environ deux coupées de terrain, et se confine de soir par ladite porte de Chante-Loup et murs de la ville, une grande place entre deux ; de bise la maison et aisances du sieur Gacon, un chemin aisantiel entre deux ; de matin le jardin de Marc Cirot, et de midi le surplus de ladite chenevière, cultivée par Estienne Jalemont. L'entrée du cimetière du côté de la ville est régulière, mais ne sert pas de beaucoup attendu qu'il est mal ou point fermé de midi et matin.

Chapelle Saint-Lazare au cimetière.

Dans le cimetière et près l'entrée est une chapelle sous le vocable Saint-Lazare ; l'autel est de pierre portée par une maçonnerie ; la pierre sacrée dont on se sert est trop petite n'ayant que six pouces de large sur environ sept à huit de long ; nous en défendons l'usage. Cet autel est revêtu d'une contretable dans laquelle il y a un devant d'autel d'une moire noire avec une croix blanche de satin. Il n'est couvert que d'un mauvais tapis. Il n'y a point de nappes ni d'ornements sacerdotaux qui dépendent de cette chapelle. Le marchepied est de bois. Sur le gradin, six chandeliers de bois peints en noir, la croix est aussi en bois noir et le Christ est d'ivoire. Le tout propre et en bon état. Dans le retable qui est en bois peint en noir est un tableau représentant la Résurrection de Lazare. Il est en bon état. Il y a une lampe d'étain devant cet autel; il est sous le vocable de Saint-Lazare, il y a fondation de vingt-trois messes par an, et de quatre grand'messes. Les messes basses doivent se dire tous les premiers lundis et mardis de chaque mois, et les quatre grandes les 2ᵉ, 27ᵉ, 28ᵉ et 29ᵉ novembre, toutes des trépassés. Cette fondation est faite au profit des sieurs curé et sociétaires, ainsi qu'il se verra dans les fondations faites au profit de la Société ci-après. Cette fondation a été faite par feu MM. Donguy qui ont fait construire cette chapelle, et dont le sieur de Cinq-fonds (sic), est héritier et bien-tenant. Ils y ont un caveau au fond de la chapelle, et un banc. La tapisserie qui est en cadis noir contre les murs avec leurs armoiries est en partie trouée et usée, d'ailleurs elle est malpropre; il convient de la raccommoder ou supprimer. Cette chapelle est éclairée par cinq vitraux, il y manque quelques carreaux de vitre. Elle est lambrissée, mais le lambris se corrompt vers la porte. Le carrelage qui est en carreaux de terre est en bon état, les murs bien blanchis. La porte qui est en menuiserie solide ferme bien. Dans un petit clocher il y a une cloche pour appeler le peuple à la messe. Le couvert est en forme de mansarde, les murs nous ont paru bons.

Enquis quels sont les revenus de la fabrique, les fabriciens, et s'ils ont rendu compte? *Fabrique.*

Répondent qu'il n'y a point de fabrique en leur église, qu'il n'y a aucun revenu fixe, mais seulement un simple casuel pour l'entretien du luminaire du grand autel, lequel consiste:

1º Dans les droits de sonnerie qu'on paye, savoir: pour chaque enterrement de grand corps qui se fait dans l'église, six livres, et pour les enfants trente sols, et si l'on fait sonner au grand carillon les baptêmes, l'on est en usage de payer trois livres.

2° Et l'on paye présentement pour être enseputuré dans les caveaux de l'église, pour un grand corps six livres, et pour un enfant trois livres, quoique autrefois le droit de sépulture fut souvent confondu dans celui de la sonnerie. Lesquels droits modernes nous confirmons et autorisons d'autant plus volontiers que le luminaire n'a pas d'autre revenu pour son entretien.

3° Consiste encore le revenu dudit luminaire dans le produit des bancs de l'église dont il a été parlé ci-devant, lequel peut aller en tout à environ 21 livres 13 sols mal payés.

Ajoutent lesdits habitants que depuis le 26 mai 1740, il n'y a point de luminier, mais que dans une assemblée générale de la paroisse, ils donnèrent et remirent à sieur Jean-Marie Bigaud architecte (1) lesdits revenus casuels du luminaire pendant douze années commencées audit jour 26 mai 1740; qui, moyennant ce, s'obligea à faire à leur église diverses réparations énoncées par l'acte sous seing privé fait à ce sujet lequel ils nous ont exhibé par copie.

Traité et accord au sujet des réparations de l'église.

Et comme pour le fait desdites réparations, lesdits habitants sont prêts d'entrer en procès avec ledit sieur Bigaud, disant que, suivant les conventions et engagements, lesdites réparations devaient être faites et parfaites dans le cours desdites trois premières années. Que celles qu'il a fait faire, ne sont point conformes au devis contenu dans ledit traité, pour prévenir lesquelles contestations, lesdits habitants d'une part et ledit sieur Bigaud d'autre, ont consenti réciproquement à la résolution dudit traité de 1740. Icelui Bigaud déchargé des réparations faites et à faire suivant ledit traité, moyennant quoi il se départ

---

(1) Voir dans l'*Invent. des archives de la Loire*, t. I, p. 363, plusieurs titres concernant le même Jean-Marie Bigaud, architecte à Charlieu, et Philippe Bigaud, sculpteur.

dès aujourd'hui de la perception qui lui reste à faire desdits revenus du luminaire pour parfaire les douze années, consent que dès à présent la communauté les reprenne, se réservant néanmoins de recouvrer ceux qui sont échus jusqu'à ce jour ; ce qui est accepté par ladite communauté; laquelle, attendu que les réparations faites sont plus de la moitié de celles portées par ledit traité de 1740, ont présentement donné de notre consentement un mandat de la somme de cent vingt livres sur sieur Jean Michelet, receveur de la chapelle ou confrérie de Notre-Dame de Septembre, située en leur église, lequel mandat quittancé lui sera alloué dans ses comptes. Au moyen de tout quoi, lesdites parties demeurent respectivement quittes et sans recherche au sujet dudit traité de 1740. Fait et convenu pardevant nous, et a signé ledit sieur Bigaud, et les habitants se réservant de signer ci-après à la clôture de notre présent verbal.

BIGAUD l'aîné.

Et à l'instant lesdits habitants sus-nommés ont nommé et nomment pour luminiers sieurs François-Philippe Beauvoisin et Benoit Barnaud, pendant deux années, à commencer de ce jour, lesquels percevront lesdits revenus du luminaire et feront l'emploi des deniers à l'entretien d'icelui, à la charge par eux d'en rendre compte à toute réquisition et fixément tous les ans à la manière portée par l'édit de 1693, concernant la juridiction ecclésiastique.

Nomination de nouveaux luminiers.

Et d'autant que lesdits droits casuels du luminaire sont mal payés et que souvent même ils ne le sont point du tout, et qu'il faudrait avoir recours à justice pour en avoir payement, les habitants sus-nommés ont arrêté pour prévenir tout retard, difficulté et procès à cet égard, que ceux qui demanderont la sonnerie et de faire enterrer dans l'église payeront au luminier receveur les droits ci-dessus réglés pour le luminaire, avant que l'on puisse sonner les cloches et ouvrir les caveaux, et sera tenu ledit luminier de tenir registre sur lequel il inscrira par date de jour, mois et année, ses reçus et de même ses articles de dépenses.

Règlement pour le luminaire.

Bancs de l'église. — Quant aux redevances pour les bancs placés dans l'église, les habitants sus-nommés ont dit qu'ils désirent depuis longtemps d'apporter un bon ordre et remédier aux abus qui se sont glissés, tant dans les concessions desdits bancs que sur leurs formes et longueurs qui, étant inégales, ne décorent pas leur église, et même embarrassent les passages, comme encore sur les redevances à raison desdits bancs, lesquelles sont mal payées et ne produisent presque rien au luminaire, pourquoi il nous ont supplié de leur accorder quelques jours pour conférer par ensemble, et voir aux moyens et règlements qui conviendront.

Compte des luminiers précédents. — Enquis si les luminiers qui étaient en exercice avant l'année 1740 et lors du traité susdit fait avec ledit sieur Bigaud, ont rendu compte?

Disent que les sieurs Simon, sociétaire, Bardet, notaire, et M° Jean-Louis Duvernay, avocat en parlement, étaient alors luminiers, lesquels n'ont pas encore rendu compte non plus que Claude Alcigne et Jean Devaux qui les ont précédés, lesquels sieurs Simon et Claude Alcigne, receveurs, et encore ledit sieur Duvernay, ci-présent, ont dit être prêts chacun d'eux à rendre son compte. L'examen desquels comptes nous renvoyons à faire ci-après pour ne les avoir pas entre leurs mains.

Interrogats des sieurs curé, sociétaires et habitants. — Vocable. — Enquis sous quel vocable est leur église?

Répondent que saint Philibert est le patron de leur paroisse et qu'ils en solennisent la fête le 20 du mois d'août.

Nominateur. — Qui nomme à la cure?

Disent que la nomination et présentation à leur cure de Charlieu appartient au prieur du prieuré de Saint-Fortunat de ce lieu et que toute autre disposition nous en appartient à cause de notre dignité épiscopale.

Nombre des communiants. — Étendue de la paroisse. — Combien il y a de communiants dans cette paroisse et si elle s'étend hors l'enceinte de la ville?

Disent qu'il y a environ dix-huit cents communiants; et

disent que du côté de la porte de Notre-Dame, la paroisse s'étend jusqu'au domaine Ozière qui en fait partie avec les fonds qui le composent, et qui est éloigné d'environ une demi lieue ; du côté de la porte de Chante-Loup, jusqu'au domaine au bas de la Douze ; du côté de la porte des Moulins, jusqu'au tènement appelé Gayant, lequel est de cette paroisse ; du côté de la porte du Guichet de Semur ou des Capucins, jusques et compris Malfara.

Qu'ils sont du ressort du parlement de Paris, élection de Roanne, et présidial de Lyon. Ressort.

Qui est seigneur haut justicier ? Seigneur haut justicier.

Disent que la justice dans toute l'étendue de la paroisse dépend du sieur prieur de cette ville de Charlieu, laquelle il fait exercer par ses juges devant qui l'on plaide, par appel à Lyon, dans les causes civiles et criminelles. En outre il y a une châtellenie royale.

Qui est décimateur dans l'étendue de leur paroisse ? Décimateur.

Disent que les sieurs religieux du prieuré de Charlieu qui sont Bénédictins de l'ancienne observance, ordre de Cluny, sont seuls décimateurs, et se diment toutes choses de douze la treize, de plus le plus et de moins le moins.

En quoi consistent les revenus de la cure ? Revenus de la cure, portion congrue.

Disent que lesdits sieurs décimateurs lui payent trois cents livres par année, par quartier et d'avance, pour la portion congrue conformément aux déclarations de Sa Majesté.

Ils payent aussi cinquante écus à la même forme pour un vicaire. Vicaires.

A qui appartiennent les novales ? Novales.

Dit le sieur curé qu'il en a traité avec lesdits sieurs décimateurs qui lui donnent et payent chacun an à la Saint-Martin la somme de cinquante livres. Ledit traité fait sur procès mû entre Dom Jacques Le Vaillant, chambrier, prieur claustral et procureur syndic du prieuré de Charlieu, Dom Nicolas de Prisque de Bezanceuil, célérier, Dom François Tyran, sacristain, Dom Jacques Louis Tyran, aumônier, et Dom Vincent-Etienne Popart, mansionnaire d'une part, et ledit sieur Dupont, curé moderne d'autre, sous-seing privé en date du second octobre mil sept cent quarante-deux.

État des novales. — Enquis quelles sont les novales ?

Répondent qu'ils ne les connaissent pas assez pour nous les déclarer avec confins, sur quoi nous enjoignons au sieur curé d'en dresser état par dénomination, contenue, confins et finages ou climat, dans le terme de trois mois à compter de ce jour. Ce que ledit sieur curé promet faire, comme encore de faire affirmer ledit état par plusieurs notables pour ensuite icelui état être joint à notre présent procès-verbal.

Anciens fonds de la cure. — S'il y a des anciens fonds qui dépendent de ladite cure ?

Répondent qu'il n'y en a aucun, ni même de maison curiale, que le sieur curé demeure dans sa maison de famille, et que le jardin mentionné au procès-verbal de la visite de M. Colbert, l'un de nos prédécesseurs, et appensionné au sieur Vedeau sous la pension de quatres livres dix sols, n'est plus connu, et que cette pension n'est plus payée de mémoire d'homme.

Coupes de feu. — Gerbes de Passion. — Casuel. — S'il y a des coupes de feu, des gerbes de Passion ?

Disent qu'il n'y en a point.

Ils payent pour chacun mariage trois livres et autant pour chaque remise de mariage et pour chaque baptême cinq sols ; et quant aux autres droits de casuel ou verrouil d'église nous réglons, savoir : 1° à trois livres pour chacun enterrement d'un grand corps, si c'est un artisan, suivant la taxe générale de notre diocèse, et à la moitié pour celui de son enfant, entendant par grand corps ceux que l'on doit enterrer suivant le rituel, avec l'étole noire, et par enfant ceux que l'on enterre avec l'étole blanche et les prières présentes dans le rituel pour l'enterrement des enfants.

2° Au même casuel de trois livres les enterrements des grands corps, si c'est un simple marchand locataire, et à trente sols celui de son enfant.

3° Pour celui d'un marchand habitant, à quatre livres; et à la moitié celui de son enfant.

4° A cinq livres celui d'un bourgeois, et à la moitié pour celui de son enfant; et si les sociétaires y sont appelés, outre ces droits du sieur curé, lui seront encore payées ses assistances comme premier sociétaire né, lesquelles consisteront au double de ce qui est donné à chacun des autres sociétaires. De même aura le double lorsque l'on fera dire la veille les vêpres des morts et des grandes messes et autres offices et services; non compris dans ledit droit de double assistance, la rétribution qui revient au sieur curé pour lesdites grand'-messes, laquelle nous fixons à vingt sols.

Enquis s'il y a des fondations particulières faites au profit du sieur curé seul ? *Fondations au profit du sieur curé seul.*

Disent qu'ils n'en connaissent point, et ledit sieur curé déclare qu'il n'y en a aucune faite à son profit particulier, et que toutes les fondations de son église lui sont communes avec les sieurs sociétaires.

Quelles sont les fondations faites au profit de la Société ?

Répondent qu'elles sont en grand nombre, et ajoutent lesdits sieurs curé et sociétaires qu'ils ne peuvent en faire la déclaration qu'à la vue des titres, pourquoi nous renvoyons l'état desdites fondations à l'inventaire que nous ferons ci-après des titres et papiers de ladite Société.

A l'instant, M⁰ Bertrand Simon, prêtre sociétaire de cette église, nommé luminier avec M⁰ Jean-Louis Duvernay, avocat en Parlement, et sieur François Bardet, notaire royal, le 11 novembre 1736, par acte de la paroisse assemblée à l'issue des vêpres, nous a présenté un livre couvert de parchemin, contenant son compte en recette et dépense, icelle dépense appuyée de quittances. Par l'examen et calcul d'icelui fait en présence desdits habitants sus-nommés, la recette a été arrêtée à la somme de deux cent trente-huit livres quatre sols, à compter dudit jour de sa nomination, 11 novembre 1736, *Comptes des derniers luminiers.*

jusqu'au 26 mai 1740, jour que les revenus du luminaire furent remis pour douze ans, à cause de réparations de l'église, audit sieur Bigaud, ainsi qu'il a été dit ci-devant, et la dépense pendant ledit temps s'est trouvée monter à la somme de deux cent soixante et dix-sept livres, treize sols, partant ledit sieur comptable se trouve en avance de trente-neuf livres neuf sols dont il fait don audit luminaire et l'en tient quitte avec promesse de ne lui en jamais rien demander, et demeure icelui sieur Simon pleinement quitte et déchargé de sa gestion.

Comptes des anciens luminiers: Claude Aleigne et Jean Devaux.

Ensuite sieur Claude Aleigne, marchand, ci-devant luminier, avec sieur Jean Devaux, aussi marchand, a présenté le compte en recette et dépense de sa gestion dudit luminaire depuis et compris le mois d'avril 1718 jusqu'au susdit jour 11 novembre 1736. Par l'examen de la recette et calcul d'icelle fait, y comprises les omissions qu'il a reconnues y avoir faites, elle s'est trouvée monter à la somme de quatorze cent quatre-vingt-quinze livres huit sols deux deniers, et la dépense, déduction faite des articles non alloués, à la somme de seize cent cinquante-huit livres seize sols sept deniers.

Partant la dépense plus forte que la recette de la somme de cent soixante-trois livres huit sols cinq deniers dont ledit sieur Aleigne est en avance, et de laquelle il fait don et présent audit luminaire, et l'en tient quitte avec promesse de ne lui en jamais rien demander, et demeure icelui sieur Aleigne pleinement quitte et déchargé de sa gestion à cet égard.

Comptes dudit sieur Aleigne, comme receveur de la confrérie N.-D. de Septembre.

Après quoi ledit sieur Aleigne a encore présenté un compte en recette et dépense de sa gestion des revenus de la chapelle de Notre-Dame de Septembre ou confrérie établie en icelle, depuis le 15 septembre 1715 jusqu'au 23 février 1734, par l'examen duquel compte, et après avoir rétabli dans la recette les articles d'omission, et dans la dépense retranché les articles non alloués, icelle recette a été arrêtée à la somme de dix-neuf cent trente-quatre livres sept sols quatre deniers, et la dépense à la somme de seize cent quarante-deux livres dix sols trois deniers, partant le comptable demeure redevable de la somme de deux cent nonante-une livres dix-sept sols, un denier, lequel restant de deux cent nonante-une livres dix-sept sols un denier, ledit sieur Aleigne promet payer audit sieur Michelet, receveur moderne, moitié à la Toussaint prochaine, et moitié aux fêtes de Pâques suivantes, au moyen de quoi il demeurera pleinement déchargé de sa gestion, sauf par lui à faire payer et à répéter contre Guillaume Desroches, ci-présent reconnaissant, la somme de quarante-neuf livres douze sols tant pour arrérages de rente qu'il doit et qui sont échus dès le 8 décembre dernier que pour les dix-huit livres par lui touchées de la veuve Gabriel Aleigne, lequel reconnaissant promet payer aux termes ci-dessus ; comme aussi contre sieur Laurent Chabrier vingt-quatre livres huit sols, portés par son billet du premier mai 1718. Et ont lesdits Claude Aleigne et Desroches, signé.

ALEIGNE ; DESROCHES.

Ensuite sieur Jean Michelet, receveur en exercice de la confrérie et chapelle Notre-Dame de Septembre, a demandé d'être entendu en son compte qu'il nous a présenté à cet effet en recette et dépense depuis le 23 février 1734, jour de sa nomination, jusqu'à ce jour. Par l'examen et calcul d'icelui la recette a été arrêtée à la somme de mille huit livres un sol neuf deniers et la dépense à celle de six cent soixante et dix-huit livres dix sols neuf deniers ; partant la recette excède la dépense de trois cent vingt-neuf livres onze sols laquelle somme restante ledit sieur Michelet déclare et reconnaît avoir entre les mains pour les vider et employer ainsi qu'il lui sera ordonné. Et à l'instant avons fait faire l'ouverture du tronc dans lequel il s'est trouvé la somme de neuf livres seize sols six deniers, dont ledit sieur curé a retiré la moitié qui lui en revient, et les quatre livres dix-huit sols trois deniers faisant l'autre moitié qui revient à ladite chapelle a été remise audit sieur Michelet pour être jointe aux deniers susdits qui sont entre ses mains.

Compte du sieur Michelet, receveur moderne de ladite confrérie et chapelle de N.-D. de Septembre.

Revenants bons actuel de ladite chapelle de N.-D. de Septembre s'élevant à 748 l. 7 s. 4 d.

Avons aussi fait ouvrir le coffre où les bâtonniers de cette chapelle ferment la cire des offrandes ; il s'y est trouvé cent quatre-vingt-sept livres de bouts de cierges en cire commune qui, se vendant treize sols la livre, feront une somme d'argent de cent vingt-deux livres un sol, laquelle jointe à celles susdites de 329 livres 11 sols d'une part, et 4 livres 18 sols 3 deniers d'autre, qui sont entre les mains dudit sieur Michelet receveur, feront ensemble la somme totale de quatre cent cinquante-six livres 10 sols et trois deniers. Laquelle somme de 456 livres dix sols 3 deniers jointe à celle de deux cent nonante-une livre dix-sept sols un denier que ledit sieur Aleigne, receveur précédent, doit payer en reste de compte audit sieur Michelet, receveur moderne, par moitié et en deux payements égaux ès termes de la Toussaint, et des fêtes de Pâques prochaines, ainsi qu'il est expliqué ci-devant, feront ensemble la somme universelle de sept cent quarante-huit livres sept sols quatre deniers, laquelle fait le revenant bon actuel de ladite chapelle, outre quarante-huit livres de cierges en cire pure pour le luminaire d'icelle, qui se sont trouvées dans ledit coffre. Duquel revenant bon lesdits sieurs officiers de la justice, et les habitants sus-nommés nous ont supplié de vouloir ordonner l'emploi, soit pour les décorations que nous jugerons pour le présent convenables à ladite chapelle, soit pour les choses nécessaires à l'église.

Ordonnance pour l'emploi desdits 748 l. 7 s. 4 d.

A quoi désirant pourvoir, nous, après avoir considéré d'une part que cette chapelle est pour le présent bien ornée et fournie ; qu'étant *sub tecto* (1) elle dépend de l'église et en fait partie ; que les dévotions et services de ladite confrérie n'y sont faites qu'à titre précaire, et que les rétributions doivent se payer des deniers des confrères, et non des deniers qui proviennent des offrandes des fidèles ; et d'un autre côté qu'il

---

(1) La situation des chapelles latérales est toujours désignée par l'un des termes *extra tectum* ou *sub tecto*. Dans le premier cas, l'entretien en incombe aux fondateurs ; dans le second cas, aux gros décimateurs si elles s'ouvrent sur le chœur, aux habitants si elles s'ouvrent sur la nef.

n'y a point de fabrique, que le luminaire nécessaire pour les offices et services paroissiaux ne s'entretient que par le produit de la sonnerie et des sépultures qui se font dans l'église, et qui n'est pas suffisant, n'y ayant qu'un caveau nouvellement fait, et qui se trouve déjà rempli; et considérant encore que, par la résolution du traité ou prix-fait que les habitants viennent de résilier et répondre pour les réparations nécessaires à l'église avec le sieur Bigaud pour les raisons et ainsi qu'il est ci-devant expliqué, ils se trouvent chargés des réparations qui demeurent à faire, et auxquelles ils ne peuvent fournir ni par les revenus déjà trop médiocres du luminaire de leur église, ni par la voie d'une imposition particulière, en portant de bien considérables, et venant de perdre leurs bestiaux. Pour ces raisons et autres à nous connues avons du consentement des susnommés ordonné et ordonnons, que ladite somme de sept cent quarante-huit livres sept sols quatre deniers, restante pour celle six cent vingt-huit livres sept sols quatre deniers, pour la remise ci-devant faite audit sieur Bigaud, il en sera employé jusqu'à celle de cent vingt-huit livres sept sols quatre deniers, pour faire faire un balustre de fer à la place de celui de bois qui est actuellement au-devant de ladite chapelle, et aux fournitures journalières d'icelle, et le surplus sera employé à aider lesdits habitants à faire faire le restant desdites réparations et notamment le caveau qui demeure à faire dans la nef depuis celui qui est déjà fait jusque sous le clocher. Pourquoi ledit sieur Michelet videra ses mains sur les mandats qui seront tirés sur lui, pour les causes données et signés lesdits mandats, savoir, pour ce qui regarde la chapelle par les sieurs curé et bâtonniers, et pour ce qui regarde l'église par le sieur curé, les sieurs luminiers et le sieur juge de ladite ville, auquel sieur Michelet, receveur, seront alloués dans ses comptes lesdits mandats quittancés.

Enquis s'il y a un collège, ou un maître d'école ou maîtresse d'école, ou quelque autre maison pour l'instruction de la jeunesse?

Répondent qu'il n'y a point de collège, ni maître ni maî-

Collège et maître d'école.

tresse d'école, ni maison établie et fondée pour l'instruction de la jeunesse. Mais que le nommé Pierre Condereau tient école publique en cette ville depuis quelques mois avec la permission du sieur curé ; et qu'ils le croient de bonnes mœurs et conduite [1]. Il apprend à lire et à écrire et enseigne le latin jusqu'aux humanités. Pourquoi les parents des écoliers le payent, et il n'a pas d'autre salaire ni gratification de la ville. Et nous étant informé desdits sieurs curé et habitants susnommés qui possède la maison affectée pour le collège, et laquelle subsistait et était en due réparation, lors de la visite de M. Colbert, l'un de nos prédécesseurs, et dont les revenus étaient tirés par Messieurs de Ville, ils nous ont répondu n'avoir aucune connaissance de cette maison, et qu'ils n'en ont jamais entendu parler, sur quoi nous leur enjoignons de faire leurs recherches et diligences.

Aumônes de fondation.

Enquis s'il y a fondation de quelques aumônes ?

Disent que le dimanche gras le sieur prieur de ce lieu fait distribuer aux pauvres une aumône publique et générale en argent à la grande porte du prieuré jusqu'à la somme de cinquante livres et une autre semblable aumône le jeudi chacun an, de pareille somme.

Plus l'aumônier dudit prieuré est tenu de faire une aumône générale en pain pendant le carême, chacune semaine, à commencer la première semaine par le mercredi des Cendres, et le vendredi suivant. Et les autres semaines de carême tous les lundis, mercredis et vendredis jusqu'au mercredi de la semaine sainte inclusivement.

---

(1) Cf. la requête présentée en 1663 par Claude Velut, habitant de la ville de Marcigny, par laquelle il expose « qu'ayant appris qu'il n'y avait aulcung maistre dans celle de Charlieu, pour l'instruction de la jeunesse, il y est venu à cest effet leur enseigner les principes dans la langue latine et grecque, de l'arcmetique, lettre ronde, batarde et italienne » … demande à être reçu « recteur et administrateur au privillège de cette ville, aux droicts, gaiges, esmolumens, privillèges et prérogatives de ladicte profession » (Chaverondier, *Inventaire des archives de la Loire*, t. I, p. 324.

Plus une aumône aux pauvres passants ou étrangers voyageurs d'un morceau de pain et d'un carteau de vin à chacun pendant l'année entière.

Plus les sociétaires sont tenus par fondation de donner à douze veuves de la ville, qui assistent à la messe qu'ils disent, douze sols les vendredis, et pareillement autres douze sols, les samedis des Quatre Temps, ce qui fait un sol à chacune chaque fois.

Enquis s'il y a un hôpital pour le soulagement des malades ? *Hôpital.*

Répondent qu'il y a un hôpital en cette ville où les malades sont servis par deux sœurs de l'ordre de Sainte-Marthe. Duquel hôpital nous ferons la visite.

Après lesquelles reconnaissances, déclarations et réponses faites, lesdits sieurs curé et sociétaires ont signé et se sont retirés.

    DUPONT, curé de Charlieu ; SIMON, vicaire ;
    DUVERNAY, vicaire ; GACON, prêtre sociétaire ;
    CARTELLIER, prêtre sociétaire ; CHAVOIN,
    prêtre sociétaire.

Ensuite avons interrogé lesdits sieurs habitants et paroissiens susnommés et seuls, sur l'état spirituel de leur paroisse, comme s'ensuit : *Interrogats faits aux habitants seuls.*

1° Qui est leur curé et depuis quel temps ?

Disent que leur curé s'appelle Claude Dupont et qu'il peut avoir pris possession depuis environ vingt-sept ans. Que, outre le prêtre secondaire ou vicaire qu'ils ont coutume d'avoir, il y a encore un autre vicaire à cause du grand âge et des infirmités de leur curé.

S'ils résident en leur paroisse ?

Répondent qu'ils y font leur résidence habituelle.

S'ils ont la messe les dimanches et fêtes commandées pour la paroisse ; à quelle heure en hiver et en été ? Si outre la grand'messe paroissiale, il y en a une autre pour les domestiques ?

Disent qu'ils n'ont qu'une messe paroissiale qui se célèbre en hiver et en été à dix heures, et les vêpres à trois heures. Et que les messes qui se disent ou avant ou après par les sieurs vicaires et sociétaires sont des messes privées où il ne se fait aucune fonction paroissiale, et font en sorte que les dimanches et fêtes commandées, il y a une messe basse après la grand'messe paroissiale.

S'ils sont contents des services que leur rendent les sieurs curé et vicaires, soit pour les offices divins, soit pour l'administration des sacrements, et visites des malades ?

Disent que malgré le grand âge du sieur curé ils sont très contents des services et secours spirituels qu'il leur rend, ou fait rendre par MM. ses vicaires, de même que des visites qu'ils rendent aux malades.

S'il leur font régulièrement les prônes et les instructions les dimanches et fêtes ; les catéchismes aussi les dimanches aux grandes personnes ; et encore les catéchismes aux enfants pendant l'Avent et le Carême, et combien de jours par chacune semaine ?

Disent qu'ils ont assez régulièrement des prônes et instructions que leur fait le sieur Duvernay, vicaire, de même que catéchismes qu'on fait à leurs enfans pendant l'Avent et le Carême.

S'ils ne leur ont rien vu faire contre la décence de leur état, ni aux sieurs sociétaires ?

Disent que le sieur curé les a toujours édifiés par ses bons exemples et quand à MM. les vicaires, leur conduite leur a toujours paru bien réglée, et qu'ils n'ont jamais donné sujet à aucune plainte.

S'ils ne connaissent point des personnes mariées vivant ensemble, et qui soient parentes en quelque degré prohibé, ou entre lesquelles il y ait quelque autre empêchement ?

Répondent qu'il y a quelques parents qui sont mariés par ensemble, mais avant leurs mariages ils ont obtenu les dispenses. Ils ne connaissent pas d'autre empêchement, entre autres personnes mariées.

Lecture faite auxdits sieurs habitants et paroissiens de notre présent procès-verbal, et notamment de leurs réponses à nos interrogats ci-dessus, ils ont dit et affirmé que le tout contient vérité, et ne vouloir ni ajouter ni diminuer, et ont signé ceux d'entr'eux qui le savent, et non les autres qui ont déclaré ne le savoir, de ce enquis.

† H. C., évêque de Mâcon ; MANOURY, vicaire général ; TILLARD DE TIGNY ; BUYNAND ; DUVERNAY ; VEDEAU ; BORDET ; L. CHABRIER ; LEGUT, promoteur ; LAGNÉ (?) ; MICHELET ; AUDIBERT ; MICHELET fils ; PATURAL ; MICHELET-BEAUVOISIN ; B. BARNAUD ; E. BARNAUD ; GACON ; MORILLON ; E. GACON ; (un nom illisible) ; Louis AUDRON ; Nicolas DEVEAUX ; DEVILLAINE ; JOATTON ; AUBOYER ; AUCLERG ; COLLET ; VILLARS ; CARTIER ; VAGINAY ; CHENART ; DEMONT ; CHENARD ; AUGAGNEUR ; CARRÉ ; (illisible) ; ALESMONIÈRE ; ROMEUF ou ROMEUF ; JACQUEMIN ; LAFONT ; ... BARNAUD ; GUENARD ; CARRÉ ; ALEIGNE, ancien fabricien ; Pierre BARNAUD ; NOBIS ; MATRAY ; G. NOBIS père ; NOBIS, l'aîné ; (illisible) ; MILLIEN ; Joseph COUTURIE ; (deux noms illisibles) ; Claude ANDRIEU ; NOBLET, greffier.

Ensuite les habitants retirés, avons fait appeler pardevant nous lesdits sieurs curé et vicaires, lesquels comparants avons interrogés sur l'état spirituel de leur paroisse comme s'ensuit :

Premièrement, enquis le sieur curé de ses noms, âge, diocèse,

Interrogats faits aux sieurs curé et vicaires seuls.

ordination et provision de cette cure de Saint-Philibert de Charlieu ?

Dit avoir nom Claude Dupont, né de cette ville de Charlieu de notre diocèse, âgé d'environ soixante et dix-sept ans, ordonné prêtre par M. de Tilladet notre prédécesseur immédiat, le samedi saint second avril 1695 ; et pourvu de cette cure par résignation en cour de Rome faite en sa faveur par le sieur Moulis, et par le visa de mondit seigneur de Tilladet, en date du 2 décembre 1718. Ainsi qu'il nous a justifié du tout par ses titres et lettres qu'il a à l'instant retirés.

Ensuite enquis des noms, âge, diocèse, ordination et approbation du sieur vicaire ordinaire, et du sieur vicaire secondaire ?

Ledit sieur vicaire ordinaire nous a dit avoir nom Bertrand Simon ; être né de cette paroisse, et âgé d'environ cinquante-cinq ans ; avoir été ordonné prêtre par mondit seigneur de Tilladet, le 27 mars 1717, et être vicaire de ce lieu depuis la même année au dix-sept novembre jusqu'à ce jour ainsi qu'il l'a justifié par ses lettres, titres et approbations.

Et ledit sieur vicaire secondaire déclare avoir nom Marc-Antoine Duvernay, aussi né audit Charlieu, âgé d'environ trente-huit ans (1), et avoir reçu l'ordre de prêtrise de nous le dix-sept mars 1736 et être approuvé aussi par nos vicaires généraux depuis le 2 mai 1738.

Enquis lesdits sieurs curé et vicaires si leurs paroissiens observent la sanctification des dimanches et fêtes ?

Disent que l'on ne travaille point les dimanches et fêtes, que les marchés et les foires sont renvoyés au lendemain, mais que plusieurs sont détournés de l'assistance au service divin par la fréquentation des cabarets.

---

(1) Quelques mois après, en 1747, Antoine Duvernay fut nommé curé de Saint-Philibert, en remplacement de M. Dupont, démissionnaire. Il fut le dernier curé de Charlieu avant la Révolution.

Enquis s'ils s'approchent des sacrements ?

Disent qu'il n'y en a point qui ne se soit présenté à Pâques et que le gros de la paroisse fréquente les sacrements pendant l'année.

S'ils ne sont point détournés des services de la paroisse par des dévotions dans les autres églises qui les y attirent ?

Disent que les dévotions du scapulaire et du cordon de Saint-François qui se font les seconds et quatrièmes dimanches de chaque mois, dans l'église des PP. Cordeliers, et où ils donnent la bénédiction pendant que les services de la paroisse se font, rendent déserte ces mêmes jours l'église paroissiale, et détournent le peuple de l'assistance aux catéchismes qu'ils sont obligés de faire par nos ordonnances.

Si les parents et les maîtres envoient bien leurs enfants ou domestiques aux catéchismes pendant l'Avent et le Carême ?

Répondent qu'ils y sont exacts.

S'il y a des fêtes de dévotion, des vœux de ville, des processions générales ou autres prières publiques, et si elles sont établies par notre autorité ou celle de nos prédécesseurs ?

Disent qu'il n'y a aucune dévotion ni vœu de ville, mais qu'outre les processions de précepte selon l'office, et celles d'usage par tout le diocèse, il se fait encore des processions publiques et générales, ordinaires et extraordinaires ; quant aux premières, elles sont au nombre de cinq qui se font le jour de Saint-Sébastien le 20 janvier, Saint-Georges 23 avril, Sainte-Anne 26 juillet, Saint-Donat le 27 août, et Saint-Roch le 16 dudit mois d'août. Qu'ils n'ont pas connaissance qu'aucune de ces processions soit autorisée par nous ni par nos prédécesseurs, et qu'ils ne peuvent pas nous dire les raisons, ni les motifs de ces processions, si ce n'est de celle de Saint-Roch qui se fait à cause des maladies contagieuses ; que cependant ni celle-là non plus que les quatre autres, ne paraissent point avoir été demandées par la ville, puisqu'elles ne sont point annoncées ni aux prônes, ni publiées au son du tambour ; que lesdites quatre processions se sont intro-

Processions générales.

duites par Messieurs les religieux du prieuré qui honorent particulièrement les saints les jours qu'elles se font, et qu'on en fait l'office dans l'église, et que pour le bien de la paix ledit sieur curé avec lesdits sieurs sociétaires qui composent le clergé de la ville assistent à ces processions. Quant aux processions extraordinaires, il arrive assez ordinairement que sans s'adresser à nous le sieur prieur après en avoir donné avis au sieur curé, indique des prières ou processions générales dans les calamités publiques, ou dans les cas de nécessité de pluie ou de beau temps, auxquelles processions les corps étant appelés, lesdits sieurs curé et sociétaires sont obligés de se prêter, en y assistant comme aux processions qui seraient par nous ordonnées, auquel abus désirant remédier, avons défendu et défendons de faire aucune prière publique ou procession générale et autre extraordinairement qui n'aura pas été ordonnée par nous ou par nos vicaires généraux, sous peine d'interdit et autre de droit contre les contrevenants (1).

S'il y a des gens mariés qui vivent en divorce?

Disent qu'il n'y en a point pour le présent.

S'il y a quelques inimitiés publiques, procès scandaleux, des usuriers, ou blasphémateurs?

Disent qu'ils n'en connaissent pas, mais cependant qu'il y a des personnes qui ne sont pas assez réservées sur les juréments.

S'il y a quelques superstitions ou abus publics?

Disent qu'ils ne croient pas qu'il y ait des superstitions, mais qu'il leur parait abusif que toutes les fois qu'il vient un enfant mort-né au monde, on l'apporte dans la chapelle Notre-Dame de Septembre (dont il est parlé ci-devant) afin

---

(1) M. de Sevelinges a raconté les conflits qui s'élevèrent entre le curé Dupont et le prieur de Charlieu, comme curé primitif, au sujet du droit de processions (Hist. de Charlieu, p. 86 et suiv.).

que l'enfant donne des signes de vie et reçoive le baptême. Ce que nous défendons expressément et enjoignons audit sieur curé et ausdits sieurs vicaires de détourner par instruction et avec prudence les fidèles de continuer cet abus.

S'il y a des sages-femmes assez instruites pour donner le baptême dans le besoin, et si elles sont approuvées ?

Disent que la nommée Philiberte Guyet, femme D'Echelette, exerce l'office de sage-femme avec approbation du sieur curé qui l'en a jugée capable, mais qu'il y a encore d'autres femmes qui s'immiscent d'elles-mêmes dans cet emploi sans avoir été examinées, et sans que le sieur curé puisse dire si elles sont instruites pour pouvoir donner le baptême dans le besoin.

Lecture faite ausdits sieurs curé et vicaires ils ont affirmé leurs réponses véritables et ont signé.

DUPONT, curé de Charlieu ; SIMON, vicaire ; DUVERNAY, vicaire.

Ensuite avons demandé au sieur curé les registres des baptêmes, mariages et sépultures, lequel nous a exhibé les suivants, savoir :

1° Trois registres couverts de parchemin contenant les actes depuis le mois de décembre 1624 jusqu'à mai 1645.

2° Un cahier commençant au 28 mai de ladite année 1645 jusqu'en avril 1648. Manquent, suivant les cotes, les feuillets 290 et 292 concernant ladite année 1645. Manquent encore les feuillets 388 et 390 concernant l'année 1648.

3° Deux autres cahiers attachés ensemble commençant audit mois d'avril 1648 et finissant au 14 juin 1654.

4° Huit registres ou cahiers contenant depuis ledit mois de juin 1654 jusqu'en novembre 1698 ; manque jusqu'au 28 mai 1699.

5° 33 cahiers ou registres continuant jusques et comprise l'année 1745.

Et finalement le double registre de l'année courante.

Lesquels cahiers et registres ont été ensuite retirés par le sieur curé qui en demeure chargé et a signé.

DUPONT, curé de Charlieu.

Du cinquième août année susdite 1746.

Société de Charlieu. Continuant notre visite avons fait comparoir pardevant nous dans la sacristie de ladite église paroissiale de Charlieu ledit sieur Claude Dupont curé, les sieurs Bertrand Simon, Gaspard Gacon, Marc-Antoine Duvernay, Joseph Carteiller, Jean-Marie Chavoix, et Claude Chabrier, prêtres et sociétaires en l'église de Saint-Philibert de Charlieu. Lesquels enquis de leur établissement, des qualités nécessaires pour être agrégé en leur Société, et de leurs charges et revenus.

Disent qu'ils n'ont pas connaissance du temps de leur établissement mais qu'il est très ancien ainsi qu'ils nous l'ont vérifié par un parchemin contenant testament de........ .... qui fait un legs à leur profit en date de l'an 1325. Par lequel il paraît aussi qu'ils étaient en plus grand nombre qu'à présent. Ils nous ont aussi exhibé une bulle de confirmation de leur établissement donnée par Paul, pape troisième, en 1541. Comme aussi des statuts que les sociétaires d'alors avaient faits par lesquels il est porté qu'il ne sera admis en la Société ou Confraternité que les prêtres qui seront nés et baptisés en la ville de Charlieu, lesquels étaient alors nommés prêtres habitués en l'église paroissiale de ladite ville de Charlieu. Que les places en ladite Société sont incompatibles avec tous autres bénéfices à résidence, d'autant qu'il est nécessaire d'être constitué en l'ordre de prêtrise pour être en état d'acquitter les obligations qui consistent à dire journellement les messes et à faire les services et offices au chœur.

Ajoutent qu'outre ces qualités qu'il faut avoir pour être agrégé à la Société, leurs statuts anciens et qui sont observés entr'eux portent : 1º que celui qui les a et y a été admis, n'a aucune part ni portion dans les revenus de la Société, quoiqu'il soit tenu d'en faire les services en personne pendant lesdits six premiers mois, lequel néanmoins dans le casuel.

c'est-à-dire dans les assistances aux services auxquels la Société est appelée, soit aux enterrements, soit aux vigiles que les parents du mort demandent et aux messes de dévotion, prend sa portion comme les autres sociétaires.

2° Que chacun des sociétaires pour sa réception est tenu de payer soixante livres à la manse commune pour les ornements, et encore soixante livres en capital pour fondations de messes ou autres services proportionnellement à la rente de trois livres de rente à raison dudit capital, desquelles messes et services il a le choix, toutefois au profit de ladite Société.

Qu'à l'égard de leur nombre, il a été fixé à six personnes du nombre desquels le sieur curé est la première, étant sociétaire né et chef de la Société, et en cette qualité a double portion, c'est-à-dire le double de ce que chaque sociétaire perçoit dans les fondations qui demandent l'assistance des autres sociétaires et non dans les fondations des messes basses quoique faites au profit de ladite Société en commun, attendu que la rétribution doit être pour celui des sociétaires qui acquitte à son tour et dans sa semaine lesdites messes basses.

Lequel nombre réduit à six et à sept portions a été fixé en 1612, le dernier dimanche du mois de septembre, dans le cours de la visite générale faite au lieu de cette ville de Charlieu, par M. Gaspar Dinet, l'un de nos prédécesseurs, évêque, confirmé par sentence rendue en notre officialité, le 8 juillet 1633. Confirmé par autre sentence rendue en l'officialité métropolitaine de Lyon, le dernier avril 1635 ; et encore par autre jugement rendu en la cour de l'officialité primatiale de Lyon, l'année suivante 1636. Toutes lesdites sentences contradictoires, entre les sieurs sociétaires d'une part et sieur Emmanuel Servinges, curé de Saint Hilaire, d'autre.

Lesquels règlements et statuts à la réquisition desdits sieurs sociétaires, avons approuvés et confirmés, approuvons et confirmons pour leur exécution être continuée et avoir lieu, et comme ladite Société, nonobstant lesdits règlements, se trouve composée présentement de sept personnes y compris le sieur curé, ordonnons qu'à la première vacance par mort ou autrement de l'un desdits sociétaires, autre toutefois que le sieur curé, il ne sera agrégé ni reçu personne en sa place, afin que le nombre susdit de six personnes ne soit excédé Et quant à l'ordre des services où la communauté desdits sociétaires se trouve, nous avons ordonné et fait les règlements suivants, savoir : Que dans les fonctions curiales auxquelles seront appelés lesdits sociétaires et où le sieur curé sera absent, son vicaire le représentant et faisant ses fonctions aura le pas et la préséance tant aux processions qu'au chœur, quand même il ne serait pas du nombre des sociétaires.

Que le vicaire dans toutes les absences du sieur curé aux offices qui ne sont pas de fondation, aura le droit de les commencer, et même les offices et services que feront faire les confrères des confréries établies dans ladite église, et qui ne sont pas fondées au profit de la Société et où par conséquent les sieurs sociétaires ne se trouvent que par invitation et non pour acquit de leurs fondations ; le sieur vicaire aura les mêmes prérogatives du sieur curé absent ; mais quant aux offices, messes ou autres services divins fondés au profit de la communauté desdits sociétaires, celui qui est en semaine commencera lesdits offices et ce sera à lui à officier, bien entendu néanmoins que le sieur curé, comme il a été dit, soit présent ou absent, aura partouts on double droit.

Que les sieurs curé et sociétaires auront un receveur ou de leur corps ou étranger, solvable, lequel chacune année leur rendra compte et avec lequel ils feront des conventions, qui avant que d'avoir lieu, nous seront représentées.

Qu'au receveur qui sera choisi, seront remises les recettes manuelles et incorporées les plus récentes des cens et servis portés par leur terrier, ensemble un état des pensions et rentes annuelles dues à la Société, avec les expé... ions des contrats de créatio... ou reconnaissances d'icelles, pour mettre ledit receveur en état de les exiger et de veiller contre les prescriptions, de toutes lesquelles pièces et titres il donnera sa charge.

Que le receveur ne pourra recevoir aucun remboursement de capitaux ni les replacer sans appeler lesdits sieurs curé et sociétaires et même le juge royal et le sieur procureur du roi.

Que dans les cas de replacement de capital, ils retiendront de ceux qui emprunteront deux expéditions des contrats, l'une pour être déposée aux archives de la Société et y demeurer sans en être déplacée et l'autre remise au receveur pour exiger les payements des rentes aux échéances, laquelle il rendra en fin de son exercice pour être remise au receveur qui lui succédera.

Que dans le cas où il serait nécessaire d'avoir recours aux anciens originaux qui seront dans lesdites archives, alors celui à qui ils seront remis et prêtés, sera tenu de mettre sa souscription ou charge sur un livre à ce destiné, qui demeurera toujours dans lesdites archives.

Que les archives ou l'armoire qui est actuellement dans la sacristie à cet usage fermera à trois clefs, dont l'une sera gardée par le sieur curé, la seconde par l'un des sociétaires qu'ils choisiront et la troisième par le premier fabricien.

Enquis lesdits sieurs curé et sociétaires de leurs revenus et à quelle somme ils peuvent monter par année?

Répondent qu'ils peuvent aller par an à sept cents et quelques livres ; qu'ils ne peuvent précisément fixer le montant de leurs revenus, d'autant qu'ils ne consistent qu'en rentes et pensions, dont ils n'ont pas à présent un état bien exact ; sur quoi nous leur ordonnons d'en faire dresser un incessamment, dont ils nous enverront un double par eux bien certifié, qui sera joint à notre présent procès-verbal.

Après quoi pour la conservation des titres de cette Société, *Inventaire des titres de la Société.* lesdits sieurs curé et sociétaires ont fait l'ouverture de leurs dites armoires ou archives et ils nous ont représenté les suivants que nous avons inventoriés, affirmant par eux n'en avoir pas d'autres.

Premièrement, un terrier couvert de parchemin, signé Aubau fils, contenant cent soixante-huit pages, commençant par la reconnaissance de Benoît Gaubet et finissant par celle de Guillaume Esto, coté 1.

Item, un autre terrier écrit contenant cent deux pages, commençant par la reconnaissance d'Yves Le Blanc et finissant par celle d'Antoine Valentin, en date du septième août mil cinq cent quarante-cinq, signé Aubeau fils, coté 2.

Item, un autre terrier contenant cent quarante-neuf pages, signé par Micol, notaire royal, commençant par la reconnaissance de Cristophe Ribaud et finissant par celle de Pierre Pellon en date du 7 janvier mil cinq cent cinquante-cinq, coté 3.

Item, un autre terrier signé Chassipol et autres notaires, commençant par la reconnaissance de Jean Benardy, mil quatre cent soixante-deux et finissant par une information faite devant le juge de Charlieu en 1473, coté 4.

Autre terrier commençant par une reconnaissance faite par Claude Chevalier du 25 septembre 1516, signé Aubeau fils, et finissant par une autre reconnaissance consentie par Guillaume Anaud, clerc notaire public, en date du 5 octobre 1524, signé Durier, ledit terrier contenant 147 feuillets, coté au numéro 5.

Un cahier de pension contenant 127 feuillets, commençant par la reconnaissance de Pierre de Champromy, de la paroisse de Fleurye du 2 novembre 1503, signé Clericy, et finissant par la reconnaissance de Philiberte Tramblet, veuve de Jean Barbier, du 26 mars 1529, signé Durier, coté 6.

Autre terrier contenant 147 feuillets, commençant par la reconnaissance d'Etienne Greffier, habitant de Charlieu, du 14 octobre 1431 et finissant par la reconnaissance de Pierre Chevillon, du 28 décembre 1487, signé Pecadro, coté 7.

Un autre terrier contenant 131 feuillets, commençant par la reconnaissance de Jean Cholet, du onze novembre jour de Saint-Martin de l'an 1432, signé Deronseria (de la Ronzière) et finissant par un état d'une fondation d'une messe, signé au bas dudit état de la Ronsière Ladouze, coté 8.

Item un autre terrier signé Michol contenant 156 feuillets, commençant par la reconnaissance de Simon Rochette, qui parait avoir été bâtonnée, en date du 23 janvier 1555 et finissant par une transaction signée entre les vénérables prêtres, curé de Saint-Philibert de Charlieu et François Durier, signé Chapuis, du 13 décembre 1555, coté 9.

Item un autre cahier de reconnaissance de pension contenant 163 feuillets, commençant par le testament de François Agues, signé Desardillat, du 10 septembre 1572, et finissant par un acte de fondation qui parait avoir été bâtonné et non signé, coté 10.

Item un autre cahier contenant les expéditions de sentence et autres, composant 176 feuillets commençant par une sentence rendue entre les curé et chapelains de Saint-Philibert de Charlieu et Etienne Montepelet et sa femme, du 7 mars 1557, signé Taschon greffier, et finissant par une vente faite par les sieurs prêtres et sociétaires de Charlieu au profit d'Etienne Pinet, d'une terre à chanvre, du 23 juin 1671, signé par extrait Nompère notaire royal, coté 11.

Item un petit cahier de reconnaissance, contenant 13 feuillets, commençant par celle de Jacques Harmier, *alias* de la Durie, en date du 6 janvier 1457, signé Champhray et Michol, et finissant par celle de Vincent et Benoit Harmier du 21 septembre 1522, signé dudit Champhray et Desardillat, coté 12.

Item, un cahier contenant 117 feuillets non signés où sont rappelés les noms de ceux qui doivent des fondations à l'église de Saint-Philibert de Charlieu, qui demeurent dans différentes paroisses, commençant par ces mots : Claude Nevers, au lieu de Pierre Gonnard ; et finissant par ces mots : les hoirs Jean Champromis pour son anniversaire, pension de Saint-Martin, coté 13.

Item, un cahier de fondation contenant 34 feuillets commençant par ces mots : Rénovation de pension annuelle de 7 livres 14 sols par Jean de Champromis au profit du sieur Deville de Charlieu, pour lors prêtre habitué, pardevant Aubeau fils, du 4 mars 1530, et finissant par la reconnaissance de Philibert Galischon de Saint-Nizier du 26 janvier 1640, signé Barthelet, coté 14.

Item, un autre cahier contenant la recette du revenu de l'église de Saint-Philibert de Charlieu, commencé en 1535, contenant 67 feuillets, coté 15.

Item, une recette dont plusieurs feuillets sont déchirés, contenant en tout 91 feuilles, cotée 16.

Item, une autre recette contenant 45 feuillets tant écrits que non écrits, signée au dernier feuillet par Arnaud, coté numéro 17.

Autre recette contenant 48 feuillets non signés, cotée 18.

Autre contenant 43 feuillets non signés, cotée numéro 19.

Autre recette à 4 confins, contenant 114 feuillets, cotée 20.

Autre recette contenant 58 feuillets, cotée numéro 21.

Autre recette de servis de l'année 1529, cotée numéro 22.

Un petit cahier de fondation *super loco*, contenant 40 feuillets, coté 23.

Un petit terrier de la prébende de Notre-Dame de Charlieu contenant 35 feuillets, coté numéro 24.

Autre terrier de la prébende de Notre-Dame de Charlieu contenant cinquante-huit feuillets écrits, y compris la table, dans lequel terrier il y a plusieurs reconnaissances, non signés, coté numéro 25.

Un cahier gros, contenant des reconnaissances faites depuis 1606, jusqu'à 1666, contenant 319 feuillets, coté numéro 26.

Quatre recettes couvertes de papier blanc, dont la première contient 46 feuilles, la seconde 12 feuilles, la troisième 11 feuilles, la quatrième 9 feuilles, lesquelles quatre recettes sont attachées et jointes ensemble et cotées au numéro 27.

Item 19 cahiers de nouvelles reconnaissances, lesquels cahiers sont couverts de carton collé sur leur couverture, depuis le numéro 1 jusqu'au numéro 19, et sur le présent inventaire au numéro 28.

Un cahier couvert de carton contenant six reconnaissances, deux sentences, vingt-six autres reconnaissances et un testament ; lesdites reconnaissances signées de Chabrier l'aîné, notaire royal, et Dechizelle, et ledit testament signé par extrait de Desnoyers, coté ledit cahier au numéro 29.

Autre petit cahier contenant des pensions faites au profit de ladite Société de Charlieu, composé de vingt-un feuillets, coté au numéro 30.

Une liasse contenant un contrat de constitution de rente pour les sieurs marguilliers de Charlieu contre Benoît Boissonnier de Saint-Nizier et François Rolland, prévôt, ladite rente de 5 livres 14 sols d'une part et celle de 7 livres 10 sols d'autre et encore de 4 livres 12 sols contre Hiérome Vémart, ladite liasse contenant encore un testament mutuel de M. Nicolas Rolland et sa femme portant fondation 140 livres en capitaux ; une sentence contenant pension annuelle de 4 livres 10 sols créée par Benoît Payen, cordonnier ; une pension de deux rentes de chacune cinquante sols ; lesdites rentes faites au profit des fabriciens de l'église de Saint-Philibert de Charlieu. Ladite liasse cotée à la lettre A.

Autre liasse contenant traité entre Me Claude Corteille, prêtre curé de la paroisse de Chandon, et sieur Jean Monis archiprêtre et curé de Charlieu, lequel traité concerne les limites desdites deux paroisses ; deux transactions, l'une passée entre Antoine Lecoq de Saint-Nizier et M. Jean Gambin, l'autre contenant donation et remise de droit de la chapelle Saint-Roch, érigée en l'église de Saint-Philibert de Charlieu par M. Philibert Dupont contre M. Claude Blanc. Une démission de prébende de la Croix entre les mains de M. Deville, collateur de ladite prébende. Une transaction concernant les limites de la paroisse de Saint-Bonnet de Cray, de celle de Charlieu. Ladite liasse cotée à la lettre B.

Autre liasse contenant les papiers de l'instance mue entre le sieur Emmanuel de Servinge, curé de Saint-Hilaire, et les sieurs sociétaires en la primatiale de Lyon, ensemble, la bulle de confirmation de ladite Société donnée par Paul III, pape. Ladite liasse cotée à la lettre C.

Autre liasse contenant vente d'un terrier faite par les prêtres sociétaires de Charlieu à M⁰ Jean Micol dudit lieu. Une autre vente d'un domaine, terrier et abénévis au prix de quatre mille cinq cents livres pour sieur Quofergime (?) de Vermont et sa femme de la paroisse de Ligny contre sieur Hector Dutreive de Lyon. Un traité pour renonciation de terrier entre MM. les prêtres, curé et sociétaires de Charlieu et M⁰ Louis-Henry Belle, commissaire, d'autre part. Une déclaration du roi en faveur des ecclésiastiques sur les bancs d'église aliénés à leur préjudice. Ladite liasse cotée à la lettre D.

Autre liasse contenant bail emphytéotique d'un domaine situé en la paroisse de Coutouvre, passé par MM. les sociétaires de Charlieu au profit de Philippe et Claude Gacon dudit lieu. Un abénévis consenti par lesdits sieurs sociétaires au profit de Jean Zavard ?, et sa femme, marchand de Charlieu, auquel abénévis est joint et suit le titre primordial de la terre énoncée audit abénévis ; une ferme pour le sieur curé de Charlieu contre Hugues Boulliard et Claude Berry dudit lieu. Un contrat de ferme entre MM. les sociétaires et M⁰ Deshayes, avocat. Un contrat et convention faite par MM. les sociétaires au profit de M⁰ Henry Champhray.

Une déclaration des fonds de ladite Société; un mémoire suivant la déclaration du roi faite par notre Société.

Autre mémoire de plusieurs légats faits au profit de la Société et fabrique Saint-Philibert de Charlieu. Une ferme pour les sieurs curé et sociétaires contre M⁰ Jacques Chassipol, sociétaire dudit lieu. Une ferme d'une terre pour MM. les sociétaires de Charlieu contre sieur Louis Desarbres dudit lieu, ladite liasse cotée à la lettre E.

Autre liasse contenant un contrat portant pension de 1 livre 5 sols par année au profit de l'église Saint-Philibert de Charlieu.

Une fondation faite à Saint-Philibert de Charlieu de 5 livres par an pour une messe le mardi de chaque semaine. Une fondation de 2 livres 10 sols par an, imposée sur la vigne du sieur Berry de Saint-Nizier, pour MM. les prêtres, curé et sociétaires de Saint-Philibert de Charlieu. Une fondation d'un service complet et création d'une pension de 1 livre 15 sols, faite par Jacqueline Chenevay pour lesdits sieurs curé et sociétaires, contre les enfants mineurs de Jean Dutreive. Fondation de six grandes messes pour les premiers lundis de chaque mois sous la pension annuelle de 3 livres 15 sols.

Un testament contenant fondation et création de pension de 1 livre 10 sols, de dame Philiberte Going, pour lesdits sieurs sociétaires. Une fondation de 3 livres 8 sols, pour MM. le curé et sociétaires de Charlieu contre Mme Magnin. Un testament, contenant fondation de 5 livres faite au Rosaire, qui a été remis à la Société à la charge de cinq grandes messes de *requiem*. Un testament, contenant fondation de quatre grandes messes sous la rente de 5 livres faite par Jacqueline Blanc, veuve de Jean Prat, au profit de la Société. Une fondation d'un service entier le jour de Saint-Joachim sous la rétribution faite par Philippe Terrolier, sociétaire. Un transport de fondation et augmentation d'icelle faite à la société sur Philibert Dury et sa femme, de Saint-Nizier. Une pension de 10 livres et transport fait d'icelle rente de 10 livres par les héritiers de M. Blanc sur Antoine et François Demont et leurs femmes pour la moitié qui est 5 livres et sur Barthélemy Vaillant pour les autres 5 livres. Une copie pour lesdits sociétaires contenant une pension de 15 livres au capital de trois cents livres. Une fondation d'une messe basse à ladite Société pour être célébrée le 18 ou le 19 mars sous la pension de dix sols par an.

Un testament contenant fondation de 1 livre 10 sols faite par dame Jeanne Fadoux, veuve de Mathias Bebos, en faveur de la Société.

Un testament contenant fondation et pension de 2 livres 5 sols pour un *Miserere* le lendemain de la Fête-Dieu en forme d'amende honorable, ladite fondation faite par Philibert Couturier. Ladite liasse cotée à la lettre F.

Autre liasse contenant un testament fait par demoiselle Barthélemie Desharbres, ledit testament contenant pension de cinq livres faite en faveur de la Société. Un testament contenant fondation de deux grand'messes sous la rente de trois livres faite par Claudine Danière au profit de ladite Société. Un testament portant fondation de deux grand'messes sous la rente de trois livres faite par Paul Dutremble au profit de la Société. Une fondation de quatre messes basses sous la rétribution de cinquante sols faite par Françoise-Christine Marolle au profit de la Société. Une fondation d'une bénédiction et d'une messe basse, sous la rétribution de 3 livres, faite par Me Jean-Joseph Duplex, sociétaire de Charlieu, au profit de ladite Société. Une constitution de rente de 3 livres pour les sieurs sociétaires contre M. Frédéric Denizard. Acte de réception à ladite Société contenant fondation de l'office entier du jour de Saint-Hippolyte sous la rente de trois livres faite par Hippolyte Rolland au profit de ladite Société. Une fondation d'une messe basse et bénédiction sous la rente de 3 livres faite par dame Claudine de Lagrange au profit de ladite Société. Une fondation contenant cession de 150 livres, en principal sous la rente de 7 livres 10 sols, faite par M. Jean de Monchanin au profit de ladite Société. Une fondation sous la rente de 3 livres faite par Me Claude Monteret au profit de la Société. Fondation sous la rente de 3 livres, faite par Me Antoine Nompère, sociétaire, au profit de ladite Société. Une fondation d'une messe basse sous la rente de douze sols, faite par Jean Durris à Claudine Rebourd, sa femme, au profit de la Société. Une cession et transport contenant fondation faite par Claude Ollagneau profit de la Société. Un contrat de rente de 3 livres pour lesdits sociétaires contre Jacques Cucherat et Françoise Cholier sa femme. Une fondation de 1 livre 4 sols pour deux messes basses, faite par demoiselle Marie-Thérèse de la Polinière, au profit de la Société. Une fondation de deux bénédictions à l'honneur du Sacré Cœur de Jésus, sous la rente de 3 livres, faite par demoiselle Marguerite Dechizelle au profit de la Société. Un testament contenant fondation de onze messes basses et d'une grande, sous la rente de douze livres, faite par M. Douguy au profit de la Société. Un testament contenant fondation d'une bénédiction, sous la rente de 3 livres, faite par Claude Guichard au profit de la Société. Un testament contenant fondation d'une bénédiction, vêpres des morts, sous la rente de 3 livres, faite par Christine Dubois au profit de la Société. Fondation faite par Edgard Gacon de quatre grand'messes, un *Libera* ensuite, sous la rétribution de 6 livres au profit de la Société. Un contrat de rente de 3 livres consentie par les mariés Capollet de Charlieu au profit de la Société. Un contrat de rente de 3 livres consentie par Pierre Barnaud et Jeanne Deveaux au profit de la Société. Une fondation pour chanter le Graduel du dimanche de Pâques avec le chant joyeux *O filii*, etc. et la bénédiction du Saint Sacrement le mardi de Pâques, sous la rente de 3 livres, faite par Benoît Barnaud, sociétaire dudit Charlieu, au profit de ladite Société. Une fondation pour une grand'messe à diacre, etc., sous la rente de 7 livres, faite par M. Jean Bardet au profit de la Société. Laquelle liasse est cotée à la lettre G.

Autre liasse, contenant une association pour Me Antoine Le Coq contre les sieurs curé et sociétaires de Charlieu ; autre acte d'installation à la Société par Me Henry Legrand. Autre association pour Me Philibert Cuisenier. Autre acte de réception pour Me Legrand. Une requête présentée par Emmanuel Deshayes auxdits sociétaires pour être agrégé à la Société. Une autre requête présentée par Me Henry Douguy pour le même fait. Autre requête pour se présenter par Me Gacon. Autre requête par M. Monteret du 7 juillet 1685. Autre requête de M. Jean-Baptiste Nompère. Un extrait de la requête et réception de sieur Joseph Duplex. Toutes lesdites requêtes tendant à ce qu'ils fussent agrégés à ladite Société. Une obligation solidaire de 53 livres pour M. Duplex contre Antoine Picat. Acte de réception à ladite Société faite au profit du sieur Jacques Rolland. Un acte de réception à ladite Société au profit de Me Jean-

Louis Bardet. Autre, faite au profit de Henry-Louis Talebad. Autre en faveur de M⁺ Jean Bardet. Autre réception en faveur de M. Louis Mericlet. Autre en faveur de M⁺ Bertrand Simon. Autre en faveur de M⁺ Vimans Desroches. Autre en faveur de M. Philibert Barnaud. Autre en faveur de M. Gaspard Gacon. Autre en faveur de M. Marc-Antoine Duvernay. Autre en faveur de M⁺ Joseph Cartellier. Autre en faveur de M. Claude Chabrier. Lesquelles réceptions portent différentes fondations sous la rente de 3 livres chacune. Ladite liasse, contenant lesdites pièces, cotée à la lettre H.

Autre liasse contenant un échange passé entre le sieur de Jarnosse et honnête Claude Poupenon, débiteur d'une rente de 4 livres envers la Société. Un extrait de contrat pour MM. les sociétaires d'une pension de dix sols alors due par le sieur Flachon. Sentence portant reconnaissance de trente livres quinze sols faite au profit de ladite Société contre honnête Etienne Gambin. Une transaction contenant reconnaissance de pension et servis contre sieur Pierre Talebard, une vente d'un pré appelé Picat contenant reconnaissance d'une pension de 2 livres 13 sols, au profit de la Société. Une reconnaissance de pension pour les seigneur et dame de Barnaye contre Antoine Bassot, ladite reconnaissance de pension remise à la Société. Un extrait de reconnaissance de pension de 4 livres pour lesdits sociétaires, contre les héritiers Christophe Linet. Reconnaissance aussi au profit de ladite Société contre Dechapt et Benoit. Bererd de 3 livres 7 sols 6 deniers. Une reconnaissance de plusieurs pensions, montant à la somme de 7 livres 5 sols 3 deniers, au profit de ladite Société contre Hippolyte Bardet. Reconnaissance de pension de vingt sols faite par Claude Vermorel au profit de la Société. Une reconnaissance de deux pensions contre Philippe Alleigne de Charlieu au profit de ladite Société. Une reconnaissance de Pierre Hedelin de Charlieu au profit de la Société contre Claude Vedeau. Reconnaissance au profit de la Société faite par le sieur Duvernay. Un transport contenant reconnaissance d'une rente de 6 livres 5 sols, due par Pierre Roy de Saint-Nizier au profit de ladite Société. Une confirmation d'un transport de 56 livres 1 sol 6 deniers sur les *(un mot illisible)* de la Bénisson-Dieu fait à la Société par les religieuses de Sainte-Ursule de Charlieu. Un transport servant de reconnaissance d'une rente de 10 livres, faite au profit de la Société par Jeanne Marchand, veuve de Benoît de Breffon. Une rente contenant reconnaissance d'une pension de 1 livre 10 sols par les confrères de Notre-Dame contre demoiselle Joachim Villete, veuve Micot. Laquelle liasse est cotée à la lettre I.

Autre liasse contenant un extrait de reconnaissance de pension au profit de la Société contre demoiselle Louise LeGuigue, veuve d'Hippolyte Bardet. Autre reconnaissance de pension de 5 livres 15 sols, pour ladite Société, contre Jacques Gayet. Autre reconnaissance de pension de 1 livre 10 sols, au profit de la Société contre Claude Pizet et Marguerite de Breffon. Quatre reconnaissances de pension pour ladite Société contre Étienne Aucler. Autre reconnaissance de deux pensions pour ladite Société contre Philibert Desrosches et sa femme. Autre reconnaissance contenue dans une quittance faite au profit de ladite Société contre Adrianne Montadre. Un cahier de reconnaissance au profit de ladite Société contre plusieurs particuliers dénommés dans ledit cahier qui est en date de 1720. Une reconnaissance de pension de 14 livres 10 sols 6 deniers, au profit de ladite Société contre M⁰ Grégoire de la Forge. Une vente de deux maisons situées en la ville de Charlieu servant de reconnaissance d'une pension de 4 livres, faite au profit de la Société. Une lettre portant reconnaissance d'une pension de 2 livres 10 sols au profit de la Société contre Madame Demaux de Lyon. Autre reconnaissance de pension d'une livre dix sols au profit de ladite Société contre les mariés Aubret et Mial. Un contrat de rente de 3 livres 15 sols au profit de la Société contre Marie Charlem et Claude Devillaine et sa femme. Une quittance portant reconnaissance au profit de la Société contre Claude Gacon. Reconnaissance au profit de ladite Société contre Benoît Delormier de Chandon. Autre reconnaissance au profit de la Société par Benoît Meillet et Jean Berthier. Une vente de maison sous la pension de 4 livres, due à ladite Société par Benoîte Moncorger, veuve de Louis Labard. Ladite liasse, cotée à la lettre K.

Autre liasse contenant plusieurs papiers joints ensemble qui servent d'hypothèques à la rente due à la Société par Pierre Sanlaville et Benoîte Roffat, sa femme, de la paroisse d'Escoche, suivant le contrat qu'ils en ont passé pardevant Dextre, notaire royal. Un testament contre (pour contenant) fondation de 5 livres au profit des sieurs sociétaires contre Benoît Pelot. Une quittance servant de reconnaissance au profit de la Société contre Henry Monteret. Un billet de Frédéric Duvernay pour faire reconnaissance de pension qu'il doit à ladite Société. Reconnaissance de deux rentes pour la Société contre Claude-Marie Desroches. Autre reconnaissance de trois pensions montant à 2 livres 4 sols pour ladite Société contre sieur François Perreaud. Une fondation de deux bénédictions, un sermon et deux *De profundis* à basse voix, sous la rétribution de cinq livres au profit de la Société contre Frédéric Duvernay, toutes lesquelles reconnaissances énoncées dans le présent article et cotées sur le dos de la liasse à la lettre L., ont été remboursées, et laquelle liasse demeure cotée au présent inventaire à la lettre L.

Autre liasse contenant plusieurs règlements faits par nos seigneurs les évêques de Mâcon pour ladite Société, lesquels règlements demeurent cotés à la lettre M.

Autre liasse contenant un acquet d'une maison appartenant à la Société de Charlieu. Autre contrat d'acquet d'une maison et jardin derrière les murs dudit Charlieu portant pension en faveur de ladite Société. Une transaction contenant constitution de rente au profit des sieurs prêtres et sociétaires de Charlieu, du 23 avril 1630. Autre création de rente pour Me Jean de la Ronzière La Douze, contre Benoît Marchand dudit Charlieu. Autre acquet contenant constitution de rente pour Benoît Danière de Saint-Nizier contre honnête Louis Gacon. Autre contrat contenant transaction pour Pierre et Denis Burdin d'Iguerande contre les curé et sociétaires dudit Charlieu.

Autre constitution de rente au profit de la Société contre Charles Thoral de Pouilly. Autre contrat de délivrance et remise de pension contre Berry de Saint-Nizier. Autre constitution de rente de 28 sols pour les sieurs curé et sociétaires contre Abraham de Laval, d'Iguerande. Autre constitution de rente foncière par Benoit Galichon au profit du seigneur de Barnaye. Autre moyen d'intervention pour MM. les curé et sociétaires contre Benoit Thevenet de Saint-Nizier. Autre contrat de rente en faveur de la Société contre Jean Valorge de Chandon. Autre contrat de constitution de rente pour la confrérie du Rosaire contre Michel Cartellier et sa femme. Autre constitution de rente d'une livre pour sieur Jean-Joseph Duplex contre sieur Paul Monteret et Claudine Bérerd. Autres papiers servant d'hypothèque à la Société contre Antoine Picat de Saint-Nizier, plus une remise d'un fond faite à la Société par les confrères de Saint-Joseph. Autre constitution de rente de 8 livres au profit du Rosaire, créée par sieur Benoit Chavoix et sa femme. Autre contrat de rente de 8 livres 10 sols pour les sieurs prêtres et sociétaires contre le sieur Jean Paturet, de Vougy. Autre acquet en faveur de la Société contre Sébastien Bérerd et Catherine Duperron, du 5 septembre 1710. Autre cession consentie par sieur Jean-Louis Durang, avocat, au profit desdits sociétaires contre Nata(?), de Pouilly. Autre contrat de rente consentie en faveur de ladite Société contre Antoine Perreaud et sa femme. Autre contrat de rente de 6 livres contre sieur Jean Mériclet, marchand de Charlieu, pour les sieurs prêtres et sociétaires, du 12 décembre 1741. Autre contrat de rente par Jean Musset, laboureur, en faveur de la Société. Le tout coté à la lettre N.

Autre liasse contenant plusieurs quittances du trésor royal pour les amortissements et droits de nouveaux acquets de l'église et Société de Saint-Philibert de Charlieu, cotée à la lettre O.

Autre liasse contenant plusieurs sentences, la première contre sieur *(deux mots illisibles)* portant reconnaissance d'une pension qu'il doit à la Société. Autre sentence servant de reconnaissance d'une pension de 5 livres au profit de la Société contre François

Donguy, du 8 juillet 1623. Autre sentence en faveur de la Société, du 9 septembre 1626, contre le sieur Donguy. Fondation de 2 livres 10 sols au profit de la société, due par Henry Girard, gendre de Jean Villeret, partagée entre Jacques Gayet de Pouilly qui en paye 1 livre 5 sols. Sentence en faveur de la Société de Charlieu contre Valorge de Chandon, du 26 avril 1684. Autre sentence servant de reconnaissance au profit de la Société contre Claude Blanc, mégissier à Charlieu. Autre sentence portant reconnaissance de la rente de 3 livres au profit de la Société contre Vedeau et François Carré, ensemble le contrat de création de ladite rente. Autre sentence contre Vincent Dechal au profit de la Société, servant de reconnaissance d'une rente de 5 livres. Autre sentence portant reconnaissance de la rente de 3 livres en faveur de la Société contre Hippolyte Monchanin Lagarde, sieur de Gatelier, et dame Catherine de Gayant, son épouse. Autre sentence contre Benoît Thevenet dit Linon, de Saint-Nizier, d'une rente de 3 livres en faveur de la Société. Autre sentence portant reconnaissance de la rente de 10 livres en faveur de la Société contre Claude Vedeau, curateur d'Hugues Hedelin et sieur François Blanc, marchand ciergier de Charlieu. Autre sentence portant reconnaissance d'une pension en faveur de la Société contre les héritiers Mericlet. Autre sentence en faveur de la Société contre dame Martine Ginet, veuve Jean Rigollet. Autre sentence portant reconnaissance de la pension de 1 livre 8 sols 9 deniers contre Claude-Marie Vedeau, en faveur de la Société. Autre sentence servant de reconnaissance de la rente de 3 livres, en faveur de la Société, contre Claude Tavin, vigneron de Saint-Nizier, et Françoise Beauchamp. Autre sentence servant de reconnaissance de la rente de 2 livres en faveur de la Société contre sieur Joseph Donguy de Charlieu. Autre sentence servant de reconnaissance en faveur de la Société contre les héritiers Benoît Dutrève. Autre, contre Mgr de la Porte, seigneur de la Forest, acquéreur d'un pré de Philibert Meinard situé à Saint-Bonnet, en faveur de la Société. Autre sentence en faveur de la Société contre Jean-Baptiste Nompère. Autre enfin, en faveur de la Société contre Mme

Delignères, héritière de Claudine Micon. Ladite liasse, cotée à la lettre P.

Autre liasse contenant plusieurs sentences. La première sentence servant de reconnaissance des pensions que doit M⁰ Béraud de Pierrefitte à la Société de Charlieu, du 17 juillet 1702. Autre sentence en faveur de la Société de Charlieu contre Jean Condamin, jardinier dudit lieu, du 3 janvier 1703. Autre sentence servant de reconnaissance de la rente de 5 livres 15 sols en faveur de la Société contre Jean, fils de Benoît Desgouttes, de Pouilly, du 10 avril 1703. Autre sentence en faveur de la Société contre Louis Leguigue, du 15 novembre 1705. Pension de 1 livre avec une sentence servant de reconnaissance à ladite Société contre Philippe Bigaud, du 10 janvier 1710. Autre sentence en faveur de la Société contre Elzeard Gacon, marchand de Charlieu, du 12 mars 1710. Autre sentence en faveur de la Société contre Jacques et Benoît Ressort, de Saint-Nizier, du 14 décembre 1712, délivrée contre Jeanne Griffon, veuve d'Imbert Ressort, de Saint-Pierre-la-Noaille. Autre sentence servant de reconnaissance d'une rente de 2 livres 5 sols en faveur de la Société contre Philippe Bigaud, du 29 janvier 1716. Autre sentence en faveur de la Société contre Jean Condamin, du 10 mai 1716. Autre sentence en faveur de la Société contre Frédéric Duvernay, du 20 avril 1717. Autre sentence en faveur de la Société contre sieur Claude Allémonière, du 4 mai 1717. Autre sentence en faveur de la Société contre sieur Hiérome Donguy, seigneur de Marchangy, du 4 mars 1718. Autre contre M. Donguy de Marchangy, du 2 septembre 1722. Autre en faveur de la Société contre Benoîte Meunier, veuve de Frédéric Seive, délivrée contre Benoît Goyet, habitant de Pouilly. Autre en faveur de la Société contre M. Beinathon, du 14 août 1739. Autre sentence en faveur de la Société servant de reconnaissance en icelle Société contre M⁰ Claude Rolland, seigneur de la Durie, du 9 août 1740. Ladite liasse, cotée à la lettre Q.

Autre liasse contenant plusieurs fondations en faveur de différentes chapelles dans l'église de Charlieu. Extrait d'un contrat de donation d'une chapelle Sainte-Barbe dans l'église de

Charlieu portant pouvoir aux sociétaires d'y faire le service, de l'année 1613. Plusieurs fondations au profit de la chapelle Sainte-Anne contenues dans un petit cahier couvert d'une feuille de parchemin roux. Fondation faite en faveur d'un prébendier de la chapelle du Saint-Sépulcre, le 3 septembre 1528. Ladite chapelle est détruite, il n'y en a aucun vestige. Autre fondation en faveur du chapelain de la chapelle Sainte-Catherine, faite par Philippe Mathis, ladite *M... elle* devant la grande porte de l'église Saint-Philibert de Charlieu, du 13 janvier 1480. Autre pension de 1 livre 5 sols faite en faveur de la chapelle Notre-Dame, du dernier janvier 1494. Testament de Pierre Deville, prêtre sociétaire, portant de dix sols pour une messe la veille de la Fête-Dieu et établissement d'un prébendier en la chapelle Sainte-Croix ou Notre-Dame pour dire une messe tous les vendredis, du 31 mars 1538. Fondation d'une messe les samedis en la chapelle Saint-Pierre de Charlieu en 1447. Fondation de 14 sols de rente, créée par Jean Baudet et Marie sa femme, de Saint-Nizier, du 10 décembre 1437, en faveur de la chapelle de Sainte-Marguerite, fondée par Robert Mathis, du 2 juin 1524, contenue dans un vieux parchemin. Fondation d'une messe quotidienne en la chapelle de la Sainte Vierge par Robert Mathieu, du 20 avril 1412, contenue dans un vieux parchemin. Autre pension de Petit-Pierre Morin de Saint-Bonnet de Cray *(un mot illisible)* de la chapelle de Robert Mathieu, du 14 mars 1479. Ladite liasse cotée à la lettre R.

Autre liasse contenant plusieurs anciens règlements. Transaction pour Me Philibert Bertrand, où il est traité amplement des charges des sociétaires de Saint-Philibert de Charlieu, passée en l'année 1544. Autre règlement de la Société en date du 29 mars 1692, signé de Remond. Un extrait de la visite de Monseigneur de Mâcon pour la Société, signé Joldat, en date du 8 août 1692. Une requête présentée à Monseigneur de Mâcon par MM. les sociétaires. Un bref d'indulgence accordé par la cour de Rome à l'Immaculée Conception. Ordonnance de Mgr de Mâcon touchant la réduction de la fondation de Saint-Vincent. Autre ordonnance de Mgr contenant permission de donner la bénédiction du Saint Sacrement les sept seconds dimanches des sept premiers mois et les jours de Saint-Eloi et la translation dudit saint. Un concordat fait par lesdits sociétaires du nombre qui doit être agrégé parmi eux. Une ordonnance de mondit seigneur, pour la Société, du 8 août 1671. Une transaction concernant les droits, privilèges et coutumes de l'église, de ladite Société, passée entre M. le curé et les sociétaires. Un accord provisionnel aussi passé entre les sus-nommés. Autre convention passée entre les mêmes, du 4 août 1682. Autre convention faite entre lesdits sociétaires. Un autre règlement fait entre lesdits sieurs qui fixe le nombre des sociétaires à six sans y comprendre le curé. Autre traité contenant cession et remise de plusieurs droits curiaux échus à messire Etienne Golliart, curé de Charlieu, ou par lui remis aux sieurs sociétaires pour se liquider envers eux des présents et fondations qu'il était obligé de faire suivant les statuts énoncés audit acte, ledit acte en date du 11 mai 1694. Un règlement touchant la récitation des offices, faute d'un nombre suffisant de sociétaires. Autre règlement pour ladite Société en date de l'année 1671. Autre ordonnance touchant le tronc de la chapelle de Notre-Dame et autres offrandes, ladite liasse cotée à la lettre S.

Autre liasse contenant plusieurs parchemins dont le premier est un contrat d'échange de maison, passé entre Jean Dupont et Jean Deville et sa femme, lesquels se sont chargés d'une pension de 1 livre 5 sols envers la Société, ledit contrat en date du 12 décembre 1524. Autre parchemin concernant fondation de messes, faite par Robert Mathieu, au profit de ladite Société. Autre parchemin contenant pension de 4 livres parisis pour la chapelle Sainte-Marguerite. Autre parchemin contenant pension d'un sol quinze deniers faite par Pierre Descombe en faveur de ladite Société. Autre parchemin contenant testament d'Etienne Demont dans lequel est un légat en faveur de la Société, du 5 juin 1563. Autre parchemin contenant une rente de trente sols parisis de pension au profit de la chapelle Sainte-Marguerite. Autre parchemin contenant une transaction passée entre le sieur curé et les vingt-quatre sociétaires de Saint-Philibert, d'une part, et les sieurs Jean Bonnety, l'un d'eux pourvu de la cure de Saint-Nizier, d'autre part, du 25 octobre 1526. Autre parchemin contenant mariage de Louis, fils de Jean Mériclet et Etiennette Boillet de Charlieu, du 23 décembre 1579. Ladite liasse contenant lesdits parchemins, cotée à la lettre T.

Autre liasse contenant nomination de deux bâtonniers de la confrérie de Notre-Dame. Une permission pour la confrérie du Rosaire du 16 avril 1668. Un procès-verbal du rétablissement et bénédiction de la chapelle des Pénitents Judit Charlieu. Ladite liasse, cotée à la lettre V.

Finalement autre liasse où sont compris tous les remboursements faits en billets de banque à ladite Société comme il *(un mot illisible)* par les sommations faites aux sociétaires de ce temps : celui de la veuve Petit, de 5 livres de rente au principal de 100 livres, chargé de trois grand'messes de mort, vigiles et vêpres fondées par Louis Blanc. Celui de 1 livre 10 sols par François Perrexué (?) chargé de deux messes basses fondées par Jeanne Cuisénier. Celui de 9 livres de rente fait par Henry Monteret chargé de trois bénédictions du Saint Sacrement. Celui de 1 livre 5 sols par Frédéric Duvernay, chargé d'une grand'messe à diacre etc., le jour de Sainte-Geneviève. Celui de 3 livres de rente par Marc-Antoine Crétin, chargé d'une grand'messe et l'office entier, jour de Saint-Benoît. Celui de 11 livres 10 sols fait par la veuve Nompère, chargé de deux grand'messes le jour de la Sainte Trinité, le jour de la translation de saint Antoine l'office entier, l'antienne *Inviolata* chantée en plain-chant pour toutes les fêtes de la Vierge après vêpres devant la chapelle de ladite Sainte (sic). Celui de 7 livres 10 sols par Benoit Morillon sans qu'il apparaisse d'aucune charge. Celui de 5 livres fait par les héritiers Denizard, chargé de sept grand'messes fondées par Charlotte Bongard. Autre de 12 livres 10 sols par les mêmes héritiers Denizard, chargé d'une bénédiction, de trois messes basses fondées par Pierre Prunnier et quatre autres basses fondées par Jeanne Thevenon. Celui de 5 livres 15 sols fait par Philibert Mériclet, chargé de douze messes basses les premiers samedis de chaque mois. Celui de 8 livres par MM. Demothe, chargés de trois grand'messes fondées par Catherine Desarbres et Jean-Louis Bardet et les vêpres en chape le jour de Saint-Cosme. Celui de 5 livres 12 sols 6 deniers par Jean Villers sans qu'il apparaisse d'une charge. Celui de 20 livres fait par le sieur de la Forge, chargé des fondations faites par Jeanne Mochette et par Gilberte Couturier qui consistent en huit grand'messes. Celui de 48 livres par le sieur Duray, chargé d'un *Libera*, etc., à l'issue des vêpres des dimanches et fêtes, chanté sur le tombeau de ses prédécesseurs, et, en juin, bénédiction du Très Saint Sacrement pendant l'octave des morts. Autre de 7 livres 10 sols par le sieur Duvernay, chargé de deux grand'messes fondées par Sébastien Besson avec l'office entier le jour de Saint-Donat, plus deux bénédictions la veille et le jour de Saint-Jean-Baptiste, avec un sermon le même jour. Celui de 26 livres par le sieur de la Douze, chargé de 52 messes basses, trois les dimanches de carême. Celui de 20 livres par Claude Allemonière, chargé d'une messe basse tous les lundis de l'année à la chapelle de Saint-Crépin. Celui de 10 livres par Jean de la Font d'Escoches, chargé des vêpres tous les jours de l'année, conjointement avec le sieur Mériclet. Celui de 12 livres 15 sols par Philibert Morel pour augmentation de la rétribution desdites vêpres ci-dessus. Celui de 15 livres 10 sols par Pierre Sanlaville, chargé de quatre grandes messes fondées par Jacqueline Blanc, plus de deux messes basses fondées par une personne pieuse. Et enfin des fondations de Jacqueline Chenevay. Celui de 11 livres par Jean Cuisenier, chargé de trois grand'messes et de l'office entier avec la grand'messe le jour et fête des Saints-Anges. Celui de 16 livres par M. de Chassereux sans qu'il apparaisse d'aucune fondation. Celui de 9 livres 7 sols par Philibert Demont sans qu'il apparaisse d'aucune fondation. Celui de 5 livres encore par le sieur Duvernay, chargé de deux grand'messes avec l'office entier le jour de Saint-Jacques, de Saint-Philippe, et le lendemain. Celui de 26 livres 16 sols par le sieur de la Ronzière, chargé de dix grand'messes, savoir deux pour Claudine Barnaud, trois pour François Champhray, une pour

Henry Champhray, deux pour Barthélemy Guiard et Antoinette Chenevière, et enfin une pour Antoinette Musset. Celui de 11 livres par le sieur Desbourcieux, chargé de douze messes basses les premiers jeudis de chaque mois. Et finalement celui de Benoit Petit de 3 livres pour trois grand'messes fondées par Jean Petit.

Remplacement desdits billets comme s'ensuit : acquet d'un domaine au prix de quatre mille cent livres dans la paroisse de Coutouvre, village Têche, par contrat reçu Chabrier l'aîné, du 5 septembre 1720, maintenant abénévisé à Claude Gacon, marchand de Charlieu, qui ne nous en donne que cinquante livres, comme il se voit par son contrat d'abénévis; plus quatre-vingt-dix livres données à M. de Foudras pour partie des lods dudit domaine, du 13 juin 1722, plus vingt-sept au prieur de Thisy pour autre partie de lods suivant la quittance du 28 mai 1723, plus six cents soixante-six livres sur le trésor royal, par contrat signé Gruin, en date du 8 octobre 1723, qui est maintenant en pure perte, comme il est constaté par une lettre de M. Dormesson aux sociétaires de Charlieu en date du 30 juin 1729, plus six cents qu'il en coûte pour la liquidation. Plus onze cent vingt-sept livres, par contrat reçu Chabrier, le 31 octobre 1720, hypothéquées sur un domaine à Pouilly à deux pour cent produisant vingt-deux livres. Plus cent cinquante livres ne produisant que trois livres de rente données au sieur Louis Desarbres par contrat reçu Chabrier, en date du 22 octobre 1720. Plus vingt-cinq livres audit Chabrier pour la façon du contrat, et son voyage audit Coutouvre. Plus cent vingt-neuf pour l'extinction de la taille imposée en conséquence de l'acquisition dudit domaine, par sentence rendue à Villefranche. Et six cents livres prêtées au sieur Collière, marchand à Chenay, qui sont en pure perte parce que ledit Collière ayant malversé, repris par la justice, enfin périt son bien, passé par décret, qui a causé la perte desdites six cents livres, le bien n'ayant pas suffi.

Lesquels titres et papiers concernant la Société et ci-devant inventoriés ont été ensuite remis dans ladite armoire desdits sieurs sociétaires, laquelle leur sert d'archives, en la sacristie, dans un placard, et comme dans icelui placard lesdits sociétaires y tiennent l'argenterie inventoriée en notre procès-verbal ci-devant, dont ils se servent journellement, nous ordonnons que la séparation des étages où sont remis lesdits papiers fermera à trois clefs différentes de celle dont l'autre partie sera fermée, afin que l'on puisse se servir journellement de ladite argenterie qui se serre dans cette seconde séparation, sans communiquer à l'autre séparation qui servira seule d'archives et qu'on n'ouvrira que dans les besoins, lesquelles trois clefs de ladite armoire des archives seront remises entre les mains de qui il a été ordonné ci-devant, et ont lesdits sociétaires et ensemble ledit sieur curé signé avec nous.

† H. C., évêque de Mâcon; l'abbé DE BUSSY, vicaire général; DUPONT, curé de Charlieu; SIMON, sociétaire; CARTELLIER, prêtre sociétaire; CHAVOIX, prêtre sociétaire; GACON, prêtre; DUVERNAY, sociétaire; CHABRIER, sociétaire; NOBLET, greffier.

Dudit jour.

Il y a dans cette église de Saint-Philibert de Charlieu une confrérie de Saint-Eloi à laquelle appartiennent certains ornements qui consistent, savoir : une chasuble complète, une tunique et une dalmatique avec deux chapes, le tout de damas cramoisi garni d'un galon de soie rouge et blanc un peu passé mais en bon état, plus une autre chasuble ancienne d'une espèce de ligature en soie et laine jaune et verte, garnie d'une croix de satin jaune avec ses étole et manipule. Plus un devant d'autel et deux pavillons l'un et l'autre de damas cramoisi, garni d'un galon de soie en état, ainsi que la bannière qui est de même étoffe représentant en broderie de soie des deux côtés saint Eloi; au bout de la lance est une croix de cuivre doré à l'antique. Plus une écharpe et un ruban de taffetas cramoisi garni d'une frange d'argent fin. Plus un drapeau de taffetas rouge, jaune, bleu, vert et blanc avec une représentation de

Confrérie de Saint-Eloi. — Ornements.

saint Eloi. Plus un drap mortuaire de soie noire à croix blanche, presque neuf. Enfin appartient aux susdits confrères une cloche portative pour avertir des offices et services qui doivent être faits pour lesdits confrères.

Enquis lesdits confrères des titres d'établissement de ladite confrérie, des revenus et exercices d'icelle ?

Répondent qu'ils n'ont aucun titre d'établissement quoiqu'ils subsistent depuis longtemps dans ladite église, qu'il pourrait y avoir quelques titres dans les archives de la Société concernant ladite confrérie.

Qu'à l'égard de leurs exercices, ils consistent à s'assembler pour assister à l'office qui se célèbre et se chante en entier depuis les premières vêpres des 25 juin et 1 décembre, jours auxquels on fait la fête de Saint-Eloi, qu'ils sont en usage jusqu'à ce jour, de faire exposer le Saint Sacrement lesdits jours depuis le commencement de la grand'messe jusqu'à la bénédiction qui se donne après vêpres ; et encore pendant les premières vêpres à l'issue desquelles on donne aussi la bénédiction.

Le 26 juin les confrères sont en usage de faire dire trois grand'messes de *Requiem* pour les confrères défunts avec un *Libera me*, et le 9 décembre ils font célébrer une grand'messe de *Requiem* avec un *Libera* qui se chante processionnellement au dehors de l'église.

Le 25 juin il y a une messe basse à quatre heures du matin fondée par sieur Jean Duris sous la rétribution annuelle de douze sols, par acte reçu...... (sic).

Tous lesquels services se font au maître autel, suivant les titres ci-après énoncés.

Enquis quels sont les revenus de ladite confrérie et par qui administrés ?

Répondent qu'ils consistent dans une rente de vingt-cinq livres que paye annuellement le sieur Verchère comme possesseur de la maison qu'il habite, sur laquelle est affectée ladite pension créée au profit de ladite confrérie, reconnue par acte du 5 août 1703, devant Deshayes, notaire royal, par Claude Vedeau, avocat, héritier de Guillaume. Plus dans le produit d'une quête qui se fait dans la ville et qui peut monter à la somme de quatre à cinq livres. Lesquels revenus sont administrés par honnêtes Claude Rouillet et Claude Boutouge, bâtonniers, autrement sacristains et receveurs actuels de ladite confrérie, lesquels avons requis de rendre les comptes de leur administration depuis le temps qu'ils sont nommés sans préjudice de ceux qui les ont précédés.

Et attendu qu'ils n'ont jamais rendu compte, et qu'ils n'en n'ont point préparé, ordonnons que l'exercice de ladite confrérie demeurera suspendu jusqu'à la reddition desdits comptes qui se fera pardevant nous ou nos vicaires généraux ou autres par nous commis lorsque nous serons averti et informé qu'ils auront dressés et mis lesdits comptes en état d'être ouïs. Et ont lesdits bâtonniers en exercice, sieur Claude-Marie Boutouge, Jean-Louis Androt, Claude Bucheron et Michel Dufour, tous confrères, signé :

† H. C., évêque de Mâcon ; C.-M. BOUTOUGE ; DUFOUR ; ANDROT ; BUSSERON ; C. ROUILLET ; C. BOUTOUGE ; l'abbé de BUSSY, vicaire général.

Dudit jour 5 août 1746.

Chapelle St-Claude.

Continuant notre visite s'est présenté pardevant nous M⁰ Claude Dupont, prêtre curé de ladite paroisse de Charlieu, et chapelain de la chapelle Saint-Claude fondée en son église paroissiale, et dont il a été fait mention ci-devant parmi les autres chapelles de ladite église, et ce pour satisfaire à la déclaration des revenus et charges que nous avons renvoyée à la suite de notre procès-verbal ci-devant.

Lequel sieur chapelain avons enquis comme s'ensuit.

1° Depuis quand il est chapelain, par qui nommé et institué ?

Dit qu'il est chapelain depuis l'année 1693. Qu'il a été nommé par demoiselle Agnès Rivier, veuve de M. Frédéric Dupont, en qualité d'héritière bénéficiaire de M° Jean de la Ronzière, en date du 28 mars 1693. Et institué par M. Philippe Cousinet, vicaire général de M. Tilladet, notre prédécesseur immédiat, le 7 avril de la même année, et mis en possession par acte reçu Nompère, notaire royal, le 9 dudit mois d'avril année susdite 1693. Ainsi qu'il nous a justifié du tout par lesdits trois actes qu'il nous a exhibés et à l'instant retirés.

2° Enquis par qui cette chapelle a été fondée ?

Répond qu'elle a été fondée par M° Jean de la Ronzière par son testament reçu Cyberand, du dernier avril 1506, qu'il nous a aussi exhibé, en parchemin, et retiré. Ajoute que les revenus anciens de cette chapelle étaient anciennement bien considérables ainsi qu'il nous pourrait le justifier par les anciens papiers en grosse quantité qui sont entre ses mains, mais qui sont inutiles à cause des prescriptions.

3° En quoi consistent les revenus actuels ?

Répond qu'ils consistent en une petite maison située derrière l'église de Charlieu louée présentement dix livres, jouxte l'église, la rue entre deux de soir, maison Claude Duray de midi, maison de Mericlet de matin, et de bise maison du sieur Roland, curé de Juillenas.

En un terrier emportant lods, vends et remuages, et qui [peut] produire en servis dix livres par an.

En une rente de dix livres cédée par sieur François de la Ronzière audit sieur répondant par acte du 11 juillet 1734, devant Bardet, notaire royal, contre Gilbert Granger, dudit Charlieu, qui l'avait créée au profit de sieur Gilbert de la Ronzière par acte du 21 février 1732, iceux actes exhibés et à l'instant retirés par ledit sieur Dupont, chapelain.

Quelles sont les messes et charges dont il est tenu ?

Répond que les chapelains anciens étaient chargés de deux messes par semaine, et qu'il en dit chacun an soixante dont il nous supplie de faire modération proportionnellement auxdits revenus actuels, auxquels ayant égard nous avons réglé et réduit à deux messes par mois, attendu encore que sur lesdites dix livres il est chargé de quatre livres par an envers la Société de son église.

De laquelle déclaration lecture faite audit sieur Dupont, chapelain, il l'a affirmé véritable, demeure chargé des titres ci-dessus y énoncés, et a signé avec nous.

† H. C., évêque de Mâcon ; l'abbé de BUSSY, vicaire général ; DUPONT, curé de Charlieu.

Du dimanche septième août mil sept cent quarante-six, avant midi.

Nous, évêque de Mâcon susdit, continuant notre visite de l'église Saint-Philibert de Charlieu, savoir faisons qu'ayant indiqué ce jour et heure en ladite église aux sieurs habitants et paroissiens pour voir et décider entre eux le nombre, et replacement des bancs qui ont été ôtés et enlevés à cause du peu d'ordre dans lequel ils étaient placés, de l'incommodité qu'ils apportaient aux services divins, et de leur indécence, par la diversité de leur construction, nous sommes transporté en ladite église où se sont trouvés les habitants qui sont Dom Philibert Huchard, prieur titulaire, seigneur dudit Charlieu, sieur François Michelet de Beauvoisin et sieur Benoît Barnaud, M⁰ Bardet, notaire royal, faisant pour lui, tous deux fabriciens, Messire Jean Evrard des Mar Levecq, chevalier, seigneur de Bretteville, capitaine aide-major, M⁰ Gilbert Tillard de Tigny, capitaine et châtelain, juge royal et prévôt criminel, M⁰ Gaspar Binan, juge bailli et maire, M⁰ François Bottu de la Balmondière, écuyer, seigneur de Saint-Fonds, M⁰ Pierre Audibert, procureur d'office, MM⁰⁰ François Bardet, Camille Patural, notaires royaux, sieur Jean-Baptiste Michelet, marchand, sieur Claude Duret, sieur Benoît Nobis, Frédéric Barnaud, Claude Aleigne, marchand, Claude Busseron, maître sellier, Claude-Laurent Chabrier, notaire, et plusieurs autres notables et paroissiens, ensemble M⁰ Claude

Dupont, curé, Bertrand Simon et Marc-Antoine Duvernay, tous deux vicaires, Gaspard Gacon, Joseph Cartellier, Jean-Marie Chavoin, Claude Chabrier, tous prêtres et sociétaires faisant et composant la plus notable et la principale partie de ladite ville et paroisse de Charlieu. Lesquels pardevant nous et sous notre bon plaisir ont arrêté que suivant le plan que nous avons à leur prière paraphé *ne varietur*, l'on pourra placer dans ladite église vingt-sept bancs, savoir celui des luminiers ou fabriciens du côté de l'épître, au bas du jubé et contre le balustre de la chapelle Notre-Dame, et vis-à-vis un pareil banc, aussi contre ledit jubé et sa montée, pour un particulier, les susdits deux bancs de la longueur de quatre pieds, sur la largeur qu'il conviendra pour s'aligner aux autres bancs ci-après énoncés qui seront placés dans la nef.

Le banc du seigneur et desdits juge royal et juge bailli maire, lequel sera rétréci pour le rendre et réduire audit alignement, et sera élevé et exhaussé l'impérial à la hauteur de la voûte dudit jubé pour ne pas en boucher et embarrasser le jour.

Douze bancs dans la nef à compter de l'autel Saint-Pierre du côté de l'évangile, qui seront placés sur deux lignes, l'une sous la nef et l'autre sous le collatéral, lesquels bancs seront de la longueur de quatre pieds sur quatre pieds et demi, à la hauteur de trois pieds pour ceux qui seront placés sous la nef, et quant à ceux du collatéral, ils auront cinq pieds sur quatre et seront tous uniformes, en bois de chêne et semblable menuiserie.

De même seront placés pareille quantité de bancs, dans le même ordre et forme du côté de l'épître.

Lesquels bancs ladite assemblée a déjà concédés pour la plus grande partie à des particuliers, et donné pouvoirs auxdits luminiers d'accorder les autres. Lesdites concessions faites ou à faire à condition que chaque particulier tenant banc payera, savoir, dans l'un ou l'autre rang sous la nef, la redevance annuelle au luminaire, entre les mains du luminier receveur, de quatre livres, et dans l'un et l'autre rang sous les collatéraux celle de quarante sols, le tout chacun an à la Saint-Martin et par avance, et à défaut de payement quinzaine après le terme, les bancs de ceux qui seront en retard seront mis hors de l'église et leurs places concédées à autres aux mêmes conditions. Et dans le cas où ce règlement ne serait pas littéralement exécuté, les luminiers demeureront responsables du payement, à moins qu'ils ne justifient d'avoir fait enlever le banc après ladite quinzaine. Et en outre, à condition que chacun de ceux à qui les bancs sont déjà concédés, et à qui ils seront concédés, seront tenus, avant que de pouvoir les placer, de payer audit luminier ou fabricien receveur, savoir, pour chacun desdits bancs sous la nef dix livres par forme d'introge et de présent à l'église, et pour chacun banc sous les collatéraux, trois livres. Excepté ceux qui ont eu ci-devant droit de concession par titre, lesquels ne payeront pas aucun introge quoiqu'ils seront tenus des redevances annuelles susdites, comme les autres.

Lesquels règlements et arrêtés desdits sieurs habitants et paroissiens nous avons à leur prière approuvés et approuvons pour avoir leur exécution, et ont signé avec nous ceux d'entr'eux qui le savent et non les autres qui ont déclaré ne le savoir, de ce enquis.

† H. C., évêque de Mâcon ; DUSORT DE SAINT-AMOUR, vicaire général ; D. Ph. HUCHARD, prieur de Charlieu ; PEGUT, promoteur ; BARNAUD ; TILLARD DE TIGNY ; GACON ; DUPONT, curé ; BARDET ; BRETTEVILLE ; SAINT-FONDS ; PATURAL ; MICHELET ; CARTELLIER, prêtre sociétaire ; CHAVOIN, sociétaire ; CHABRIER, notaire ; CHABRIER, sociétaire ; DUVERNAY, vicaire ; SIMON, vicaire ; AUDIBERT ; DURET ; NOBLET, greffier.

Après quoi le plan ci-dessus énoncé et paraphé, soit par monseigneur l'évêque, soit par les principaux des sus-nommés, a été à l'instant remis audit sieur François Michelet de Beauvoisin qui a signé et en demeure chargé.

MICHELET-BEAUVOISIN.

Cejourd'hui lundi vingt-cinquième du mois de juillet, mil sept cent quarante-six, après midi.

Pénitents blancs de Charlieu. — Nous, évêque de Mâcon, continuant nos visites générales, nous sommes transporté dans une chapelle des Pénitents blancs, sise dans ladite ville de Charlieu, quartier du *Puits des clefs*, dans la rue appelée la Grand'Rue, où nous étions attendu et avons été reçu par les sieurs vicaires de Charlieu en l'absence du sieur curé, malade, et par MM. les sociétaires desservant chacun par semaine ladite chapelle, et par sieur Etienne Barnaud, recteur de ladite confrérie, par sieur Gaspard Buynand, juge et maire de la ville, sieur Jean-Louis Duvernay, avocat, Guillaume Busseron, conseiller, Claude Aleigne, vice-recteur, Camille Patural, trésorier, Denis Gacon, secrétaire, Benoît Barnaud, ancien conseiller, Frédéric Boutouge et Aimé Joatton, sacristains, Pierre Villers, François Paupin, Benoît Crétin, Claude Andrieux, Louis Andros, François Simon, Jean-Baptiste Colet, Guillaume Desroche, Jacques Lefèvre, François et Gaspard Nobis, François Carré, Elzéard Gacon, Philibert Charmette, Pierre Barnaud, Laurent Chabrier, Claude Chesnard, Guillaume Genaud, Antoine Devaud, Claude Chercot, Claude Bardet, Gaspard Crétin, Claude Morillon, François de la Ronzière, avocat, Henry Monterest.

Vases sacrés. — Premièrement avons reconnu un ciboire d'argent non doré en dedans; nous ordonnons qu'il sera doré incessamment; au-dessous de la coupe et en dehors il y a une petite plaque jaune qui parait de cuivre, qui selon les apparences a été placée pour affermir ladite coupe.

Calice. — Le calice et la patène sont d'argent dorés régulièrement et assez propres. Le pied du calice est en partie doré.

Soleil. — Le soleil est d'argent de même que le croissant qui n'est pas doré; il faut le dorer incessamment et l'assurer de manière que la Sainte Hostie ne puisse varier, il faut ôter un cercle de cuivre qui est au dedans du soleil et ôter les armoiries qui sont sur le pied.

Le tabernacle est doublé en dedans de papier bleu; nous ordonnons qu'il sera garni d'une étoffe de soie; il est de bois sculpté et doré fort proprement, au-dessus est une niche de même; les accompagnements à droite et à gauche sont uniformes au tabernacle; aux deux côtés sont les statues de saint Louis et de saint Claude, aussi de bois sculpté et doré; au bas sont deux gradins aussi propres que le tabernacle, sur lesquels sont dix chandeliers et un crucifix de bois sculpté et doré avec six vases de même, le tout presque neuf. Derrière et au-dessus est un grand tableau propre et régulier représentant Notre-Seigneur priant dans le Jardin des Olives, qui est revêtu d'un cadre de menuiserie doré autour duquel est un ordre d'architecture en menuiserie peinte et dorée en partie, le tout propre et en bon état. L'autel est de pierre non sacrée, mais sur lequel on célèbre avec une pierre sacrée régulière; il est couvert de quatre nappes assez propres et d'un tapis en laine rouge. La contretable est d'une menuiserie assez propre, peinte en blanc et dorée en partie, dans laquelle est un devant d'autel de damas blanc, garni de galons et frange d'or fin, très propre. Il y a encore quatre devant d'autel, dont un à deux faces, de camelot violet avec un petit galon d'or faux, et de l'autre côté une toile noire et croix blanche; les trois autres servant pour les couleurs rouge, blanche et verte sont de vieilles étoffes de soie, garnies de galons d'or faux, le tout fort usé. Le marchepied qui est à trois degrés est d'une menuiserie propre et en bon état. Au-devant de l'autel est une lampe de cuivre assez propre.

Aux deux côtés de l'autel, il y a un boisage à colonnes torses, dans lequel il y a une porte qui conduit à la sacristie qui est derrière l'autel, et au-dessus des deux portes, il y a un tableau peint sur bois représentant l'Annonciation de la Sainte Vierge, savoir du côté de l'épître la Sainte Vierge et du côté de l'évangile l'ange Gabriel.

Tabernacle.

Chandeliers.

Description de ladite chapelle.

Ladite chapelle peut avoir cinquante pieds de longueur depuis le mur où est placé l'autel jusqu'à la porte d'entrée sur environ vingt-deux pieds de large; elle est éclairée par sept vitraux inégaux, mais en bon état; ceux qui sont près de la porte sont garnis de barreaux de fer. Le bas de ladite chapelle est carrelé en carreaux de terre. L'autre partie est garnie de planches. Le sanctuaire est pavé partie en pierre, partie en carreaux de terre; il est fermé par un balustre de menuiserie en mauvais état, qui sert de table de communion; mais MM. les confrères ci-présents nous ont dit avoir fait marché d'un balustre en fer pour le remplacer et qui doit être posé à la Saint-Louis prochaine.

Chaire à prêcher.

Au-dessous dudit balustre et du côté de l'évangile est placée la chaire à prêcher, qui est d'une figure peu régulière et sans degrés pour y monter, mais les confrères Pénitents ci-présents ont promis de la réparer et même de l'avancer pour qu'elle soit moins incommode; il y a au-devant de ladite chaire un petit pavillon de damas blanc.

Dans les deux côtés de la chapelle sont quatre pièces de tapisserie de toile peinte assez propre.

Bénitiers.

Il y a un bénitier de pierre solide près la porte, du côté de l'épitre; il y en a un autre portatif de cuivre pour les enterrements, fort propre.

Au-dessus de ladite porte est une tribune en bois, où les confrères chantent leurs offices; elle est garnie de bancs avec un boisage tout autour, avec des prie-Dieu au-devant, où se placent les confrères. Ladite tribune est bordée, à l'extrémité, d'un grillage de fer neuf et propre, au milieu duquel est placé un grand crucifix, qui sert lorsque les confrères Pénitents vont aux enterrements et processions, il y a un tronc qui ferme à clef; il y a encore dans ladite tribune quatre grandes lanternes propres et régulières.

Il y a dans la nef de ladite chapelle douze bancs réguliers en forme de prie-Dieu, qui servent à l'usage des femmes et filles agrégées à ladite confrérie, lesquelles assistent dans la nef de ladite chapelle, et séparément des confrères, aux offices, qui se font dans ladite chapelle. Leur agrégation a été approuvée par M. de Colbert, l'un de nos prédécesseurs, par son verbal de visite de ladite chapelle du 11 juin 1670, à nous exhibé par sieur Etienne Bernaud, recteur, qui l'a à l'instant retiré.

Outre le tronc qui est dans la tribune des confrères, dont il a été parlé ci-devant, il y en a encore un dans la nef de ladite chapelle, qui ferme aussi à deux clefs, lesquelles sont au pouvoir l'une du recteur et l'autre du vice-recteur.

Ensuite nous sommes entré dans la sacristie, qui est derrière l'autel, qui a environ dix pieds de profondeur sur environ seize pieds de large ; elle est éclairée par trois vitraux, elle est bien lambrissée et carrelée en carreaux de terre ; il y a un meuble fermant à clef et des tiroirs en dedans, où l'on tient les linges de ladite chapelle et les ornements sont fermés dans une armoire, qui est dans la chambre du vestiaire, dont il sera parlé ci-après. Lesdits ornements consistent, savoir dans une chasuble de damas blanc complète, garnie d'un galon d'or fin et fort propre ; une autre chasuble de moire de soie verte, complète, un peu passée, mais peut servir ; une autre de même étoffe violette, qui est ancienne hors la bourse, comme à la précédente, où elle manque ; une quatrième, rouge, aussi sans bourse, d'un droguet de filoselle et laine, garnie d'un galon d'argent faux, propre et en bon état ; une cinquième d'une vieille étoffe de soie noire avec la croix d'une espèce de satin blanc, fort usée et malpropre, mais peut se raccommoder ; il y manque seulement une bourse ; la sixième d'un damas blanc, fort passée, garnie d'un galon de soie rouge, sans bourse.

<small>Sacristie.</small>

Il y a une chape ancienne de damas blanc, fort usée, garnie d'un galon de soie rouge et blanc et un Saint Sacrement en broderie d'or faux sur le chaperon ; une autre d'un vieux damas à fond bleu et fleurs jaunes avec le devant d'un satin violet, qui est aussi fort ancienne ; une troisième chape de damas blanc fort propre, garnie d'un galon et frange d'or fin

<small>Chapes.</small>

avec un soleil en broderie de même sur le chaperon ; une écharpe de taffetas ternie et usée, garnie d'une dentelle d'or faux ; il y a encore un tapis de droguet de soie violette ; il y a encore deux pavillons de satin, découpés, qui servent à parer deux espèces de crédences qui sont à côté du grand autel.

Linges. — Il y a trois aubes, dont une neuve et deux usées, quatre amicts et une ceinture régulière ; un surplis de toile assez fine et en bon état. Outre les quatre nappes qui sont sur l'autel, il y en a encore cinq, dont une très fine en Venise garnie de dentelles, et quatre autre un peu usées ; il y a neuf purificatoires, trois corporaliers, quatre pales garnies ; il y a suffisamment de *lavabos*.

Livres. — Un missel, qui a besoin de réparation, surtout dans le canon où les feuilles se détachent, et un cahier pour les morts, en bon état ; un *Te igitur* régulier avec les cartons pour l'évangile et *lavabos*.

Argenterie. — Outre les vases sacrés, dont il a été parlé ci-devant, il y a encore une lampe d'argent, un encensoir, une navette et cuiller d'argent ; un petit plat bassin et burettes d'argent, le tout compris, les articles ci-dessus pesant environ sept à huit marcs ; il y a cinq bâtons de bois peint avec leurs écussons, il y a un drap mortuaire de serge noire fort passée, garni d'une croix de camelot blanc, il y a un encensoir de cuivre avec sa navette.

Au-dessus de la sacristie et du côté de matin est une chambre où s'habillent les Pénitents et dans laquelle sont des armoires où ils ferment leurs sacs(1), de laquelle on communique

---

(1) On sait que les Pénitents se revêtaient d'un sac blanc, noir ou bleu et que leurs confréries étaient communément désignées par la couleur de ce sac. Nous avons en Forez une curieuse représentation du costume des Pénitents blancs : nous voulons parler du tableau provenant de la chapelle de la confrérie du Gonfalon de Montbrison, où figurent, couverts de leurs sacs, les comtes d'Urfé, Anne, Honoré et Jacques. Cette peinture faisait partie de la collection L. Chaleyer.

par deux galeries le long de la chapelle jusqu'à la tribune, où les confrères chantent l'office. A côté de ladite chambre et du côté de bise il y en a une plus petite, où est le confessionnal, qui sert pour les confrères seulement, et ceux qui servent pour les sœurs sont dans la chapelle, placés entre le sanctuaire et la nef.

Au-dessus de la chambre où s'habillent lesdits pénitents, il y a un petit grenier, par-dessus lequel est un petit clocher, où il y a une cloche qui pèse environ deux cents livres, ledit clocher est couvert d'ardoises, au-dessus duquel est une croix de fer fort propre, il y a une petite cloche portative pour les messes. *Clocher. — Cloches.*

A côté de la sacristie est une petite cour du côté de bise et matin ; de l'autre côté de ladite sacristie est une autre petite cour, où est placé le degré en bois qui monte à la chambre du vestiaire ; elle est au matin et midi de ladite sacristie, dans laquelle il y a une petite porte du côté de midi par où l'on sort dans la rue des Clefs. Les couverts de ladite chapelle sont bons, mais le mur du fond de ladite chapelle du côté de bise est fendu de haut en bas. La grande porte de la chapelle qui donne sur la Grand'rue est bonne ainsi que sa fermante et ferme par derrière avec une barre seulement ; au fond de ladite chapelle et du côté de l'épître est une petite porte fermant à clef, qui communique dans l'allée de la maison voisine par laquelle l'on sort dans la rue qui est au midi de ladite chapelle et, par laquelle maison lesdits confrères sont en possession depuis leur établissement dans cette chapelle d'avoir non seulement le passage ci-dessus, mais encore une porte qui communique de la tribune de leurdite chapelle sur le degré de ladite maison, lequel degré sert encore auxdits confrères par même possession pour monter au clocher, couvert et lambris de leurdite chapelle. Et comme le haut ou premier étage avec le grenier de ladite maison attenant à ladite chapelle, a seul le droit de passage par ladite allée, et que la jouissance en appartient au R. P. François Bardet, religieux profès et prêtre dans l'ordre des frères mineurs conventuels de Saint-François-lès-Charlieu, lequel ci-présent a déclaré qu'il consent en sa qualité d'usufructuaire et autant qu'il est en son pouvoir au susdit passage et servitude de degré pour monter au clocher de ladite chapelle, de même qu'à la porte de la tribune qui communique au degré qui descend dans ladite chapelle et passage dans la rue, lequel a signé.

Frère BARDET, cordelier.

Enquis lesdits confrères sous quel vocable est leur chapelle?

Répondent qu'elle est sous le vocable de Saint-Louis, dont la fête se célèbre le 25 d'août.

Par qui ils sont desservis en qualité d'aumônier ou de chapelain?

Disent comme il a été déjà observé ci-devant, que le sieur curé de cette paroisse est chapelain né de leur confrérie et chapelle, et qu'il préside à leurs élections et assemblées quand il s'y trouvera.

. . . .

Et quant à la desserte, ledit sieur curé, ses vicaires et les sociétaires de la paroisse les desservent actuellement chacun par semaine.

Titres d'établissement de la confrérie.

Enquis lesdits confrères des titres d'établissement de leur confrérie, des revenus, fondations et charges?

Répondent que ladite confrérie a été établie, en 1620 (1), dans une chapelle du prieuré dudit Charlieu, en attendant qu'ils pussent s'établir dans un autre endroit convenable dans ladite

---

(1) M. de Sevelinges n'avait pu découvrir cette date précise de la fondation des Pénitents de Charlieu, qu'il estimait avec raison appartenir au commencement du XVII° siècle. C'est d'ailleurs à la même époque que cette confrérie fut instituée dans plusieurs paroisses de notre province. En Roannais, la ville de Roanne donna l'exemple en 1617; cet exemple fut bientôt suivi par Charlieu en 1620, par Saint-Just-en-Chevalet en 1626, par Cervières en 1655, par Saint-Symphorien-de-Lay en 1656. Des confréries de Pénitents furent aussi établies à Villefranche en 1621, à Thiers en 1622, à Feurs en 1623. La confrérie de Charlieu existait encore vers le milieu de ce siècle.

ville. Ladite permission signée Seivert, vicaire général de ce diocèse, le 20 mai 1620, au bas d'une requête présentée par plusieurs habitants de ladite ville, tendant à obtenir l'érection de ladite confrérie, plus, produisent le contrat d'acquisition de l'emplacement et maison où est bâtie actuellement leur chapelle, qui leur a été vendue par noble Jean de la Ronzière, le 7 avril 1621, devant Dextre, notaire royal, ledit acte contenu dans un livre couvert de carton, où il y a plusieurs délibérations de ladite confrérie. Une requête présentée à l'un de nos prédécesseurs pour obtenir la permission de bénir ladite chapelle, d'y faire l'office et célébrer la messe par le sieur curé de Charlieu où autres, en marge de laquelle est la permission conforme à ladite requête, en date du 4 mars 1623, signée Girard, vice-gérant en l'officialité de Mâcon, lequel commet par la même permission le sieur curé de Charlieu pour prendre garde que tout y soit observé à la forme requise. Une autre requête présentée à Mgr l'évêque de Mâcon concernant encore la bénédiction de ladite chapelle, au bas est l'ordonnance de M. Bernard vicaire général, du 5 novembre 1624, qui porte qu'avant de faire droit sur ladite requête, les suppliants remettront entre ses mains la permission et statuts de ladite confrérie pour ensuite être ordonné ce que de raison.

Plus l'acte de bénédiction de ladite chapelle par le sieur Morestin, archiprêtre de Beaujeu et curé de Perreux, en conséquence de la permission verbale à lui donnée par M. Louis Dinet, l'un de nos prédécesseurs, faisant la visite de son diocèse, en date du 26 février 1633.

Autre requête présentée pour obtenir la permission de bénir la cloche de ladite chapelle, au bas l'ordonnance et permission de M. Bernard, official et vicaire général de Mâcon, qui commet M. Jean Galier, archiprêtre de Beaujeu, pour en faire la bénédiction; ladite permission en date du 19 septembre 1623.

Plus une bulle de notre Saint Père le pape Alexandre VII

du 3 mars 1659, qui reçoit et confirme la confrérie des Pénitents blancs établie dans l'église ou chapelle de Saint-Louis, en la paroisse de Saint-Philibert de Charlieu ; au bas est la permission de *publicetur*, signée Jean, évêque de Mâcon (1), du 20 mai 1660.

Une autre requête desdits confrères à M. Jean de Lingendes, l'un de nos prédécesseurs, aux fins d'obtenir la continuation de ladite confrérie selon son institution et règlement ; au bas est la confirmation de ladite confrérie conformément à ladite requête et à ce qui en a été fait par son prédécesseur en la visite de la chapelle dudit lieu et selon que les actes qui lui sont demeurés en font foi ; ladite permission en date du 14 mars 1652.

Un certificat du sieur Henry Chamfray et du sieur Philippe Cuisenier, le premier, curé dudit Charlieu, et l'autre, sociétaire, portant que l'exercice de ladite confrérie des Pénitents n'interrompt pas le service divin de la paroisse et qu'il se fait à l'édification du public suivant les règlements et statuts ; ledit certificat du 26 juillet 1664.

Requête desdits confrères Pénitents du Saint Sacrement de Charlieu à M. de Colbert, l'un de nos prédécesseurs, pour demander la continuation de l'exercice de ladite confrérie ; au bas est l'ordonnance, qui permet et approuve la continuation de ladite confrérie, à la charge d'assister à la messe de paroisse qui est d'une obligation indispensable et d'apporter de trois en trois ans les noms et qualités des confrères qui seront reçus, et qu'on fera apparoir des progrès d'icelle. Ladite permission en date du 3 janvier 1668 ; signée Michel Colbert, évêque de Mâcon.

Plus, un extrait de la visite de M. de Colbert, l'un de nos prédécesseurs, qu'il a faite dans ladite chapelle le 11 juin 1670, dans laquelle il est parlé de l'établissement de ladite confrérie

---

(1) Jean VII de Lingendes (1650-1665).

du Saint Sacrement, suivant la permission qu'en a donnée M. Seivert, lors vicaire général, le 20 mai 1620, sous le pontificat de M. Louis Dinet, laquelle permission d'établissement fut accordée pour un an seulement dans une chapelle du cloître du prieuré dudit Charlieu, sous le vocable de Notre-Dame, en attendant que les confrères eussent trouvé un lieu ou chapelle, dedans ou proche l'église paroissiale de Saint-Philibert dudit Charlieu pour s'y assembler.

Plus, ladite visite fait mention, au bas, de la requête et permission de bénir la chapelle qu'ils avaient fait construire sous le vocable de Saint-Louis, et en conséquence, le sieur Morestin, archiprêtre de Beaujeu et curé de Perreux, fut commis verbalement par M. Louis Dinet, notre prédécesseur, pour procéder à la bénédiction de ladite chapelle ; ce qu'il exécuta le 26 février 1633, et le même jour ledit M. Louis Dinet, l'un de nos prédécesseurs, ayant trouvé ladite chapelle sous le vocable de Saint-Louis, décemment ornée et fournie de tout ce qui était nécessaire, y célébra la sainte messe en présence de tous les confrères et autres assistants et donna la confirmation à grand nombre de peuple qui s'y rencontra ; la susdite permission en conséquence de la requête en date du 5 novembre 1624. Ladite visite fait encore mention de la confirmation de leur confrérie, que lesdits confrères ont obtenue de M. Jean de Lingendes, l'un de nos prédécesseurs, le 14 mars 1660 ; avec permission de faire publier les indulgences et privilèges qu'ils avaient obtenus en vertu d'une bulle de Rome pour tous les confrères, le dimanche dans l'octave du Corps de Dieu, et ledit M. de Colbert en a lui-même accordé la continuation de leurdite confrérie sous le vocable du Très Saint et Très Auguste Sacrement. Au bas de la requête est la permission du 3 janvier 1668, conformément auxdits statuts et règlements qui y sont portés, et observés ponctuellement à l'édification d'un chacun. Suit le cérémonial de l'entrée et réception de M. de Colbert dans ladite chapelle, qu'il a faite le 12 juin de ladite année, sur les huit à neuf heures du matin ; au bas de laquelle est l'inventaire des meubles et effets appartenant à ladite chapelle. Ladite visite signée par extrait : Braissoud, greffier. Plus la permission que M. de Tilladet, notre prédécesseur, leur a accordée, le 3 juillet 1679, pour continuer leurs assemblées, offices et exercices spirituels dans leurdite chapelle, à condition que ce sera à d'autres heures qu'à celles qu'on fera l'office de la paroisse et que le prêtre ou religieux qui servira ladite chapelle sera expressément approuvé de lui ou de son vicaire général, que les droits curiaux ou devoirs paroissiaux n'en recevront aucun préjudice directement ni indirectement, que nul desdits confrères ou autres ne pourra être enterré dans ladite chapelle que du consentement du curé, que lesdits confrères dresseront des statuts et règlements dans six mois pour être par lui homologués et confirmés, que tant ladite chapelle que ladite confrérie seront sujettes à notre visite, autorité et juridiction et rendement de compte, comme à celles de nos successeurs évêques ; ladite permission sus datée et signée Michel, évêque de Mâcon, et plus bas Raynaud, secrétaire.

Plus, différentes indulgences contenues en plusieurs bulles de Rome des 8 mai 1638, 22 mars 1646, 20 février 1660, 20 mai de ladite année, 25 juin 1695, 15 août de la même année et 25 juin 1696, toutes visées et approuvées pour être publiées par les vicaires généraux ou évêques nos prédécesseurs, qui vivaient ès années desdites bulles.

Lesquels titres à nous exhibés comme dessus ont été retirés et sont restés entre les mains du sieur Etienne Barnaud, recteur, et sieur Denis Gâcon, secrétaire.

Revenus.   Disent que ladite confrérie ne jouit d'aucun revenu fixe, mais qu'elle s'entretient par la réception des confrères, qui payent chacun en entrant, une fois seulement, 18 livres seulement pour les hommes jusqu'à l'âge de quarante ans et au-dessus à proportion de l'âge, qui n'excède pas néanmoins trente livres.

Et pour les femmes douze livres aussi à proportion de l'âge, qui n'excède pas néanmoins dix-huit livres. Le tout une fois payé seulement (1).

Plus, jouit encore ladite confrérie du produit de l'absence des confrères qui manquent aux offices ; lesquels payent pour chaque absence un sol.

Et les femmes ou filles agrégées que l'on nomme sœurs, payent annuellement chacune vingt sols. Lesquels revenus sont remis entre les mains du trésorier ou receveur de ladite confrérie.

Les troncs placés dans ladite chapelle et dans la tribune, ont été ouverts en notre présence, où il s'est trouvé la somme de quarante livres quatre sols, qui ont été remis au sieur Patural, receveur actuel. Ledit sieur Barnaud, recteur, et le sieur Patural, receveur, nous ont déclaré que les absences des confrères se mettent régulièrement dans lesdits troncs, et que les sœurs lorsqu'elles viennent aux offices, mettent un liard dans le tronc ; il ne se fait aucune quête dans ladite chapelle, il n'y a aucune fondation, si ce n'est deux messes basses, que lesdits confrères se sont obligés de faire célébrer dans leurdite chapelle les 25 mars et 6 juin de chaque année, pour le repos de l'âme de sieur Claude Vedeau, avocat, à cause de l'ouverture des fenêtres de la sacristie de ladite chapelle qui prennent jour sur le jardin dudit Claude Vedeau, suivant l'acte du......

Le sieur Camille Patural, trésorier et receveur de ladite confrérie actuellement en exercice, nous a représenté son compte arrêté et signé par les confrères tant en recette qu'en dépense le 27 mars dernier ; par lequel la recette excédait la dépense de la somme de cinquante-huit livres dix-sept sols six deniers, restés entre ses mains et dont il a fait le premier article de sa recette dans le compte suivant. Laquelle par nous vérifiée depuis ledit jour 27 mars dernier, avons trouvé qu'elle se monte à la somme de deux cent cinquante-sept livres

Reddition des comptes.

---

(1) Ces droits de réception étaient assez élevés, ce qui assurait le recrutement exclusif de la confrérie parmi les personnes de condition aisée, appartenant à la noblesse ou à la bourgeoisie.

quinze sols six deniers, et la dépense à celle de quatre-vingt-une livre quatre sols, suivant les mandats et quittances à nous représentés, et par lui à l'instant retirés. Ainsi ledit sieur Patural est redevable de la somme de cent soixante et seize livres onze sols six deniers, dont il se chargera dans son prochain compte.

Enquis des règlements de leur confrérie ?

Répondent qu'ils se servent des règlements faits en 1620, lors de l'établissement de leur confrérie, lesquels paraissent être les mêmes qui ont été approuvés par M. de Colbert, l'un de nos prédécesseurs ; mais auxquels il a été fait quelques changements suivant les différentes circonstances qui se sont présentées. Lesquels règlements sont contenus dans le livre de l'inventaire des effets et meubles de ladite chapelle de même que de la réception des confrères et sœurs à commencer au folio ou page 41 et finissant à la page 60.

Et comme il y a plusieurs articles desdits règlements et statuts, qui ne s'exécutent pas, nous ordonnons qu'il en sera fait une récapitulation avec addition de ceux qui s'observent aujourd'hui ; lesquels nous seront représentés dans quinze jours pour être par nous vus et examinés et ensuite approuvés si le cas y échoit ; lesquels en outre seront inscrits dans un registre séparé.

Enquis s'il y a un titulaire de ladite chapelle pour acquitter les messes fondées ou autres, les jours d'assemblée ?

Répondent qu'il n'y a point de titulaire ni chapelain en titre, mais qu'ils sont desservis par des prêtres séculiers ou réguliers approuvés de nous, qu'ils ont la liberté de choisir et qu'à présent, comme il a été observé ci-dessus, ledit sieur curé, MM. les vicaires et sociétaires acquittent leurs messes et les desservent chacun par semaine suivant les conventions faites entre eux.

Dévotion et exercices de ladite confrérie.

Enquis sur les dévotions et exercices de ladite confrérie ?

Répondent qu'ils consistent, savoir : les confrères doivent

s'assembler pour chanter les vêpres et complies du Saint Sacrement chaque samedi avant le troisième dimanche de chaque mois, et le lendemain ils chantent à haute voix matines, laudes, prime, tierce, sixte et none de l'office du Saint Sacrement avant la messe; laquelle se dit toujours à basse voix chaque troisième dimanche et est toujours finie une heure avant celle de la paroisse; et à l'issue de la messe on expose le Très Saint Sacrement, qui est gardé par deux confrères revêtus de leurs habits de Pénitents, qui se relèvent d'heure en heure par deux autres confrères et se continue ainsi l'adoration jusqu'après les vêpres que lesdits confrères chantent immédiatement après celles de la paroisse; et après complies l'on donne la bénédiction.

Le lendemain l'on dit une messe basse de *Requiem*, si ce n'est un jour double, à la fin de laquelle le prêtre consume (1) la Sainte Hostie de la veille; et défendons de donner à l'avenir la bénédiction avant la messe sans rien chanter comme il s'est pratiqué jusqu'ici depuis longtemps.

Lesdits confrères s'assemblent encore tous les jours des Mystères de Notre Seigneur, ou fêtes solennelles; auxquels jours ils disent seulement les vêpres et complies ordinaires et le lendemain les mêmes offices et la messe comme les troisièmes dimanches de chaque mois. Les jours de l'Annonciation et Assomption de la Sainte Vierge, de même que le jour de Saint-Louis; et pour ces trois derniers jours ils chantent les vêpres chaque veille desdits jours, et le lendemain l'office à la manière accoutumée, ainsi que le jour de la Circoncision et la fête de Toussaint; nous défendons d'exposer le Saint Sacrement et de donner la bénédiction les jours de fête ci-dessus énoncés, excepté les troisièmes dimanches de chaque mois, de même que le

---

(1) Littré fait observer que l'ancienne langue française emploie facilement l'un pour l'autre les verbes consumer et consommer. Mais le *Dict. de Trévoux* (édit. de 1771) en précisant l'acception de chacun de ces termes, ajoute : « Consumer se dit encore des choses qui se détruisent par l'usage.... L'Espagnol dit en proverbe que les Juifs consument leur argent en Pâques, les Maures en noces et les Chrétiens en procès. Le prêtre consume la Sainte Hostie. Dans cette acception on dit abusivement consommer ; et cet abus paraît autorisé par l'usage ».

jour de Saint-Louis, patron de ladite chapelle, auxquels jours nous permettons l'exposition du Saint Sacrement depuis la messe jusqu'à complies, après lesquels on donnera la bénédiction ; et quant à l'octave du Saint Sacrement l'on suivra l'usage pratiqué jusqu'ici, conformément aux statuts et règlements qui seront par nous approuvés, de même que pour les processions, où ils prétendent devoir assister.

Lesdits confrères font les processions suivantes, savoir : le Jeudi Saint, après l'office des ténèbres, ils vont, habillés dans leurs habits ordinaires de Pénitents, visiter les églises de ladite ville, auxquelles ils se restreindront, et ordonnons qu'ils rentreront dans leur chapelle avant la nuit.

Ils assistent encore à celle qui se fait le jour de la Fête de Dieu, où tous les corps sont obligés de se trouver.

Quant à celle qui se fait dans la paroisse le dimanche dans l'octave du Saint Sacrement, le sieur curé de ladite paroisse, MM. les vicaires et sociétaires viennent dans ladite chapelle prendre le Saint Sacrement et le portent en procession où assistent lesdits confrères Pénitents, et la procession finit dans l'église paroissiale, d'où le clergé et les confrères Pénitents partent après avoir laissé le Saint Sacrement dans le tabernacle de ladite paroisse pour s'en retourner en procession dans ladite chapelle, où les uns et les autres quittent leurs habits.

Lesdits confrères sont encore obligés d'assister, dans leurs habits ordinaires, aux *Te Deum* qui se chantent dans l'église du prieuré et aux processions générales.

Sont encore tenus lesdits confrères d'assister en habits séculiers lorsqu'on porte le viatique aux malades et de fournir aux frais de ladite confrérie le luminaire avec le dais et les fanaux. Quant aux enterrements desdits confrères, ils y assistent revêtus de leurs habits ; mais pour ceux des sœurs ils y assistent en habits séculiers et, le dimanche après l'enterrement, l'on dit l'office des morts, la messe du jour avec un *libera me* à la fin, et comme il ne convient pas de chanter l'office des morts un jour de dimanche, nous ordonnons que ledit office et messe pour le confrère défunt se dira et chantera le lundi qui suivra immédiatement l'enterrement, en cas que ce ne soit pas un jour de fête, ce qui sera pour lors renvoyé au premier jour non empêché ; et la veille du jour que se feront lesdits offices, les confrères chanteront les vêpres des morts suivant l'usage ordinaire.

Chaque confrère et sœur est obligé en son particulier de faire dire une messe basse, où il veut et par qui il veut, pour le repos de l'âme du confrère ou sœur décédé.

Lesdits confrères sont en usage de faire prêcher trois fois par an dans leur chapelle, savoir, le Jeudi Saint après leurs ténèbres ; le dimanche dans l'octave du Saint Sacrement après complies et le jour de Saint-Louis de même ; lesquels sermons ne pourront se faire que par des prêtres séculiers ou réguliers approuvés de nous ou de nos vicaires généraux.

Et ont, lesdits sieurs curé, vicaires, sociétaires et confrères Pénitents, été présents au procès-verbal ci-dessus dressé en leur présence, qu'ils ont dit contenir vérité et ont signé avec nous.

Et avant que d'y procéder, lesdits confrères nous auraient supplié de leur accorder notre protection pour leur confrérie et confirmer la continuation tant de leur établissement que de leurs exercices, ainsi qu'il est amplement énoncé par les titres ci-dessus inventoriés tant pour leur établissement, bulles d'indulgences, que des différentes confirmations par nos prédécesseurs ; à quoi ayant égard, nous approuvons et confirmons ladite confrérie des Pénitents du Saint Sacrement érigée dans ladite chapelle de Saint-Louis, aux conditions sus-énoncées, les jours et an que dessus.

† H. C., évêque de Mâcon ; MANOURY, vic. gén. ; E. BARNAUD, recteur ; BUYNAND ; DUVERNAY ; LEFEURS ; DUVERNAY, vicaire ; F. BOUTOUGE ; PATURAL ; JOATTON ; CARTELLIER ; CHABRIER l'aîné ; AUBERGÉ ; E. GACON, prêtre sociétaire ; BARNAUD ; DE-

VAULX ; NOBIS l'ainé ; LAFONT ; CARRÉ ; CHERCOT ; B. BARNAUD ; Claude ANDRIEU ; COLLET ; MONTERET ; MORILLON ; Claude ALLEIGNE, vice-recteur ; PÉTOT ; CRESTERON.

Règles et statuts de la Compagnie des Pénitents blancs du Très Auguste et Très Saint Sacrement de l'autel, établis par l'autorité du Saint Siège et approuvés par nos Seigneurs les évêques de Mâcon en la chapelle de Saint-Louis, à Charlieu.

Article 1er. — Chaque assemblée sera sonnée par trois coups desquels le recteur ou autre officier président en sa place disposera du dernier.

Art. 2. — Les matines se diront, savoir : depuis Pâques jusqu'à la Saint-Michel vers les six heures du matin et les vêpres vers les cinq heures du soir ; et depuis la Saint-Michel jusqu'à Pâques, les matines à sept heures du matin et les vêpres à quatre heures du soir, le tout pour ne point interrompre l'office de paroisse pendant lequel l'on ne pourra sous quelque prétexte que ce soit, faire aucun office dans ladite chapelle.

Art. 3. — Les jours d'assemblée seront tous les troisièmes dimanches de chaque mois de l'année, le lundi de Pâques, le lundi de la Pentecôte, le jour de la Fête-Dieu et le dimanche de l'octave du Saint Sacrement, le jour de l'Assomption, le jour de Saint-Louis, le jour de Toussaint, la seconde fête de Noël, le jour de la Circoncision et le jour de la Purification. Lors desquels l'on dira et chantera au chœur les matines, laudes, prime, tierce, sixte, none, vêpres et complies de l'office du Très Saint Sacrement de l'Autel avec les commémoraisons de la façon qu'il est marqué aux livres imprimés pour telles compagnies, le tout aux heures ci-devant indiquées (1).

---

(1) D'après M. de Sevelinges, les livres de prières en usage chez les Pénitents de Charlieu étaient imprimés à Grenoble, parce que la confrérie de Charlieu avait été agrégée à celle de Grenoble. Les autres congrégations du Roannais se

Art. 4. — La veille desdites fêtes l'on s'assemblera pareillement auxdites heures pour dire et chanter les premières vêpres dudit office et complies.

Art. 5. — Immédiatement après les nones desdites assemblées, l'on dira une messe aux dépens de la confrérie, l'on chantera le psaume *Exaudiat*, et le recteur ou l'officiant dira les oraisons pour le Roi. L'exposition du Saint Sacrement sera faite les troisièmes dimanches du mois et le jour de Saint-Louis.

Art. 6. — Avant que la Compagnie ne se sépare, le recteur ou l'officiant indiquera ceux des confrères qui doivent adorer le Saint Sacrement, suivant l'ordre qui en sera dressé par son ordre la veille.

Art. 7. — Deux de ceux qui seront sur le rôle resteront habillés et couverts de leurs voiles, pendant l'heure qui leur sera indiquée, devant le Saint Sacrement, sur le marchepied de l'autel, et seront relevés par deux autres qui resteront le même temps ainsi successivement jusqu'aux vêpres et complies, après lesquelles sera donnée la bénédiction du Très Saint Sacrement, et si quelqu'un des confrères manquait de se trouver à son heure ou de la tenir, et que quelqu'un de ceux qui sont d'adoration laissait seul le Saint Sacrement, outre la pénitence qui lui sera enjointe par le recteur, il aumônera la chapelle de dix sols, et s'il lui arrivait plusieurs fois de manquer son heure, il sera expulsé de la chapelle et son nom rayé du catalogue.

Art. 8. — Le lendemain desdites assemblées sera la très Sainte Hostie consumée, sans donner aucune bénédiction, par le prêtre qui dira la messe aux frais de la compagnie pour le repos des âmes des confrères décédés.

Art. 9. — S'assembleront aussi les confrères aux heures ordinaires, chaque année, les mercredis, jeudis et vendredis de

servaient des *Règles et offices de la compagnie des Pénitents du Très Saint Sacrement de l'autel établie à Roanne*, Lyon, 1657. Il est à remarquer que tous ces livres de confrérie étaient rédigés en latin, conformément aux prescription formelles de l'autorité ecclésiastique.

la Semaine Sainte pour y chanter les ténèbres et faire les autres offices de l'Eglise.

Art. 10. — Le Jeudi Saint sera dite une messe et le Très Saint Sacrement exposé comme aux autres églises, lequel sera le Vendredi Saint porté par le chapelain dans l'église paroissiale de Saint-Philibert pour être la Sainte Hostie consumée par le prêtre qui officiera; assisteront les confrères dévotement lorsqu'on le portera, sans être habillés, tenant des cierges en main.

Art. 11. — Immédiatement après les ténèbres du Jeudi Saint, les confrères visiteront en procession les églises de la ville seulement, de façon que la procession soit finie avant la nuit.

Art. 12. — Il sera pareillement fait une procession le dimanche de l'octave de la Fête de Dieu de chaque année après complies, où le Saint Sacrement sera solennellement porté par le sieur curé de Charlieu, ou à son absence ou refus par le vicaire, et en l'absence ou défaut par le chapelain, et la procession finira à l'église paroissiale de Saint-Philibert où l'on laissera dans le tabernacle le Très Saint Sacrement; ensuite les confrères se retireront avec le clergé qui aura assisté dans leur chapelle, pour se déshabiller.

Art. 13. — Auront tous les confrères, lors des entrées, grande attention de se revêtir de leurs sacs dans l'endroit à ce destiné et de ne point se présenter autrement dans le chœur, y entreront la face couverte, adoreront ainsi le Très Saint Sacrement s'il est exposé, ou s'il ne l'est pas, le Crucifix, ensuite se placeront dans les formes selon leurs charges ou l'ordre de leur réception et lors se découvriront pour chanter les offices.

Art. 14. — Les sacs ou habits seront de toile blanche sans aucune broderie, dentelles ni autres ornements.

Art. 15. — Dans les processions où la Compagnie sera tenue d'assister, les confrères s'y comporteront modestement sans aucune préséance et suivant qu'ils se trouveront à l'issue de la chapelle, à l'exception du recteur et des conseillers qui auront leurs places, savoir, les deux derniers conseillers suivront immédiatement ceux qui porteront la croix et les fanaux à la tête de la Compagnie qui sera au centre, et les autres conseillers et le recteur suivront le corps, tenant les uns et les autres les bâtons qui leur sont destinés.

Art. 16. — Le maître de chœur et le maître des cérémonies auront soin que tout se passe dans le bon ordre.

Art. 17. — Lorsque les sœurs assisteront soit aux offices soit aux processions elles se placeront et rangeront sans distinction de personnes, rang ni réception, selon l'ordre qui leur sera donné.

Art. 18. — Lorsqu'il y aura quelque confrère malade, celui qui aura charge sera tenu d'avertir le recteur pour qu'aux assemblées l'on prie Dieu pour lui et que l'on prenne les précautions nécessaires pour le faire munir de ses Sacrements.

Art. 19. — Les confrères seront attentifs d'assister, lorsqu'on le portera à quelque malade, le Saint Viatique, à l'effet de quoi ils entretiendront, dans l'église de Saint-Philibert, le poêle à ce destiné et qui leur appartient, et fourniront la cire tant pour les fanaux que celle qui se distribue aux assistants.

Art. 20. — Lorsqu'il sera décédé quelques confrères ou quelques sœurs, les confrères de l'un et de l'autre sexe assisteront à son convoi si l'enterrement se fait dans la ville, à peine pour les absents de deux sols dont ils aumôneront la chapelle, et sera le corps porté par les quatre confrères derniers reçus ou par (*manque une ligne de texte au manuscrit*).

Art. 21. — Chaque confrère et chaque sœur seront tenus de faire dire et célébrer pour le repos de l'âme de chaque confrère ou sœur décédé une messe de *Requiem* dont ils rapporteront acquit du prêtre qui l'aura célébré, le jour de la première entrée qui suivra immédiatement le décès, à peine d'être privé de l'entrée de la chapelle jusqu'à ce qu'il y ait satisfait, et dans le cas qu'il demeurât longtemps sans s'acquitter de ce devoir, sera expulsé et son nom biffé du catalogue.

Art. 22. — Le dimanche qui suivra immédiatement le décès de l'un des confrères ou sœurs, les confrères aux heures ordinaires s'assembleront pour chanter les vêpres de l'office des morts et le lundi aussi à l'heure ordinaire ils chanteront matines et laudes du même office, après lequel il sera dit une messe pour le repos de l'âme du défunt, aux frais de la Compagnie, avec un *Libera me*, et si le lundi se trouve un jour empêché, l'office se transférera au jour qui suivra non empêché ; en ce cas les vêpres se diront la veille dudit jour.

Art. 23. — Pendant qu'on s'assemblera pour les offices, l'un des plus diligents fera la lecture de quelque bon livre ; défenses sont faites de causer et parler sans nécessité dans le chœur ni de présenter du tabac, soit avant, soit pendant, soit après l'office (1).

Art. 24. — Pour l'entretien de la chapelle, chaque confrère payera par absence, un sol d'aumône ; les femmes et filles payeront par année, à compter de la date de leur réception, vingt sols ; sera payé de plus pour la réception, par forme d'aumône, savoir : pour les hommes de quarante ans et au-dessus, trente livres, et pour ceux au-dessous, dix-huit livres ; pour les femmes de quarante ans et au-dessus, vingt livres (2), et pour celles au-dessous, douze livres ; les refusants seront expulsés de la chapelle et leurs noms rayés du catalogue.

Art. 25. — Seront réputés pour absents ceux qui n'auront pas soin de se marquer sur le catalogue, qui est à cet effet posé dans le chœur, avant que le portier ait couvert le catalogue, ce qu'il sera tenu de faire au *Gloria patri* du premier psaume des premières et secondes vêpres, au commencement du *Te Deum* des matines.

---

(1) Les innombrables tabatières que nous a légué le XVIIIe siècle nous montrent combien l'usage du tabac à priser était répandu à cette époque. Le mode de costume des Pénitents, dont le visage était voilé, justifie amplement les prescriptions de leur règlement.

(2) Le maximum de l'annuité des femmes ne dépassait cependant pas dix-huit livres (Voir p. 153 à l'article *Revenus de la confrérie*).

Art. 26. — Seront exempts les confrères malades de payer les absences pendant leur maladie, en toutefois faisant avertir de leurs indispositions le recteur et les portiers, de même que ceux qui sont en voyage.

Art. 27. — Les portiers seront exacts à écrire les absences, à l'effet de quoi ils auront un livre, lequel ils représenteront, lors des assemblées, au recteur pour faire payer celles qui seront dues, lesquelles ainsi que les autres amendes ci-devant et ci-après indites seront mises dans le tronc dont le recteur aura une clef et l'un des conseillers l'autre.

Art. 28. — Nul confrère sans cause légitime ne s'absentera de la chapelle, et où il le ferait trois fois consécutives, l'entrée du chœur lui sera interdite jusqu'à ce qu'il en ait été délibéré par les officiers et notables confrères ; et s'il se trouvait l'avoir fait différentes fois après avoir été repris, il sera expulsé de la confrérie et son nom biffé du catalogue.

Art. 29. — Nul ne pourra être reçu et admis à la confrérie qu'auparavant il n'ait donné des marques d'une profonde piété et de son zèle en assistant par forme d'épreuve trois mois aux offices et exercices de la confrérie, ce qui s'entend pareillement pour les femmes. L'on s'annoncera premièrement au recteur pour avoir l'agrément des épreuves, et ensuite, le recteur l'ayant proposé aux conseillers et autres confrères après lesdites épreuves, l'on tirera au scrutin pour être, à la pluralité des voix, le proposé, reçu ou rejeté.

Art. 30. — Ne seront admis et reçus en ladite confrérie que des gens d'une profession honnête et non servile d'autant qu'il est à craindre que gens de pareille qualité ordinairement sans éducation ne deviennent à charge à la compagnie, soit en donnant de mauvais exemples, soit que tombant dans l'indigence ils ne pourraient supporter les charges qu'impose la confrérie.

Art. 31. — Seront tenus les confrères et les sœurs pour le bon exemple et donner des marques de leur zèle de se confesser et communier à la chapelle, outre le jour de leur réception, tous les trois mois au moins ; et si l'on s'apercevait que quelqu'un se dispensât d'un devoir si essentiel, il en sera repris par le recteur, lequel avec la Compagnie en ordonnera comme bon lui semblera.

Art. 32. — Défenses sont faites à tous confrères de hanter et fréquenter les cabarets, jeux et autres lieux publics et notamment les jours de fête et de dimanche et entrée de la chapelle, leur est enjoint de se comporter de façon qu'ils puissent, par la bonne odeur d'une sainte vie, édifier le public, à peine contre ceux qui auront donné lieu de scandale, après avoir été admonestés par le recteur différentes fois, d'être chassés de la Compagnie pour n'y plus rentrer.

Art. 33. — Ceux qui auront été trouvés dans les cabarets ou autres lieux publics pendant l'office de la chapelle donneront cinq sols par aumône par chaque fois et, outre ce, se tiendront à genoux au milieu du chœur tant que le recteur ou l'officiant le jugera à propos, par pénitence, et s'ils se trouvent avoir été pris différentes fois de suite sans amendement, ils seront pareillement expulsés de la chapelle et leurs noms rayés du catalogue.

Art. 34. — Vivront les confrères de bonne union et lorsqu'ils auront ensemble quelques difficultés, querelles, inimitié ou procès, avant les pouvoir porter dans les tribunaux de la justice, ils seront tenus d'en avertir le recteur et les conseillers pour les accommoder par eux-mêmes s'ils le peuvent, ou par l'avis des confrères les plus intelligents, ou par arbitres dont l'on sera tenu de convenir, et à refus par lesdits confrères de s'y conformer ou par l'un d'eux, les refusants ou l'un d'eux seront privés de l'entrée de la chapelle jusqu'à ce que la querelle ait été décidée, et où il arriverait qu'ils refusassent encore une seconde proposition d'accommodement, ils seront expulsés et leurs noms rayés du catalogue pour n'y plus rentrer.

Art. 35. — Lorsque quelqu'un des confrères tombera dans l'indigence, il sera pris sur les deniers communs pour l'aider à subsister, et s'il ne se trouve pas d'argent entre les mains du trésorier, l'on fera une quête dans le chœur, et chacun donnera selon son pouvoir.

Art. 36. — Les confrères et sœurs pour garder la subordination qui doit régner entre eux, obéiront au recteur et conseillers touchant l'observation des présentes règles et statuts, prendront de bonne part tous les avis qu'ils leur donneront, à peine d'être mis hors de la confrérie et leurs noms rayés et biffés du catalogue, comme désobéissants.

Art. 37. — Dans tous les cas où il écherra d'expulser un confrère ou une sœur, il en sera délibéré en plein chœur, à la pluralité des voix de tous les confrères, et, à l'égard des autres peines qui seront imposées, elles le seront par le recteur, de l'avis des conseillers seulement.

Art. 38. — Tous les lundis des fêtes de Pentecôte après complies, l'on invoquera le Saint Esprit. Il sera, à la manière accoutumée et à la pluralité des voix, choisi et nommé, entre les confrères, un recteur, par un seul scrutin; et par un autre scrutin, quatre conseillers, dont le premier sera vice-recteur; lesquels recteur et conseillers nommerons le trésorier, le secrétaire, les sacristains, les maîtres de chœur, le maître des cérémonies, quatre choristes, deux portiers et deux visiteurs des malades.

Art. 39. — Le recteur qui aura été nommé, le sera pour trois ans, à moins que ce ne soit pour quelques malversations et autres causes importantes; à l'effet de quoi il sera, comme ci-devant, tiré au scrutin pour le continuer ou le dégrader.

Art. 40. — Celui qui aura été recteur ne possédera aucune charge l'année qui suivra son rectorat, mais pourront les conseillers être recteur ou posséder toutes autres charges.

Art. 41. — D'autant que les voix doivent être libres, celui ou ceux qui auront été convaincus de cabale pour s'attirer des voix, ne pourront être admis à aucune charge, et leur élection sera déclarée nulle; à l'effet de quoi il sera tiré un autre scrutin pour élire un autre à leur place.

Art. 42. — Les sœurs dans aucun cas ne pourront avoir aucune voix.

Art. 43. — Le recteur se comportera prudemment avec douceur et charité envers tous les confrères et surtout lorsqu'il les voudra corriger.

Art. 44. — Le recteur officiera et présidera sur les confrères, aura soin que tout se fasse dans le bon ordre et rien ne pourra être sans son su et consentement; il ne pourra cependant seul disposer des deniers de la chapelle, dans laquelle il sera exact de se rendre dès premier jour, à l'heure dite faire sonner le dernier coup de l'office, et à défaut de ce, l'heure venue, permis au premier officier qui s'y trouvera de le faire sonner.

Art. 45. — Le vice-recteur en l'absence du recteur aura les mêmes honneurs, et en l'absence de celui-ci, les plus anciens des conseillers, et ainsi successivement en cas d'absence le premier officier.

Art. 46. — Les conseillers se comporteront aussi dans leurs avis prudemment et décemment ; ils auront avec le recteur l'administration des deniers de la chapelle pourvu qu'il ne s'agisse pas d'un emploi de somme considérable, en ce cas ils ne le pourront faire que du consentement général du corps.

Art. 47. — Le recteur aura soin de faire lire de temps en temps, dans la chapelle, tant ces statuts que les indulgences concédées aux confrères.

Art. 48. — Le trésorier tiendra deux livres sur lesquels il écrira tout au long les sommes, l'un de recette, l'autre de dépense, portant en chiffre à la marge droite les sommes qu'il aura reçues ou payées, pour icelles être exactement additionnées et portées de page en page.

Art. 49. — Le trésorier se chargera en recette de l'argent qu'il recevra tant des confrères et sœurs que de celui qui lui sera remis lors de l'ouverture des troncs, et ce, date par date, jour par jour, sans aucun blanc ni interligne. Nul autre ne recevra l'argent de la confrérie.

Art. 50. — Il ne pourra porter sur son livre de dépenses que les articles qu'il aura payés sur les mandats signés du recteur, des conseillers et du secrétaire, à peine de supporter en pure perte les articles qu'il aurait payés autrement. Sera fait mention, sur les mandats et sur le livre, des causes du mandat, leur date et celle du payement, du nom de celui à qui on paye, sans blanc, ratures ni interlignes, pour ensuite lesdits articles lui être alloués sur sa recette à moins que les sommes ne soient au-dessous de trente sols.

Art. 51. — Tous les trois mois le trésorier sera tenu de rapporter ses livres de recette et dépense dans le chœur, pour être vus et examinés, et ses comptes apurés en présence de tous les confrères, sur lesquels il aura sa place après le dernier conseiller.

Art. 52. — Le secrétaire aura soin d'écrire sur les livres à ce destiné, par ordre de date, sans blanc ni interligne, les délibérations de la compagnie, les réceptions des confrères, les nominations des officiers et tout ce qu'il conviendra pour le bien de la chapelle et selon l'ordre qu'il en recevra.

Art. 53. — Il déposera ses livres et tous les papiers et titres de la confrérie dans les archives dont le recteur aura une clef et lui l'autre. Défenses lui sont faites de transporter ni divertir aucun desdits livres et papiers dont il demeurera chargé selon l'inventaire qui en a été fait, auquel seront ajoutés, quand le cas le requerra, les nouveaux titres et papiers. Il aura sa place après le trésorier.

Art. 54. — Défenses sont faites tant au secrétaire qu'à tous autres confrères de divulguer les secrets desdites délibérations, à peine contre les contrevenants d'être punis suivant le cas, par le recteur, de l'avis des conseillers.

Art. 55. — Les sacristains auront grande attention de parer pour le jour des entrées l'autel de la chapelle, de balayer, araigner et la tenir propre ainsi que les ornements, linges et meubles.

Art. 56. — Ils se chargeront lors de leur entrée de tous les effets dont sera fait inventaire pour les rendre en bon état à leur sortie, et lorsqu'il se trouvera quelque chose de défectueux, ils en avertiront le recteur pour y être pourvu.

Art. 57. — Ils veilleront à la luminaire, prenant garde de ne point consumer d'huile ni de cire mal à propos.

Art. 58. — D'autant que leurs fonctions principales se font dans la sacristie, ils serviront seuls le prêtre, et sont dispensés de monter au chœur pour se marquer sur le catalogue, et de payer les absences à la charge par eux d'être circonspects et exacts au service de la sacristie.

Art. 59. — Ils sonneront les offices selon l'ordre qui se doit pratiquer, et lorsqu'il y aura quelques confrères ou sœurs de décédés, ils sonneront pareillement aux heures qu'il conviendra, pour assembler les confrères, afin d'assister au convoi, soit la veille, soit le jour de l'enterrement.

Art. 60. — Les maîtres de chœur et des cérémonies auront soin de faire réciter et chanter les offices dévotement; pour cet effet ils seront placés à la tête des deux chœurs, feront ranger les confrères chacun dans le bon ordre, soit au chœur soit dans les processions, et choisiront des confrères ceux qui sauront le mieux lire pour chanter les leçons et les antiennes.

Art. 61. — Les choristes seront exacts à se rendre de bonne heure au chœur et se placeront au centre dans les places qui leur sont destinées; ils ne seront plus à l'avenir exempts de payer leurs absences.

Art. 63 (sic). — Ils auront soin de ranger les catalogues selon les charges et ensuite l'ordre des réceptions, sur lesquels toutes les veilles des entrées où il y aura exposition du Très Saint Sacrement ils dresseront le rôle de ceux qui doivent l'adorer le lendemain, dont ils mettront deux par chaque heure, depuis la messe jusqu'aux vêpres, à commencer par le recteur jusqu'au dernier reçu des confrères où aura cessé l'adoration, le tout sans en omettre aucun, si ce n'est les malades et absents.

Art. 64. — S'il se trouvait que par grâce, faveur ou autres motifs d'amitié, les portiers eussent rayé sur leur livre, sans avoir fait payer dans le chœur, les absences, ainsi qu'il se pratique ou néglige.... (manque une demi-ligne au manuscrit) ils seront tenus eux-mêmes les payer à raison de deux sols par absences rayées ou omises, à l'effet de q   il sera tenu par forme de contrôle un double de leur livre à l'avenir, lequel sera remis ès mains du recteur.

Art. 65. — Les visiteurs des malades rendront compte au recteur, ou à son défaut, au plus ancien officier, des malades qu'ils auront visités, de leur indisposition et de leurs nécessités, ou de celles qu'ils auront découvertes dans les autres confrères et ce, tous les samedis de chaque semaine pour y être pourvu.

Art. 66. — Tous les articles ci-devant seront exécutés de point en point par les confrères qui s'y soumettent pour eux et ceux qui seront reçus à l'avenir, à peine contre les contrevenants d'être expulsés de la confrérie et leurs noms biffés du catalogue; et s'il arrive quelques contestations sur l'entière exécution d'aucun desdits articles, elles seront portées devant Mgr l'évêque de Mâcon à la décision duquel on se soumet.

Fait et arrêté sous le bon plaisir de mondit Seigneur l'évêque, à Charlieu, cejourd'hui troisième dimanche du mois de juillet 1740 et le 17 dudit mois, les confrères assemblés dans la chapelle de Saint-Louis, après avoir conféré entre eux et délibéré à la manière accoutumée.

E. BARNAUD, recteur ; ALEIGNE, vice-recteur ; BUSSERON, conseiller ; COLLET, conseiller ; GACON, conseiller ; PATURAL, trésorier ; DE LA RONZIÈRE LA DOUZE, avocat ; MICHELET-BEAUVOISIN ; CHABRIER l'aîné ; GACON, secrétaire ; G. NOBIS ; DUPLEX ; CRETIN ; JOATTON, sacristain ; F. BARNAUD ; CARRÉ ; MORILLON ; GINOU, vicaire ; B. BARNAUD; CARTELLIER, prêtre sociétaire ; BUYNAUD ; DUFOUR ; LE....., maître de cérémonie ;

L. ANDROS, choriste ; CRETIN ; MERILLON ; VILLAR ; DEVAULX ; F. SIMON ; DUVERNAY, ; DUVERNAY, vicaire ; ROMEU ; (*deux signatures illisibles*).

Vu les règlements et statuts d'autre part, nous les approuvons jusqu'aux nouveaux qui seront par nous faits en général pour les confréries des Pénitents de notre diocèse.

A Malfarat, le six août mil sept cent quarante-six.

† H. C. évêque de Mâcon.[1]

Par Monseigneur.

PLASSARD, secrétaire commis.

Du sept août mil sept cent quarante-six.

Chapelle de Malfarat.

Continuant notre visite de la paroisse de Charlieu, avons reconnu que la chapelle domestique du lieu de Malfarat (1) est construite en bise des bâtiments, paroisse de Saint-Philibert de Charlieu. Elle est isolée de trois côtés. Elle peut avoir douze pas de profondeur sur six de largeur, les murs et la voûte à canne sont peints en partie et en bon état, elle est éclairée par trois grands vitraux et deux petits en état, bien carrelée. Elle est sous le vocable de la Sainte Vierge, représentée dans un ancien tableau monté dans un cadre de bois sculpté, dont la dorure est toute écaillée, de quatre pieds de hauteur sur trois de large ; il repose sur trois gradins peints, de différentes longueurs, sur lesquels nous avons trouvé un Crucifix et deux chandeliers de bois sculpté, dont la dorure est écaillée, avec quatre vases de faïence.

L'autel est d'une seule pierre, portée sur deux consoles en pierre. Il y a un marbre portatif, en état, enveloppé d'une double toile, couvert ainsi que l'autel d'une nappe en double, usée, et d'une espèce de toilette, à carreaux de dentelles,

---

(1) Le lieu de Malfarat, situé à quinze cents mètres au nord de Charlieu, s'étendait jusqu'aux portes de la ville. La chapelle a été détruite depuis la Révolution, mais l'ancien château a survécu.

ancienne et usée, le tout couvert d'un tapis d'indienne en état.

La contretable est de bois noyer, ornée de quelques morceaux de sculpture, dans laquelle pend un devant d'autel de ligature en soie et fil damassé, à galons d'or faux, le tout endommagé par l'humidité et mal entretenu. Le marchepied est de bois noyer en état.

Il y a de chaque côté, au devant de l'autel, un prie-Dieu dans l'un desquels nous avons reconnu les ornements suivants : une chasuble de ligature rouge à fleurs jaunes, complète, à galons d'or et d'argent fin. Plus un voile blanc, de soie, doublé de rouge.

Deux aubes, usées, assorties, dont l'une, à dentelles, de trois pouces, et l'autre plus petite. Un lavabo, deux purificatoires, une pale, deux corporaux.

Un missel romain très propre et deux coussins.

Un calice a... sa patène d'argent, l'un et l'autre très propres et dorés en dedans, deux burettes et un bassin d'argent très minces et bossés, une clochette hors de service.

La porte est en face de l'autel, en matin, mal fermante, à côté de laquelle, dans le mur, est un bénitier de pierre en état.

DUSORT DE SAINT-AMOUR, vicaire général ;
PLASSARD, vice promoteur.

Enquis s'il y a quelque fondation ou service affecté à ladite chapelle ?

Répond.... (*La réponse est restée en blanc*).

Du même jour que dessus.

Continuant les visites générales de notre diocèse, nous, évêque de Mâcon susdit, nous sommes transporté dans la chapelle rurale de Saint-Nicolas, construite dans la terre de Gatelier, et nous l'avons trouvée en la situation suivante. Une coquille voûtée de douze pieds de profondeur sur huit de largeur environ, éclairée de deux fenêtres. Au-dessus de l'arc d'entrée de ladite

Chapelle rurale de Saint-Nicolas.

coquille, un campanier à deux places. Elle est carrelée et pavée en partie, avec un autel nu, en pierre. De là on descend dans l'ancienne nef dont il ne reste que les murs, par six marches du côté de l'évangile. Du côté de l'épître, vis-à-vis ledit degré est un autel en pierre ; entre ledit autel et le degré susdit, on descend cinq marches dans une chapelle souterraine, voûtée aussi en coquille, même longueur et largeur, mais moins élevée que la supérieure ; il y a aussi un autel de pierre. Les murs de la nef sont en mauvais état. Elle peut avoir douze pas de long sur huit de large ; il y a deux fenêtres et quelques pièces de bois du reste de la charpente, il n'y a ni portes ni vitres posées (1). On y descend par trois marches, on n'y célèbre plus depuis longtemps.

Le tout de la paroisse de Saint-Philibert de Charlieu.

Dont a été dressé le présent verbal en présence du sieur Simon prêtre, premier vicaire, qui a signé avec nous.

† H. C. évêque de Mâcon ; l'abbé DE BUSSY, vicaire général ; SIMON, vicaire ; PLASSARD, vice-promoteur.

Aujourd'hui dimanche trente-unième jour du mois de juillet mil sept cent quarante-six.

Hôpital de Charlieu. Henry Constance de Lort de Sérignan de Valras, par la miséricorde de Dieu et grâce du Saint Siège apostolique, évêque de Mâcon, savoir faisons que continuant la visite générale de notre diocèse et qu'étant à cet effet en la ville de Charlieu, avons été reçu à la porte de l'hôpital de cette ville par l'un des Pères Cordeliers du couvent des Cordeliers qui desservent la chapelle dudit hôpital, Messieurs les directeurs et administrateurs d'icelui ci-après nommés, et sœur Marie de la Pierre, supérieure des filles hospitalières desservant les pauvres, lesquels nous ont conduit en leur chapelle où après avoir adoré le Saint Sacrement, donné notre bénédiction épiscopale, et le sacrement de confirmation aux ma-

---

(1) C'est-à-dire que la chapelle souterraine est éclairée par deux fenêtres et qu'elle renferme quelques pièces de bois de charpente inutilisées.

lades, nous avons vaqué à la visite d'icelui hôpital, en présence desdits sieurs recteurs qui sont : Dom Philibert Uchard, licencié en Sorbonne, prieur du prieuré de Charlieu, président né du bureau, Dom Jacques-Louis Rivaut, aumônier dudit prieuré, Mᵉ Claude Dupont, docteur en théologie, curé de la ville de Charlieu, tous directeurs nés dudit hôpital ; sieur Jean-Baptiste Michelet, marchand, et Mᵉ Camille-François Patural, notaire royal et procureur, tous deux recteurs et administrateurs dudit hôpital ; et de Mᵉ Gaspard Buynand, conseiller du roi, maire de ladite ville, et de plusieurs autres habitants.

Premièrement, que le ciboire est doré en dedans et fort beau, un ostensoir aussi d'argent d'un poids médiocre, dont le croissant n'est pas doré, un calice avec sa patène assez léger, doré par le dedans, un vase des Saintes Huiles avec sa spatule d'argent. *Vases sacrés.*

Deux burettes avec un bassin aussi d'argent, le tout en état si ce n'est le couvercle de l'une des burettes qui est détaché. *Argenterie.*

Le tabernacle ancien et caduc, doublé par dedans d'une toile rouge (il faut ôter cette doublure et en mettre une d'une étoffe de soie), est en forme de piédestal, de bois doré, sur lequel est la statue de la Sainte Vierge aussi de bois doré, dans le pied de laquelle statue sont des reliques de saint Philibert, dont on n'a pu nous montrer l'authentique. Sur trois mauvais gradins de bois, partie peints, partie couverts de papier marbré, sont vingt-deux chandeliers ou flambeaux de différentes formes dont dix d'étain et douze de cuivre, un crucifix de bois peint. *Tabernacle.*

Devant le tabernacle est une tapisserie à laquelle sont attachés de petits tableaux à cadre doré, ce qui tient lieu de retable. Le tout est couvert de deux rideaux de taffetas rouge, garni d'une dentelle d'or faux, surmonté d'un dais dont le tour est d'une satinade à fleurs aux galons de soie. *Retable.*

L'autel est en bois, par conséquent non sacré, sur la table *Autel.*

est un bé... marbre béni. Il est couvert de trois nappes, dont l'une à dentelle ; revêtu en entier d'un cadre de bois, où est un devant d'autel de damas à fleurs avec un galon d'or faux, le marchepied est à trois degrés en bois noyer comme le cadre, aux côtés du grand autel sont deux statues de bois dorées, l'une représentant saint Jean l'évangéliste et l'autre sainte Marthe. Il y a deux tapis pour le couvrir, l'un toile peinte, l'autre de droguet.

Table de la communion ou balustre. — L'autel est fermé par un balustre qui le sépare de la salle des malades, il est en bois noyer tourné. Et au-dessus il y a deux grands rideaux de serge rouge avec leurs tringles pour renfermer le tout dans les temps où l'on ne célèbre pas la messe.

Chaire à prêcher. — La chaire à prêcher est placée auprès, contre le mur du côté de l'évangile, et au-dessous contre le même mur jusqu'à la porte il y a quatre lits pour les malades et autant de l'autre côté.

Seconde salle. — Ensuite nous sommes entrés dans une seconde salle nouvellement construite et non encore habitée ni meublée pour n'être pas parachevée, elle est parallèle à l'autre salle. Il y a pareillement une chapelle nouvellement construite, et qui ferme par un beau balustre de fer ; on n'y célèbre pas encore pour n'être pas non plus parachevée.

Tabernacle. — Il y a un tabernacle, doublé dans le dedans d'un satin rayé, sur lequel est une niche avec couronne, où repose la statue de la Sainte Vierge, aux côtés sont quatre petites statues avec accompagnement. Les deux gradins tenant audit tabernacle sont garnis de dix chandeliers et de dix vases à fleurs avec deux boîtes destinées à placer des reliques. Le tout de bois doré, neuf et fort propre.

Retable. — Plus haut et contre le mur est un tableau avec son cadre de bois, partie peint, partie doré, représentant la Résurrection de Lazare ; à ses côtés sur deux piédestaux sont les statues de la Sainte Vierge et de saint Joseph, neuves, de bois doré.

Autel. — L'autel est en maçonnerie couverte d'une pierre de taille, sur laquelle est un boisage où l'on doit incruster un marbre béni, il est revêtu d'une contretable de bois et aux côtés sont deux petites crédences.

Cette chapelle qui a environ huit pas de long sur six de large est bien voûtée, éclairée de deux beaux vitraux, peinte sur toutes ses murailles, cadettée et en tout fort décente. Du côté de l'évangile et à côté de ladite chapelle est le chœur des sœurs hospitalières, percé pour voir célébrer, et cette ouverture est garnie d'un balustre de bois tourné et à jour. Vis-à-vis et de l'autre côté aussi *extra tectum* est la sacristie aussi nouvellement construite, dans laquelle est un grand meuble bois noyer en menuiserie et à plusieurs armoires, où nous avons trouvé les ornements et linges suivants.

<small>Sacristie.</small>

Deux sous-nappes et deux nappes d'autel, deux nappes de communion, six corporaux, quarante purificatoires, dix aubes dont trois communes à petites dentelles, et sept à grandes, trois cordons, vingt amicts, deux surplis, cinq dentelles pour l'autel.

<small>Linges d'autel.</small>

Une chasuble de satin blanc à fleurs, avec galons d'or fin. Autre de drap de Sicile bleue et jaune à galons d'argent fin. Autre de taffetas vert à galons d'or faux. Autre de taffetas violet garnie de même. Autre de satin rouge à fleurs, deux autres de satin blanc et rouge aussi à galon d'argent faux, trois de camelot dont deux noires et une blanche. Toutes ces chasubles complètes, la plupart presque neuves.

<small>Ornements.</small>

Une chape de moire blanche avec orfroi de satin, garnie d'un galon d'or faux ; une écharpe de taffetas blanc, garnie d'une dentelle d'or fin et frange d'or faux, un drap mortuaire de cadis, un devant d'autel de florentine (1) à fleurs et fond blanc à galons d'or fin et les deux garnitures pour les crédences de même. Autre devant d'autel de cuir doré, quatre autres de différentes couleurs encore de service, plus on nous a fait voir

---

(1) Etoffe de soie, appelée aussi taffetas de Florence.

une étoffe d'Angleterre (1) destinée à couvrir le Tabernacle, et drap de Sicile pour faire un devant d'autel.

Livres. Deux missels, un cahier pour la messe des morts.

Deux lampes de cuivre, un encensoir avec sa navette aussi de cuivre, une clochette, un bénitier de cuivre.

Bâtiments de l'Hôpital. Les bâtiments de l'hôpital consistent:

En deux salles sus énoncées et qui sont parallèles. La nouvelle étant du côté de matin, et au chœur des sœurs, et sacristie à côté de la chapelle neuve, l'une à droite et l'autre à gauche, aux côtés desquelles salles sont deux maisons nouvellement acquises, celle du côté de soir acquise du nommé Perraud qui l'a remise à cet hôpital en échange pour une autre maison située audit Charlieu rue de la Chèvrotterie, par acte reçu Patural sous sa date, et celle du côté de matin acquise de la demoiselle Pilloux, veuve Petit, par acte reçu dudit Patural sous sa date.

Le surplus des bâtiments consiste en une petite chambre, située derrière l'autel de l'ancienne salle et en bise d'icelle, destinée à recevoir les étrangers, de là l'on entre dans la cuisine auprès de laquelle est la souillarde, le tout devers bise. Au-dessus sont deux chambres de plein pied avec un cabinet à côté qui est de l'ancien de l'hôpital, en un corps de bâtiments placé en bise de la susdite maison acquise de la veuve Petit et contre icelle, lequel consiste en une chambre haute avec cabinets et galerie et dessus greniers et au-dessous chambre basse pour loger les domestiques, et autres aisances et appartenances, le tout contigu et tenant à ladite maison acquise de la veuve Petit, à ladite nouvelle salle de l'hôpital et sur la rue tendante de la Grande rue au Puy de Chèvre. Au devant de tous lesquels corps de bâtiments, salles et autres de l'ancien dudit hôpital est une cour et au-delà un jardin qui s'étend jusques à la rue du Puy de Chèvre, au

---

(1) Indienne peinte, fabriquée en Angleterre.

bout duquel jardin est une volière au-dessous de laquelle est un passage pour aller par une porte derrière audit Puy de Chèvre.

Jouxte le tout ensemble ladite rue tendant de la Grande rue à celle du Puy de Chèvre de matin, celle du Puy de Chèvre de bise et partie le jardin de Claude Pinet aussi de bise, la Grande rue de midi, et de soir la maison des héritiers Micol, le susdit jardin de Pinet, les maisons des nommés, la rue Lefèvre et autres. Un cloaque ou ruelle latrinale commune entre deux. Observer que dans ces limites et vers la partie qui est entre bise et matin sont comprises quatre vieilles maisons dont trois appartiennent à l'hôpital qui les loue et l'autre appartient au sieur Claude Aleigne, et est au milieu des autres. Le tout de la contenue s'il se semait de six mesures à celles de Charlieu qui pèsent chacune trente-six livres poids de marc.

Les autres immeubles de l'hôpital sont :

Une maison située en cette ville qui consiste en des dessous, sous lesquels sont deux chambres avec une galerie, à côté de laquelle est une troisième chambre et un cabinet, et au-dessus, des greniers, et une cave ; moitié d'une cour dans laquelle est un puits commun, avec droit de cuire au four de la maison voisine de Benoît Crétin, laquelle procède et faisait partie de la totalité de ladite maison et en est un démembrement que l'hôpital a fait au profit dudit Crétin. Et jouxte ladite portion étant dudit hôpital ledit démembrement de matin, la maison de Gajollet de midi, la rue tendant de la rue Mercière à la Grande rue de soir, la maison du nommé Philibert Perraud de bise. Icelle maison en totalité provenant de la succession du sieur Jean-Marie Dutreyve.

Item, une petite maison construite en ladite ville contre les murs d'icelle auprès de la tour dans le cul de sac du guichet des Capucins, consistant dans une boutique et une cuisine et greniers au-dessus ; jouxte de matin les murs de la ville, de midi la maison d'André Lafont, de soir la rue dudit cul

Immeubles.

Maisons en ville.

de sac par laquelle l'on va à la porte Notre-Dame par l'allée au-dessous de la maison de sieur Bardet, et de bise le jardin dudit sieur Claude Bardet, laquelle est présentement louée trois livres à François Perraud.

Terres et prés proche la ville.

Item, une terre au près des Capucins appelée la terre de la Croix Chazeuil, de la contenue d'environ cinq mesures et demie, avec un petit pré de la contenance d'un quintal de foin, le tout contigu et joint la terre de sieur Antoine Devaux de matin, la rivière appelée Board de midi avec un recoin continant de soir et encore de midi les terres et jardins des nommés Chervet, Perraud, Varigard et autres, le chemin tendant de Charlieu aux Capucins de soir et le jardin ou terre du sieur Buynand, un chemin entre deux, de bise.

Item, une autre terre située du côté des Cordeliers en la paroisse de Saint-Nizier, de la contenance d'environ quatre mesures, jouxte le grand chemin tendant de Charlieu à Saint-Nizier de bise, la terre de Claude Morillon de matin, la terre du sieur Dupont Desgrivay de midi et soir, icelle située au lieu des Penses Molles.

Item, deux petits prés contigus de la contenue ensemble d'environ quatre mesures, situés sur la rivière de Board, proche la planche du prieuré ; jouxte ladite rivière de matin accolant midi, le pré des religieuses de Sainte-Ursule de bise, le pré appelé le pré de la Pitance de soir et le grand chemin tendant à Saint-Nizier de midi.

Domaines ou biens de campagne.

Item, un domaine consistant en bâtiments pour le granger, terres, prés et taillis, situé en la paroisse de Pouilly-sous-Charlieu, parcelle Daillant, de la semaille d'environ cinquante mesures chacune année.

Item, autre domaine situé en la paroisse de Nandax consistant aussi en bâtiments, aisances et appartenances nécessaires à un granger, aussi terres et prés de la semaille d'environ trente-cinq mesures chaque année.

Item, autre domaine situé en la paroisse de Saint-Bonnet

de Cray, consistant en bâtiments pour granger et maître, en terres, prés et encore en un bois, abénévis du prieuré de Charlieu, à qui l'hôpital paye la rente annuelle de vingt-quatre livres, de la semence d'environ quarante mesures par année, desquels bâtiments pour le maître on loue un dessous avec deux jardins et deux petites terres à la somme de douze livres par an.

Item, situé à Fleury-la-Montagne, au Bois du Lac, consistant en deux vignes, rière la paroisse de Fleury, l'une appelée le Bois du Lac et l'autre le Petit Cottelin, en une troisième vigne appelée le Grand Cottelin, située rière Saint-Pierre-la-Noaille, en une quatrième appelée les Bancs, rière la paroisse de Noailly, en une cinquième appelée les Creux et une parcelle éparse d'autre vigne, le tout rière la paroisse de Saint-Nizier, et en une sixième appelée les Terres Rouges, aussi rière Saint-Nizier, en une septième et huitième appelées les Petites Gatilles, aussi rière ladite paroisse de Saint-Nizier. La vendange desquelles vignes se retire dans les bâtiments appartenant audit hôpital qui sont situés audit Fleury et qui sont composés de deux petites chambres hautes pour les sœurs qui vont faire vendange, une cuisine en bas avec une chambre à côté pour un locataire qui donne tous les ans trois livres et qui jouit encore d'un petit jardin d'environ une coupe, par bail du 20 juillet 1708, reçu Deshayes notaire. Il y a encore une grange attenante auxdits logements ensuite la cave contiguë ; dans ladite grange sont trois cuves tirant chacune quinze pièces de vin et une petite d'environ six pièces, et un petit pressoir. La cave ou cellier peut contenir environ quarante-cinq pièces, il y a une petite cour qui est fermée par un huisson, et joignant les bâtiments est un pâquier depuis quelques années acquis du sieur Perroy et contenant environ cinq coupes, toutes lesquelles vignes peuvent produire années communes trente-quatre pièces de vin tant pour le maître que pour le cultivateur.

Vignobles.

Rente de sept livres dix sols, échéance Saint-Martin, pour un jardin remis à titre de bail emphytéotique à Jean Aleigne,

Rentes à cause d'a-bénévisage et autres.

menuisier, le 11 février 1700, acte reçu Roland, notaire royal, ci . . . . 7ˡ 10ˢ ₙ

Rente de vingt livres au capital de mille livres, échéance à la date créée par M. le marquis d'Arcis à qui le principal fut donné en un billet de banque de mille livres par acte reçu Deschizelle, notaire royal, le 20 novembre 1720, ci . . . . 20. ₙ ₙ

La rente de cent quatre-vingt-huit livres trois sols, échéance au mois d'octobre, au principal de quatorze mille quatre cent sept livres, en billets de banque, dont le roi a créé un contrat sur les tailles de Lyon, au denier cinquante, du 30 octobre 1723, enregistré au greffe du bureau des finances à Lyon, le 9 février 1725, ci . . . 188. 3 ₙ

Item, cent cinquante livres de rente annuelle qui échoit à la date du contrat, due par M. de Sirvinges, sieur de la Motte-Camp, au principal de trois mille livres, contrat reçu Deshayes, notaire royal, le 21 février 1712, ci . . . . . 150. ₙ ₙ

Rente de six livres due par Henry Monteret de Saint-Bonnet suivant l'acte du 6 avril 1694, reçu Roland, notaire, échéance audit jour, ci. 6. ₙ ₙ

Rente de vingt-deux livres, restante de celle de trente livres, due par Claude Michel, de Saint-Nizier, le 26 septembre 1688, reçu Deshayes, et l'acte de réduction est du 28 juin 1735, reçu Arcelin, notaire, échéance le 26 septembre, ci. 22. ₙ ₙ

Rente de dix livres douze sols créée au profit de M. Legrand, acte reçu Nompère, du 16 juin 1690, dont l'hôpital est héritier par Claude Renard, de Chandon, ensuite due par Claude Bassot suivant l'acte du 25 septembre

293. 13 ₙ

| De l'autre part . . . . | 393.13 » |

1701, reçu Deschizelle, notaire royal, et maintenant due par sieur Jacques Sivelle, de Chandon, acquéreur du sieur Claude Bassot, échéance au 16 juin ci . . . . 10.12 »

Rente de quatorze livres due par le sieur Servajean, de Vougy, cédée aux pauvres par le sieur Perrichon, de Nandax, le 30 mai 1732, devant Chabrier le jeune, ci . . . . 14. » »

Rente de douze livres dix sols suivant le traité du 20 février 1730, reçu Bardet, due par Georges Thoral, au lieu du nommé Pétel de Pouilly qui devait au lieu et place de François Quidy, icelle rente provenante de l'hoirie du sieur Duplex, ci . . . . 12.10 »

Rente de deux livres due à présent par Jean Boland au lieu d'Antoine Livet qui devait en place de Delsmier, de Chandon, suivant l'acte reçu Deshayes, il paye annuellement, ci . . . 2. » »

Rente de dix livres, échéant le 15 avril, reconnue par Claudine Choreine et Claude Morin son gendre, de Pouilly, par acte reçu Nompère, le 15 avril 1692, due à présent par Simond Renard, de Pouilly, ci . . . . 6. » »

Rente de dix livres quinze sols due à présent par Claude Lefranc fils de Gisle qui l'était d'autre Claude, de Saint-Bonnet de Cray, suivant l'acte reçu Deshayes, notaire, le 19 juin 1699, ci . . . . 10.15 »

Rente de cinq livres due par Barthélemy Varigard au lieu de sieur Bertrand Simond sociétaire, imposée sur une écurie construite sur la

449.10 »

De l'autre part . . . . 449.10 »

terre de la Croix Chazeuil qui appartient à cet hôpital et ci-devant énoncée et reconnue le 15 décembre 1740 devant M⁰ Alesmonières, notaire royal, ci . . . . 5. » »

Rente foncière et irrachetable de cent livres due par M. Desgranges, de Roanne, pour la fondation d'un lit faite par demoiselle Laurence Thevenard de Marsengy en son testament du 8 mars 1723, par extrait signé Donguy et reconnue par demoiselle Françoise de la Chaise et M. Jean Martin Desgranges, son mari, le 25 avril 1732 devant Rivière, notaire royal, ci . . 100. » »

Rente de douze livres, échéance Saint-Martin, due par Bonaventure Jaquet de Fleury au lieu de Jérosme qui l'avait créée, devant Gacon, notaire, le 9 mars 1693, au profit du sieur de la Douze qui l'a cédée aux pauvres par acte reçu Roland, le 26 août 1692, ci . . . . . 12. » »

Autre rente de trois livres, créée par Louis Pérolle, de Fleury, au principal de soixante livres, acte reçu Micol, notaire, du 8 mars 1681, lesdites rentes cédées par M. et Mme la Douze aux pauvres par acte reçu Roland, du 26 août 1692, échéance auxdites dates, ci . . . . . 3. » »

Autre rente de onze livres trois sols composée de six articles : l'un de deux livres cinq sols, dû par Laurent Cuisinier, le second d'une livre, dû par la veuve de Philibert Aubret, le troisième d'une livre dix sols, dû par Jacques Demont, le quatrième de deux livres cinq sols, par Antoine Demont, le cinquième par Jean Demont, qui est de deux livres et le sixième

569.10 »

De l'autre part . . . . 569.10 »
aussi de deux livres, dû par François Roche
et Antoinette Petel sa femme, tous de Fleury,
lesquelles pensions sont causées pour abénévis
au profit de Mademoiselle Rousset, veuve du
sieur de la Ronzière de la Douze et revenant
ensemble à la somme de onze livres à laquelle
il faut joindre pour chaque article six deniers
de servis, font la totale de onze livres trois sols
et ont été iceux abénévis cédés par ladite demoiselle Rousset aux pauvres par acte du 2
septembre 1697, reçu Deshayes, notaire, ci . 11. 3 »

Rente ancienne de trente sols, due à présent
et payée par François Chabreuil, pigneollier (1)
de Charlieu, ci . . . . 1.10 »

Rente de cinq livres due ci-devant par Claude
Butaud, de Fleury, qui ayant remboursé les deniers remis à Antoine Perraud, de Charlieu, et
à Jeanne Marolle, sa femme, par acte reçu
Bardet, du 29 novembre 1740, ci . . . . . 5. » »

Rente de trois livres due à chaque fête de
Saint-Martin par Claude Duray dit Bothelin, ci 3. » »

Rente de une livre treize sols six deniers, due
par la succession dudit Antoine Perraud qui
doit au lieu de sieur Guillaume Marolle, ci . 1.13. 6

Rente de treize livres due par Jean Niel,
mercier à Charlieu, au lieu de M. Henry Denis,
pour abénévis d'une maison à Charlieu, rue
Mercière, reçu Chabrier l'aîné, du 2 février 1739,
payable au 10 septembre, ci . . . . . . 13. » »

Rente de dix livres, sous le principal de
deux cents livres, léguée par M. Emmanuel
                                            ——————
                                            604.16. 6

---

(1) Cardeur ou fabricant de cardes ?

De l'autre part	604.16.	6

Deshayes, sociétaire, en son testament reçu Nompère, notaire royal, reconnue par M⁰ Nicolas-Joseph Deshayes, son frère et leur mère, par transaction du 8 juillet 1691, reçue Micol, notaire royal, et rappelée dans un remboursement écrit au pied de ladite transaction en 1720, le 3 septembre, sous seing privé, ci. . . . . 10. » »

Rente de huit livres due par Pierre Pérolle, de Fleury, par contrat reçu Deshayes, ci. . . 8. » »

Rente de cinq livres trois sols due par Jean fils de Louis-Michel Poisson, de Saint-Nizier, suivant la sentence en la châtellenie de Charlieu, le 12 mai 1712, ci. . . . . 5. 3 »

Rente de quatre livres, créée par Antoine Gardet, tixier, de Charlieu, le 17 septembre 1689, acte reçu Dextre, notaire royal, et due présentement par Jean Guichon, aussi tixier de Charlieu, au lieu dudit Gardet, ci . . . . . . 4. » »

Rente de sept livres dix sols, échéance Saint-Martin, créée à cause d'amasage (1) par Marie Cucherat et Benoîte Imbert, du 11 juin 1672, et cédée au sieur Duplex par demoiselle Durier, le 20 juillet 1708, qui l'a cédée ensuite aux pauvres, par acte reçu Desnoyers, notaire royal, le 24 janvier 1720, due par Louis Aubret au lieu de Jean Ginet, de Fleury, ci . . . . . 7.10 »

Rente de sept livres dix sols, due par Benoit Duray, de Saint-Nizier, payable au 6 juin, ci . 7.10 »

Rente de dix livres, au principal de deux cents livres, terme le 21 décembre, créée pour sieur Jean-Marie Dutreyve dont l'hôpital est

646.19. 6

---

(1) D'amassage, d'arriéré ? V. p. 190.

De l'autre part	649. 19. 6

héritier, par Philibert Bourru, de Fleury, acte reçu Nompère, notaire royal, le 21 décembre 1698, ci . . . . 10. » »

Autre rente de 20 livres au capital de quatre cents livres, terme le 21 décembre, due par ledit, ci. . . . . 20. » »

Rente de deux livres cinq sols, terme 25 septembre, due par Claude Cuchère qui la devait à Christophe Vaginay lequel l'a cédée à l'Hôtel-Dieu par acte du 10 juillet 1740, reçu Patural, pour demeurer quitte envers l'hôpital de pareille somme qu'il lui devait comme cohéritier du sieur Perrichon, ci . . . . 2. 5 »

Rente de deux livres, terme 2 avril, due par Benoît Martelanche pour la rétribution d'une messe et une bénédiction du Saint Sacrement le jour de saint François de Paule fondées par François Bisson, le tout par acte reçu ledit Patural, le 29 septembre 1740, ci . . . . . 2. » »

Rente de dix livres échéant à la Saint-Martin reconnue par Marie Barnaud veuve Berthier et Benoît Aubret devant Patural, le 11 décembre 1740, par lequel acte ladite reconnaissante déclare et promet payer 50 l. pour arrérages échus, ci . 10. » »

Rente de douze livres échéant 23 janvier, due par les héritiers de sieur Claude Feaugat au lieu de Louis Barjot et provenante du legs du sieur Donguy par acte de création de rente devant Patural le 23 janvier 1741, ci . . . . 12. » »

Rente de deux livres dix sols échéant au 19 septembre, due par Louis Roche, de Chandon, cédée à l'hôpital par le sieur Michelet pour partie de payement d'un jardin à lui vendu, par

703. 4. 6

De l'autre part	703. 5. 6
acte reçu Patural, du 19 septembre 1741, ci . .	2.10 »

Rente de douze livres due par Benoît Alamartine pour abénévisage d'une maison en la Grande rue joignant à la sacristie des Pénitents, par acte reçu Patural, du 24 novembre 1741, ci. 12. » »

Rente de seize livres, échéance 22 février, due par Benoît Crétin pour reste de vente du devant d'une maison en rue de la Tourte, au prix de mille livres dont il a payé comptant cinq cents livres, s'est chargé de neuf livres de rente envers les sociétaires à la libération de l'Hôtel-Dieu et des trois cent vingt livres restantes en ont créé ladite rente, le tout énoncé dans l'acte reçu Patural, du 22 février 1742, ci. 16. » »

Rente de dix-sept livres dix sols au capital de trois cent cinquante livres par Sébastien Lafont, acte reçu Patural, du 17 juin 1742, des deniers provenant de remboursement fait à l'Hôtel-Dieu, échéance à la date de l'acte, ci. 17.10 »

Rente de trente-deux livres dix sols échéant au 1er juillet, créée au capital de six cent cinquante livres par sieur Claude Duret devant Patural, le 1er juillet 1743, ledit capital provenant de remboursement fait à l'Hôtel-Dieu, ci. 32.10 »

Rente de vingt-cinq livres au principal de cinq cents livres échéant le 5 juin, créée le 5 juin 1744 devant Patural par dame Renée Thevenard de Marsengy pour pareille somme faisant partie du prix d'un pré, bois taillis et de deux terres, le tout sis à Coutouvre et vendu au prix de 999 livres 15 sols par acte reçu Ray, notaire,

783.14. 6

De l'autre part	783.14. 6

le 30 mai 1742, les 499 livres 15 sols restantes ont été remboursées lors de l'acquisition de la maison de la veuve Petit, ci. . . . . 25. » »

Rente de cinquante livres due par sieur Claude Morillon, acquéreur des biens du sieur Desroches, de Mâcon, héritier du sieur Monteret, curé de Cours, qui avait légué à l'Hôtel-Dieu 2000 livres pour fondation d'un lit, ledit contrat de vente portant délégation pour les pauvres sur ledit Morillon, reçu Auleigne, notaire à Mâcon, ci. . . . . 50. » »

Rente de cent livres due par Monsieur Dupont des Esgrivais pour partie de fondation d'un lit faite par M. Henry Donguy, écuyer, et décédé le 10 mars 1737, en son testament olographe du 3 mars 1730 et reconnue à son profit le 10 février 1735 par acte contenant quittance des arrérages, par acte reçu Bardet, notaire, ci. . . 100. » »

Rente de quinze livres due par sieur François Perraud pour le même sujet, icelle rente au capital de trois cents livres créée au profit dudit sieur Donguy originairement de même que la susdite et l'une et l'autre léguées à l'hôpital avec autres pour fondation d'un lit, le contrat de création est à Lyon entre les mains de Guillin Dumontet, procureur, pour poursuivre le payement des arrérages . . . . 15. » »

Rente de douze livres foncière et irrachetable échéant le 4 juillet, due par Gaspard Mondelin et sa femme pour abénévisage d'une maison située en la rue Ronzières de cette ville par acte reçu Audibert, notaire royal, le 4 juillet

973.14. 6

De l'autre part 973. 14. 6

1745, ci . . . . 12. » »

Rente de trente livres, capital de six cents livres, échéant le 12 septembre, due par sieur Claude Roland de la Durie, résidant à Mâcon, suivant l'acte reçu Chabrier l'aîné, le 12 septembre 1726 ; a commencé d'avoir lieu depuis le carême de l'année 1744, jour du décès de sœur Jacqueline Roland, ci . . . . 30. » »

Rente de trente livres au capital de six cents livres, échéant le 12 octobre, créée par Jacques Alesmonières le 7 décembre 1736, devant Audibert, au profit de dame Françoise Hazard, veuve la Douze, qui ensuite l'a léguée aux pauvres pour en jouir du jour de son décès, icelluy contrat de création leur a été remis par le sieur Gilbert Perret, héritier, qui en outre par acte reçu Chabrier l'aîné, du 1er mars 1739, a fait remise aux pauvres des arrérages qui pouvaient lui être dus audit décès, ci . . . . 30. » »

Rente de vingt-deux livres deux sols au capital de quatre cent quarante-deux livres, payable le 22 novembre, créée par François Musset de Saint-Maurice-lès-Chateauxneufs, le 22 novembre 1704, reçu Musset notaire, et due en 1737 par Benoît et Pierre Musset dit Troncy suivant l'assignation à eux donnée par Devillaine huissier le 16 juillet 1737, ci . . . . . . 22. 2. »

Pension de treize livres dix sols six deniers échéant le 25 mars, composée de trois pensions et reconnues le 23 décembre 1705 devant Deshayes, notaire, par François Tallchard, bourgeois de Charlieu, pour laquelle dette les sieurs

1067. 16. 6

De l'autre part 1067. 16. 6

directeurs sont intervenus au décret sur les biens dudit Tallebard dont être appel à Paris, ci . . 13. 10. 6

Rente de dix livres au principal de deux cents livres créée par Mathieu Perraud pour plus valeur de la maison à lui donnée en contre échange par acte du 21 décembre 1744, reçu Patural, laquelle rente échoit à chacun 21 décembre et ne se payera qu'à commencer audit jour 1744, ci . . . . 10. » »

Pension de vingt sols pour abénévis d'une terre inculte, brosse et brossaille, à Fleury, territoire de Bos Roan, fait à Jean Thevenet par M. Jean-Baptiste Lagueron, curé dudit Fleury, dont l'hôpital est héritier, ledit abénévis daté du 18 juillet 1693 et reçu Roland notaire, ladite pension à présent due par les mariés Léger Captier et Claudine Tatu dudit Fleury et par eux avouée dans l'acte d'échange d'autres fonds devant Desnoyers notaire, le 30 octobre 1741, ci. 1. » »

Pension de vingt-cinq sols due par M⁰ François de la Ronzière, sieur de la Douze, héritier de M⁰ Gabriel de la Ronzière son père, échéant à la Saint-Martin, ci . . . . . . 1. 5 »

Rente de trois livres due par Pierre Blondel, de Saint-Nizier, échéant à la Saint-Martin, pour abénévis de la maison qu'il occupe audit Saint-Nizier, ci . . . . 3. » »

Rente de vingt-trois livres au capital de quatre cent soixante livres, créée au profit de Catherine Point Carré, fille majeure, par sieur Bertrand Villars et Jeanne Boutouge devant Patural, notaire, le 19 février 1743, payable à

1096. 12 »

De l'autre part . . . . 1066.12 »

chaque jour de Saint-Martin, ci. . . . . . 23. » »

Outre lesquelles rentes et héritages sus articulés qui appartiennent audit hôpital il lui appartient aussi certains servis emportant vends et laods autres que les ci-dessus mentionnés, lesquels ensemble peuvent monter annuellement à la somme de 30 livres, mais qui sont mal amassés et payés, par l'ancienneté du terrier, ci. . . 30. » »

Plus le produit annuel de la boucherie du carême, le boucher adjudicataire étant tenu pour avoir la permission de vendre à l'exclusion des autres de donner une aumône aux pauvres dudit hôpital qui peut aller par année commune à quarante-cinq livres (1), ci . . . . . 45. » »

Lesdites rentes reviennent ensemble à la somme de onze cent quatre-vingt-treize livres seize sols six deniers, ci. 1193ˡ 16ˢ 6ᵈ

Et les trois domaines ci-devant mentionnés, ensemble, le produit des vignes aussi ci-devant articulées, peuvent valoir par années communes suivant les anciens baux à ferme passés avant la régie qu'en fait l'hôpital, à la somme de sept cent quarante-une livres, ci. . . . . . . 741. » »

Et les loyers des petites maisons dudit hôpital aussi ci-devant articulés en notre présent procès-verbal avant les rentes et pensions montant par année à soixante livres, ci . . . . . 60. » »

Total des revenus de l'Hôpital. Il résulte que le revenu total dudit hôpital monte, années communes, à la somme de dix-neuf cent quatre-vingt-quatorze livres, seize sols, six deniers, ci 1994ˡ 16ˢ 6ᵈ

---

(1) Erreur d'addition : la somme vraie est 1191ˡ 12ˢ.

Sur laquelle somme se payent les charges dudit hôpital dont les unes sont fixes, les autres journalières et ordinaires et les autres extraordinaires.

Il est dû au seigneur prieur de Charlieu une rente de cinquante livres au principal de mille livres pour le droit d'indemnité, ci . . . . 50. " "   *Les charges fixes.*

Plus pour l'abénévis que l'Hôtel-Dieu tient dudit prieuré d'une garenne située à Saint-Bonnet de Cray, vingt-cinq livres, ci. . . . 25. " "

A Mme Delapierre, bienfaitrice dudit Hôtel-Dieu, une pension viagère de cent quatre-vingt-dix livres, ci. . . . . 190. " "

Item, à MM. les prêtres, curé et sociétaires de Saint-Philibert une rente de quatre livres au principal de quatre-vingt livres qui se peut rembourser, ci . . . . 4. " "

Item, pour rétribution de messes fondées audit Hôtel-Dieu par ses bienfaiteurs, la somme de vingt-cinq livres, ci . . . . . 25. " "

Item, soixante livres pour le prédicateur du carême suivant la fondation faite par M. Dutreyve, ci. 60. " "

Item, pour les gages et nourriture de deux valets qui sont audit Hôtel-Dieu pour la culture des vignes, prés et terres, trois cents livres, ci. 300. " "

Item, pour la nourriture et gages de deux servantes, la somme de deux cent quarante livres, ci. . . . . 240. " "

Pour les servis imposés sur les domaines, maisons, prés, vignes et terres, soixante-et-dix livres, ci. . . . . 70. " "

Total des charges . . . . . 964ˡ " "

Laquelle somme de neuf cent soixante-quatre livres déduite   *Revenus nets.*

sur celle des revenus de l'autre part se montant à dix-neuf cent quatre-vingt-quatorze livres seize sols six deniers, il ne reste net desdits revenus que la somme de mille trente livres seize sols six deniers pour l'entretien des bâtiments tant en ville qu'en campagne, la nourriture des pauvres, celle des sœurs hospitalières, achat de drogues et toutes autres charges casuelles et journalières.

Dettes exigibles actives et passives. Enquis des dettes exigibles tant passives qu'actives dudit hôpital ?

Répondent que l'hôpital n'est tenu d'aucune dette exigible et que ses dettes actives sont :

Billet de la somme de trente livres fait par P. Gacon et B. Jallemont en date du 21 décembre 1727 et contrôlé le 14 février mil sept cent vingt-sept par Audibert, lequel billet est au profit du sieur Dutreyve dont l'hôpital est héritier et auquel est attaché une demande aux fins de payement formée par les sieurs directeurs le 21 février de ladite année 1727, ci . .	30. » »
Une promesse de cinquante livres du 25 octobre 1720 contre Jeanne Desroches, ci . . .	50. » »
Traité entre le bureau d'une part et M. Joseph Donguy, du 2 janvier 1716, contenant promesse de six cent soixante-dix-neuf livres, ci	679. » »
Acte de remise d'une obligation de la somme de mille livres sur les mariés Joly et Dextre, de Cours, qui en ont acquitté cinq cent soixante livres et qui demeurent débiteurs des quatre cent quarante livres pour parfaire la somme de mille livres, acte reçu Patural, du 22 mai 1740, ci	440. » »
Autre obligation de la somme de cent vingt-six livres trois sols six deniers, par acte reçu	
	1199. » »

De l'autre part	1199. » »
Chabrier l'aîné, du 1ᵉʳ août 1723, ci	126. » »
Autre obligation de cent onze livres dont la minute est entre les mains du sieur Adam notaire, en date du 11 mai 1746, consentie au profit de l'Hôtel-Dieu par Pierre Barnaud et Jeanne Devaux sa femme, ci	111. » »
	1436. » »

Enquis de l'établissement dudit hôpital, par qui fondé et s'il est autorisé de lettres patentes : *Établissement de l'hôpital.*

Répondent qu'ils n'ont pas connaissance des premiers fondateurs, mais qu'originairement il était destiné pour donner l'hospitalité aux pauvres passants et pour y recevoir et traiter les pauvres malades de cette ville ; que, par un inventaire ancien de 1478, il paraît que cet Hôtel-Dieu subsistait déjà depuis longtemps puisque dans cet inventaire il y a plusieurs lettres patentes de différents rois, et entre autres du roi saint Louis, de l'année 1259, qui y sont articulées ; que cet hôpital a subsisté dans cet état jusques vers l'année 1682, que depuis les revenus de cette maison commençant à s'augmenter par les aumônes des fidèles, successivement ils se sont trouvés monter en 1712 jusques à la somme de 1500 livres de rente, ce qui obligea les administrateurs d'alors de faire confirmer ledit hôpital par de nouvelles lettres patentes *Lettres patentes.* qu'il a plu à Sa Majesté de leur accorder et qui sont datées de Versailles au mois d'octobre 1713, lesquelles lettres patentes ont été enregistrées au Parlement par arrêt du 2 juillet 1715, selon leur forme et teneur, ensemble les règlements approuvés par M. de Tilladet, l'un de nos prédécesseurs ; ledit arrêt d'enregistrement à la charge, que dans tous les cas qui ne sont pas prévus par lesdits règlements, ledit Hôtel-Dieu sera régi et administré conformément à la déclaration du roi du 12 décembre 1698 et icelui arrêt d'enregistrement daté du 2 juillet 1715 ; et a été ensuite enregistré tant en l'élection de Roanne, le 18 novembre 1718, que de Mâcon, le 10 septembre 1720; desquelles lettres patentes et enregistrement d'icelles nous enjoignons auxdits sieurs recteurs et administrateurs de nous fournir extrait en bonne forme pour être joint à notre présent procès-verbal.

<small>Nombre fixé de lits.</small> Enquis combien il y a de lits pour les pauvres dans cet hôpital?

Répondent qu'il y a sept lits dont cinq sont fondés, l'un par M. Lagueron, curé de Fleury, le second par le nommé Vilaine, le troisième par M. Monteret, curé de Cours, le quatrième par M. Donguy, le cinquième par Mademoiselle de Morsengy; tous ces lits sont pour les pauvres de la paroisse de Charlieu et surtout pour les parents des fondateurs, si ce n'est la fondation du curé de Fleury qui est affectée aux pauvres de sa paroisse ainsi qu'il est porté par son testament passé à Marsigny et reçu Frémenville, notaire, le 1er avril 1718, au profit de cet hôpital qui est institué héritier, et des successeurs curés de Fleury en droit de nommer successivement le pauvre de ladite paroisse. Lesdits sept lits pour sept pauvres malades lesquels sont servis par des sœurs hospitalières qui, suivant ledit arrêt d'enregistrement des lettres patentes, peuvent être jusques au nombre de six; elles ne sont présentement que deux avec une novice.

<small>Sœurs hospitalières.</small> Enquis de quel ordre sont lesdites filles servantes des pauvres et quand établies et appelées à cet Hôtel-Dieu?

Disent qu'en 1692 par permission de notre prédécesseur immédiat, du 25 janvier, à la requête de MM. de ville et du bureau, les personnes des sœurs Françoise Javoye et Françoise Bassot, hospitalières de l'Hôtel-Dieu de Cluny, se transportèrent dans cet hôpital de Charlieu pour y instruire des filles dudit lieu ou du voisinage, à y servir les malades et ce pour autant de temps qu'il serait jugé nécessaire, que Marie Delapierre fut reçue à cet effet le 8 mars 1693, et ensuite feue Jacqueline Roland, le 30 mars audit an, lesquelles ayant été formées et instruites, lesdites sœurs Javoye et Bassot retournèrent à leur hôpital de Cluny; que leur ordre est celui des sœurs hospitalières de Cluny, et qu'elles suivent les mêmes règlements dont nous leur enjoignons de nous envoyer une copie en forme. Disent lesdites sœurs hospitalières que les postulantes servent pendant quelques mois les pauvres audit hôpital, sans y être nourries les trois premiers mois, qu'après cette épreuve elles sont admises au noviciat par le bureau sur la présentation de la supérieure pendant une seconde année.

Durant la première desdites deux années elles doivent payer cent vingt livres pour leur pension, outre leur entretien qui est à leur charge; elles fournissent aussi à leurs frais leurs habits de novice et généralement toutes autres choses, excepté la nourriture qu'elles prennent des pauvres l'année de leur noviciat et ne payent plus ladite pension. Ensuite elles sont admises au nombre desdites sœurs de même qu'elles l'ont été pour leur noviciat et alors elles passent un acte avec le bureau, par lequel elles se constituaient ci-devant une somme de trente livres sous le capital de six cents livres qui demeure à l'Hôtel-Dieu après leur décès en icelui, de même que leur trousseau, de sorte que lesdits pauvres ne leur donnent que la nourriture et leur logement. Elles peuvent quitter quand elles veulent et suivant lesdites lettres patentes elles ne peuvent jamais faire ni vœux, ni corps de communauté.

Enquis par qui est régi et gouverné ledit hôpital quant au spirituel et temporel?

Disent que quant au spirituel suivant leur règlement, les recteurs et administrateurs doivent choisir, lorsqu'il est nécessaire, pour directeur spirituel dudit Hôtel-Dieu, une ecclésiastique dont les fonctions et devoirs sont contenus au chapitre second desdits règlements et que suivant le chapitre troisième ils nomment aussi quand ils le trouvent à propos un ecclésiastique pour chapelain; et quant au temporel, il est administré par le bureau qui doit être composé de M. le prieur titulaire de Charlieu qui en est le président, de Dom l'aumônier dudit prieuré, du sieur curé de la paroisse, du sieur directeur spirituel, tous directeurs nés, des deux recteurs électifs de deux en deux ans, du receveur, de l'avocat ou procureur et des deux derniers recteurs hors de charge.

Enquis si les recteurs ont rendu leurs comptes ?

Répondent que les comptes ont été rendus jusqu'au 22 janvier 1736; et à l'instant s'est présenté Mᵉ Marc-Antoine Duverney, prêtre sociétaire de l'église paroissiale de Charlieu, tuteur décerné aux enfants mineurs de Mᵉ Jacques Alesmonière, notaire royal, l'un des recteurs comptables, lequel a dit en sadite qualité être prêt de satisfaire aux engagements dudit sieur Alesmonières envers le bureau, pour quoi avons renvoyé l'audition des comptes au bureau de direction qui sera tenu cet après-midi.

Enquis lesdits sieurs recteurs et administrateurs s'il y a une messe quotidienne pour les pauvres ?

Répondent qu'il y a une messe quotidienne qui se dit audit Hôtel-Dieu par fondation faite par feu sieur Henry Bierson, maire de la ville de Charlieu, par acte reçu Gueydon, le 26 septembre 1717, par lequel acte ledit fondateur charge son héritier et les siens en ligne directe de choisir et nommer un prêtre pour célébrer ladite messe quotidienne audit hôpital et charge ses biens et son héritier de payer audit prêtre acquittant ladite fondation annuellement deux cents livres. Laquelle fondation est actuellement acquittée par les Pères Cordeliers sans néanmoins qu'il y ait aucun profit pour ledit hôpital qui veut bien fournir, à cause de la commodité des pauvres, les ornements et autres choses pour la célébration desdites messes à la réserve des charges.

Enquis lesdits sieurs recteurs et administrateurs des noms desdites sœurs hospitalières ?

Répondent que la Supérieure s'appelle Marie Delapierre, née en cette ville, âgée d'environ soixante-et-dix ans, Elizabeth Blondel, née en la paroisse de Juliénas de notre diocèse âgée d'environ quarante ans.

Enquis quelles sont les fondations de messes, bénédictions et autres dont ledit hôpital est chargé ?

Disent que ces fondations sont : 1° une messe basse le jour de saint Jean l'Évangéliste pour Jeanne Thevenon, de la paroisse de Pourpière; 2° six messes basses pour M. Deshayes prêtre, les six premiers lundis des six premiers mois de l'année; 3° douze messes basses pour feu M. Jean-Marie Dutreyve, savoir, six les six premiers vendredis de l'année en l'honneur de la Passion de notre Sauveur et les autres six derniers samedis de l'année en l'honneur de la Très Sainte Vierge; 4° une messe basse le 12 de mars pour Benoît Marolle; 5° une messe basse le 15 août fête de l'Assomption avec la bénédiction du Très Saint Sacrement le soir, fondée par Marie Delapierre pour le repos de l'âme de Philiberte Cajon veuve de Philippe Delapierre, sa mère; 6° deux messes basses l'une le jour des Morts avec la bénédiction du Très Saint Sacrement le soir, et l'autre le 22 novembre pour Françoise Nompère veuve Mericlet; 7° six messes basses les six premiers lundis des six premiers mois de l'année pour demoiselle Françoise Verchère de Marsengy; 8° une messe basse pour demoiselle Agnès Cuisinier le 2 février; 9° huit messes basses pour demoiselle Closio veuve Durand qui doivent se dire les 29 janvier, 2 février, 19 mars, 1er avril, 24 juin, 24 novembre, 8 décembre, et jour de saint Jean l'Évangéliste, le 27 décembre; 10° une grand'messe et la bénédiction du Saint Sacrement le soir du 29 juillet, jour de sainte Marthe, pour Claude Roux, de la paroisse de Fleury; 11° une messe basse le 7 février pour M. Henry Donguy; et finalement une messe basse le 2 avril pour François Bisson, de Saint-Maurice.

Et comme nous ne voyons pas qu'il y ait aucune fondation faite pour les anciens bienfaiteurs dudit hôpital nous ordonnons que lesdits sieurs recteurs feront dire dans l'octave des Trépassés une grand'messe où ils assisteront.

Lecture faite de notre présent procès-verbal de visite auxdits sieurs recteurs et administrateurs dudit Hôtel-Dieu auxdites sœurs hospitalières y servant les malades, et encore audit père du couvent desdits Cordeliers et autres ci-présents ont tous dit contenir vérité et ont signé ceux d'entre eux qui ce savent avec nous, nos vicaires généraux, promoteur, le greffier; les autres ayant déclaré ne le savoir de ce enquis.

† H. C., évêque de Mâcon; D. Ph. UCHARD; DUVERNAY; DUSORT DE SAINT-AMOUR, vicaire général ; l'abbé DE BUSSY, vicaire général ; MANOURY, vicaire général; TIRANT, aumônier ; DUPONT, curé de Charlieu ; TILLARD DE TIGNY, juge royal de Charlieu ; MICHELET; DUVERNAY; PATURAL; BUGNAND ; PEGUT, promoteur ; Sœur DELAPIERRE ; Sœur BLONDEL ; AUDIBERT ; COLLET.

S'ensuit copie de la délibération du bureau de l'Hôtel-Dieu de Charlieu, tenue dans le cours de la visite de Monseigneur l'Évêque.

Du dimanche trente-unième jour du mois de juillet au bureau de l'hôpital de Charlieu.

Assemblée extraordinaire, convoquée par illustrissime et révérendissime Monseigneur Messire Henry Constance de Lort de Sérignan de Valras, évêque de Mâcon, procédant à la visite dudit hôpital dans le cours des visites générales de son diocèse, a été tenue.

En laquelle assemblée étaient mondit seigneur l'évêque assisté de Me Aymé-Ange Mignot de Bussy, abbé de Nanty, vicomte de Verdun, chanoine, grand archidiacre de l'église de Mâcon, de Me Antoine-Gaspard Dusort de Saint-Amour, chanoine trésorier du chapitre de l'église collégiale de Saint-Pierre de Mâcon, ses vicaires généraux, et de Me Bonnet Pegut, promoteur du diocèse.

Messire Dom Philibert Uchard, licencié en Sorbonne, prieur

du prieuré de Charlieu, président né du bureau, Dom Jacques Louis Tirant, aumônier dudit prieuré, M⁰ Claude Dupont, docteur en théologie, curé de la ville de Charlieu, tous directeurs nés dudit hôpital, sieur Jean-Baptiste Michelet, marchand, M⁰ Camille-François Patural, notaire royal et procureur, tous deux recteurs et administrateurs dudit hôpital. Et encore Marie Delapierre, supérieure des sœurs hospitalières, servant ledit hôpital avec sa compagne, faisant actuellement la recette et dépense dudit hôpital.

Et Messire Gaspard Buynand, juge bailli et maire de ladite ville, Messire Pierre Audibert, procureur du Roi en la mairie, et M⁰ Jean-Baptiste Collet, greffier de la ville, et autres notables, bourgeois et habitants de ladite ville.

En laquelle assemblée mondit seigneur l'évêque a dit qu'il l'avait convoquée pour reconnaitre la situation et l'administration présente de cet Hôtel-Dieu et pourvoir en ce qui sera jugé nécessaire pour entretenir le bon ordre. Ensuite pour connaitre la forme de l'administration de cet hôpital, mondit seigneur l'évêque s'est fait représenter les lettres patentes confirmatives de l'établissement de cet Hôtel-Dieu obtenues en 1713, l'arrêt d'enregistrement d'icelles fait en Parlement en 1714, et des règlements qui s'y sont autorisés et confirmés, après quoi lui ont été représentés les comptes que défunts Jean-François Bardet et Jacques Alesmonière, tous deux recteurs, ont rendu chacun séparément et en leur particulier pour les recettes et dépenses qu'ils avaient faites jusqu'au 22 janvier 1746 (1), lesquels comptes ne contenant aucune reprise d'arrérages échus alors et dus, ledit seigneur évêque les a passés sans les approuver, lesquelles reprises, s'il y en a, seront payées par les héritiers du sieur Bardet et dudit Alesmonière et leur seront demandées par le bureau à mesure qu'il en aura acquis la connaissance.

Signé : † *H. C., évêque de Mâcon ; Et. Duvernay.*

---

(1) D'après le contexte, il faut sans doute lire 1736 au lieu de 1746.

A l'instant s'est présenté dans l'assemblée M⁰ Marc-Antoine Duvernay, prêtre sociétaire de l'église paroissiale de Charlieu, tuteur décerné aux enfants mineurs dudit feu Alesmonière, assisté de M⁰ Jean-Louis Duvernay, son frère, avocat en parlement, lequel a dit que, pour satisfaire à l'acte de sommation qui lui fut faite le 28 de ce mois en vertu de la délibération du bureau tenu le jour précédent, il aurait fait faire une assemblée de parents le jour d'hier, lesquels après avoir reconnu que véritablement ledit défunt Alesmonière avait depuis son compte-rendu au mois de janvier 1730 continué à recevoir et faire dépense des revenus et biens des pauvres de cet hôpital, il était indispensable à ses mineurs et héritiers de rendre un compte à ce sujet, ont arrêté que ledit sieur tuteur assisté dudit sieur Duvernay, avocat, travailleront incessamment à dresser et rendre ce compte pardevant Mgr l'évêque dans le cours de sa visite dudit hôpital, toutefois sans préjudice et sauf à rejeter au profit et décharge desdits mineurs les deniers qu'autres personnes que ledit feu sieur Alesmonière pourraient avoir reçus ; donnent de plus lesdits parents assemblés pouvoir audit sieur avocat Duvernay de faire sur le fait de la reddition du compte tout ce qu'il jugera nécessaire, mais ajoute ledit sieur tuteur que n'ayant trouvé parmi les papiers de la succession que des mémoires et quittances servant à constater la dépense sans aucun livre et mémoire pour poser la recette, il leur a été impossible depuis cette délibération des parents de mettre ce compte en état d'être présenté ; d'ailleurs qu'étant certains que ledit sieur Alesmonière n'a pas continué jusqu'à son décès la recette et dépense et qu'il l'avait quittée quelques années auparavant, ils n'avaient pu jusqu'ici fixer les années dont les mineurs sont comptables.

Sur quoi ladite sœur Lapierre, supérieure, ci-présente, a dit qu'il est vrai que ledit sieur Alesmonière n'a pas continué jusques à son décès à faire la recette et la dépense ordinaire et que le sieur Alesmonière l'ayant abandonné en janvier 1742, elle y a suppléé et offre de rendre compte de sa gestion depuis le mois de janvier 1742.

Sur quoi lesdits frères Duvernay ont dit et promettent de rendre compte pour leurs mineurs à compter du vingt-deux janvier mil sept cent trente-six jusqu'au mois de janvier mil sept cent quarante-deux, dans lesquels comptes la recette contiendra tous les articles dus aux pauvres pendant le cours des cinq années, sauf entre lesdits sieurs Duvernay d'une part et ladite sœur Delapierre d'autre, à se faire réciproquement raison sur les articles que ledit sieur Alesmonière se trouvera avoir reçu des années dont ladite sœur Lapierre se rend comptable, et de même ladite sœur Lapierre des deniers qu'elle aurait touchés pendant les années dont lesdits mineurs feront compte; et ont lesdits Duvernay demandé pour dresser ce compte jusqu'au vendredi cinquième jour du mois d'août prochain, ce qui leur a été accordé, et en même temps mondit seigneur l'évêque, pour l'entendre, a renvoyé la continuation de la présente assemblée audit jour vendredi cinquième août à trois heures après midi, et ont lesdits sieurs Duvernay signé.

Signé : † *H. C., évêque de Mâcon ; Duvernay ; Dusort de Saint-Amour, vicaire général ; l'abbé de Bussy, vicaire général ; Manoury, vicaire général ; Pegut, promoteur ; D. Ph. Uchard ; Tirant, aumônier ; Dupont, curé de Charlieu ; Duvernay ; Michelet ; Patural ; Buynand ; Sœur Delapierre ; Sœur Blondel.*

Du vendredi cinq août mil sept cent quarante-six, après midi.

L'assemblée continuant et tenant le bureau, s'y est présenté ledit sieur Marc-Antoine Duvernay, prêtre sociétaire de Charlieu, tuteur des enfants mineurs de sieur Jacques Alesmonière, lequel a dit que la compagnie sans la maladie qui est survenue à sondit frère (1) et qui les a empêchés à dresser ledit compte qu'ils ont promis de présenter cejourd'hui au bureau en suppliant Monseigneur l'évêque et Messieurs de les avoir pour excusés, sur quoi Monseigneur et Messieurs ont arrêté qu'attendu la maladie du sieur avocat Duvernay dont on ignore l'évènement, le compte dont il s'agit est renvoyé à la fin du mois de septembre prochain, auquel temps il sera rendu pardevant nous ou nos vicaires généraux ou autres qui seront par nous commis à cet effet.

Ensuite la sœur Lapierre, supérieure, a demandé d'être entendue dans le compte qu'elle a offert de rendre à compter du mois de janvier 1743 jusqu'à celui de cette présente année 1746 qu'elle a remis sur le bureau en l'affirmant véritable.

Et par l'examen et calcul d'icelui la recette s'est trouvée monter et a été arrêtée à la somme de cinq mille cent dix-huit livres huit sols et la dépense à celle de quatre mille quatre cent nonante-neuf livres cinq sols quatre deniers; partant, la recette excède la dépense de la somme de six cent dix-neuf livres deux sols huit deniers, dont la comptable est reliquataire et qu'elle demande lui être compensée par les sommes qui lui sont dues pour sa pension et autres et se réserve les arrérages dûs et les non valeurs.

L'assemblée après plusieurs considérations a continué ladite sœur Lapierre dans la charge de receveur dudit hôpital à la charge par elle toutefois de rendre compte, par chacun an, au bureau de direction, dans le courant du mois de février, des administrations qu'elle aura faites pendant l'année précédente, laquelle continuation aura lieu pendant deux années qui, sans y comprendre la courante, commenceront au mois de janvier prochain 1747, et ce, sans tirer à conséquence pour celles qui lui succéderont, attendu sa bonne administration et les

---

(1) La phrase est inintelligible, probablement par suite d'une omission. Il faut lire *lequel a dit que ses comptes auraient été présentés à la compagnie sans la maladie*, etc.

services essentiels qu'elle a rendus et rend journellement à cette maison.

Ensuite sur la remontrance que ledit sieur promoteur a faite que dans le procès-verbal de la visite dudit [...] les domaines qui lui appartiennent y sont à la vérité énoncés, mais que pour la conservation des héritages qui le composent, ainsi que des bâtiments d'un chacun, il serait nécessaire qu'il en fût fait des dénombrements où chaque pièce de fonds fut articulée par climats, contenues et confins, dont un double resterait aux archives dudit hôpital et l'autre serait joint au susdit procès-verbal de visite.

Qu'il est informé qu'il n'y a aucune recette manuelle et incorporée des rentes et pensions articulées au procès-verbal de visite et que les recettes anciennes ne sauraient être présentement d'usage soit à cause des remboursements et nouveaux placements des deniers, il estime nécessaire de faire dresser une nouvelle recette manuelle et incorporée pour être remise entre les mains du receveur et les mettre par ce moyen en état d'exiger avec exactitude les pensions et rentes actuelles.

Qu'il est aussi informé que les archives de cet hôpital sont en mauvais ordre et sans aucun inventaire régulier, ce à quoi il est aussi nécessaire de pourvoir.

Et enfin que les terriers qui appartiennent à l'hôpital ne produisent que peu de chose parce qu'ils sont anciens et en mauvais état, à quoi il est encore nécessaire de pourvoir.

Le tout mis en délibération, Monseigneur et Messieurs ont arrêté :

1°. — Qu'il sera fait dans l'espace de deux mois un dénombrement des fonds dont chaque domaine est composé. Chaque article énoncera en particulier le fond avec la paroisse et finage où il est situé, sa dénomination, contenue et nouveaux confins; quant aux bâtiments et appartenances ils seront décrits, de même que l'état où ils se trouvent présentement.

2º. — Qu'il sera dressé dans le même espace de temps une recette divisée en deux chapitres : le premier comprendra les pensions foncières et irrachetables, et l'autre les rentes constituées ; dans l'un et l'autre les pensions et rentes constituées seront distribuées dans le mois de leur échéance et chacune sera articulée en tête d'une page avec le nom du tenancier ou débiteur actuel, le jour de l'échéance, le rappel de l'acte primordial et de reconnaissance avec sa date et le notaire qui l'a reçu, et au bas de chaque article ainsi couché sur le livre de ladite recette seront inscrits les payements à mesure qu'ils seront faits de sorte que d'un coup d'œil l'on puisse reconnaître les débiteurs qui seront en retard et prévenir les prescriptions.

3º. — Dans les articles des pensions foncières et irrachetables comme celles causées pour abérévis de maisons ou fonds et autres il y sera ajouté la maison ou le fond sur lequel est imposée la pension avec les parties dont elle est composée, le lieu où elle est située et ses nouveaux confins, le tout afin que les nouveaux recteurs en aient connaissance et puissent veiller contre les détériorations et reprendre les héritages si le cas y échoit.

4º. — Qu'il sera fait au plus tôt un inventaire des titres et papiers concernant les biens et affaires dudit hôpital, conformément à la déclaration du Roi, du 12 décembre 1698, sur l'administration des hôpitaux (1), lequel inventaire bien circonstancié demeurera avec lesdits titres dans l'armoire qui sert d'archives et qui ferme à trois clefs dont l'une sera gardée par le sieur prieur président, la seconde par l'un des rec-

---

(1) Les rois de France ont rendu un grand nombre d'ordonnances sur l'administration des hôpitaux, mais la plus remarquable fut celle du 12 décembre 1698 qui resta en vigueur jusqu'à la Révolution. Elle comprend 23 articles, dont l'avant-dernier, visé ici par l'évêque visiteur, est ainsi conçu : « Il sera fait un inventaire desdits titres et papiers, sur lequel seront ajoutés les comptes qui seront rendus à l'avenir et les actes nouveaux concernant les affaires de l'hôpital, à mesure qu'il s'en passera ; et seront lesdits actes et comptes, avec les papiers justificatifs, remis aux archives de l'hôpital ».

teurs en exercice, et la troisième par la sœur Lapierre, et après elle par telle personne qu'il sera jugé à propos.

5°. — Que le double des comptes qui seront rendus à l'avenir avec les pièces justificatives et que les nouveaux actes qui concerneront les affaires de l'hôpital seront mis auxdites archives à mesure qu'il s'en passera.

6°. — Que conformément à ladite déclaration du Roi le bureau de direction ne fera aucun emprunt, aliénation, acquisition ou échange sans une délibération au préalable à laquelle seront appelés le maire, à défaut les échevins, ou les principaux habitants de Charlieu.

7°. — Que suivant ladite déclaration de Sa Majesté, les baux à ferme tant des maisons qu'autres biens et revenus de l'hôpital ne pourront être faits que dans le bureau de direction après les publications et enchères ordinaires.

8°. — Que les adjudicataires seront tenus de fournir au bureau deux expéditions du bail à ferme, l'une pour être mise aux archives afin d'y avoir recours en tous les cas, et l'autre au receveur pour les mettre en état d'exiger les payements; de même à l'égard des reconnaissances des rentes déjà constituées, le notaire en délivrera deux expéditions au bureau, dont l'une comme dessus demeurera inviolablement aux archives et l'autre sera donnée au receveur pour s'en servir à faire sa recette ; cette précaution nous a paru d'autant plus nécessaire qu'il s'est perdu et égaré plusieurs expéditions qu'il est aujourd'hui difficile de retrouver ; quant aux expéditions originelles des contrats, elles seront aussi déposées aux archives après que l'on en aura fait article dans ledit livre de recette manuelle à la forme qu'il est dit pour les rentes constituées.

Fait, clos et arrêté les jours et lieux que dessus et, sur la représentation qui a été faite par ladite sœur Lapierre, au sujet des dots des filles qui sont reçues parmi les sœurs hospitalières et qui étaient autrefois de six cents livres en principal, [qu'elles] étaient insuffisantes eu égard aux circonstances des temps, il a été arrêté que les dots à l'avenir ne pourront être moindres de mille livres, sans y comprendre le trousseau et autres choses nécessaires.

> Signé : † H. C., évêque de Mâcon ; l'abbé de Bussy, vicaire général ; Manoury, vicaire général ; Dusort de Saint-Amour, vicaire général ; D. Ph. Uchard ; Tiran, aumônier ; Buynan ; Tillard de Tigny ; Pégut, promoteur ; Michelet ; Patural ; Dupont, curé de Charlieu ; Sœur Delapierre.

Par extrait du livre des délibérations du bureau de l'hôpital de Charlieu.

PATURAL, recteur et secrétaire.

S'ensuivent les lettres patentes confirmatives de l'établissement de l'hôpital de Charlieu.

LOUIS, par la grâce de Dieu, Roi de France et de Navarre, à tous présents et à venir, salut. Nos chers et bien aimés les recteurs et administrateurs de l'Hôtel-Dieu de Charlieu au diocèse de Mâcon nous ont très humblement fait remontrer que cet hôpital, qui a été originairement fondé pour donner l'hospitalité aux pauvres passants et pour y recevoir et traiter les pauvres malades de ladite ville, est un des plus anciens du royaume, ce qui se justifie tant par un inventaire de ces titres et papiers, fait en 1478, contenant plusieurs lettres patentes de concession de différents Rois, et entr'autres du Roi saint Louis, de l'année 1259, que par des anciens registres de la justice ordinaire de ladite ville des années 1414 et 1418, et par une infinité d'actes antérieurs ou postérieurs qui regardent son administration, d'où il parait qu'il a toujours subsisté dans le même état jusqu'en l'année 1682 et que l'hospitalité y a toujours été exercée avec charité et édification. Mais les revenus de cette maison s'étant augmentés par les aumônes et les pieuses dispositions des fidèles, et les logements étant trop petits pour y retirer tous les pauvres malades qui s'y présentaient, parce que le nombre en croissait de jour en jour considérablement par le malheur des temps qui sont survenus, lesdits administrateurs ont été obligés, non seulement d'en faire aussi changer et augmenter les bâtiments et d'y faire construire une autre chapelle, mais encore de lui donner une nouvelle forme de gouvernement, ayant cru ne pouvoir rien faire de plus convenable et même de plus nécessaire pour le soulagement des pauvres et pour le bien spirituel et temporel dudit hôpital, que d'appeler des filles hospitalières de Cluny, petite ville des environs, pour y desservir les malades, et d'y faire observer des statuts et règlements, pareils à ceux de l'Hôtel-Dieu de cette même ville, qui avaient été confirmés par lettres patentes de Sa Majesté, du mois d'octobre 1674; et en effet, toutes ces choses ayant été exécutées en conséquence des consentements et approbations donnés en différents temps par le sieur évêque de Mâcon, cela a produit tout le bien et tout le succès qu'on en pouvait désirer, en sorte que plusieurs personnes charitables, dans la vue de contribuer à l'augmentation et à l'avantage d'un établissement si utile et si bien administré, ont encore fait depuis, ou sont actuellement dans l'intention de faire, en sa faveur, des legs et des libéralités différentes, mais parce que les anciennes lettres patentes de confirmation dudit hôpital ont été perdues et qu'il est néanmoins très important pour la validité de ces sortes de dispositions ainsi que pour l'exécution de nouveaux règlements, que le tout soit autorisé de nous et confirmé par de nouvelles lettres patentes, lesdits administrateurs nous ont très humblement fait supplier de vouloir leur accorder celles sur ce nécessaires.

A ces causes et autres causes nous mouvant, désirant contribuer autant qu'il dépend de nous au maintien et à l'augmentation d'un établissement si utile et si avantageux pour les pauvres, de l'avis de notre Conseil qui a vu leurs règlements adressés par les administrateurs pour l'administration tant spirituelle que temporelle de ladite maison avec les approbations dudit évêque de Mâcon et différents actes de donation ou libéralités faites en faveur dudit hôpital et autres pièces nécessaires, les copies collationnées de tout ce que dessus étant ci-attachés sous le contre-scel de notre chancellerie, de notre grâce spéciale, pleine quittance et autorité royale, nous avons loué, approuvé et confirmé, louons, approuvons et confirmons, par ces présentes signées de notre main, l'établissement dudit Hôtel-Dieu dans ladite ville de Charlieu en la manière et ainsi qu'il est établi et qu'il a jusqu'à présent subsisté. Voulons que lesdits règlements soient gardés et observés selon leur forme et teneur et que lesdits donations, legs, fondations, aumônes, libéralités et autres dispositions ci-devant faites en sa faveur, puissent sortir leur plein et entier effet, comme aussi qu'il soit permis aux administrateurs de cette maison de recevoir en ladite qualité toutes celles qui se feront à l'avenir soit par testament, codicilles, donations entre vifs ou à cause de mort ou autrement à quelque titre et quelque manière que ce soit, même d'en faire les acceptations, demandes, poursuites et recouvrements nécessaires.

Enjoignons à tous, curés, notaires, tabellions et autres qu'il appartiendra, d'envoyer incessamment audit hôpital des extraits des actes contenant les dispositions faites à son profit, à peine d'en répondre en leurs propres et privés noms et de tous dépens, dommages et intérêts, permettons pareillement auxdits administrateurs de pouvoir acquérir, vendre, échanger et faire tous autres actes et contrats que le bien et l'avantage dudit hôpital pourront requérir. Voulons en outre que ledit Hôtel-Dieu jouisse des mêmes privilèges ou concessions accordés aux autres maisons de pareil établissement, avons amorti et amortissons l'étendue seulement de ses bâtiments, cours, jardins et enclos comme dédiés à Dieu et consacrés au service des pauvres, sans que pour raison de ce, il soit tenu de nous payer à nos successeurs Rois aucune finance ou indemnité dont, en temps que de besoin serait, nous lui avons fait et faisons don et remise à quelque somme qu'elles puissent monter, sauf néanmoins et sans préjudice des droits, immunités et devoirs dus à d'autres seigneurs qu'à nous. Déclarons aussi ledit hôpital exempt de tout droit de guet et garde, fortifications, fermeture de ville et faubourg, même de logement, passages, aides, subsides et contributions de gens de guerre, à la condition toutefois que les filles qui ont été déjà choisies par lesdits administrateurs pour desservir ledit hôpital et qui le seront ci-après, n'excéderont point le nombre de six, ne pourront jamais faire ni vœux, ni corps de communauté. Si **DONNONS EN MANDEMENT** nos amis et féaux conseillers, les gens tenant notre cour de Parlement, chambre et cour des aides à Paris, présidents trésoriers de France, généraux de nos finances et autres justiciers et officiers qu'il appartiendra, que ces présentes ils aient à enregistrer, et faire exécuter selon leur forme et teneur pour par ledit Hôtel-Dieu jouir et user du contenu en icelles pleinement, paisiblement et perpétuellement, cessant et faisant cesser tous troubles et empêchements contraires. Car tel est notre plaisir et afin que ce soit chose ferme et stable à toujours, nous avons fait mettre notre scel à ces présentes.

Donné à Versailles, au mois d'octobre, l'an de grâce mil sept cent treize et de notre règne le soixante-onzième. *Signé : Louis.* Et plus bas par le roi. *Signé : Philipeaux.* Dûment scellé en cire verte et sur triple registre.

Vu le procureur général du roi pour jouir par ledit Hôtel-Dieu de leur effet et contenu et être exécuté selon leur forme et teneur suivant et conformément à l'arrêt de ce jour, à Paris, en Parlement, le deuxième juillet mil sept cent quinze. *Signé : Lorme.*

Enregistré au greffe de l'élection de Roanne en conséquence de l'ordre de Messieurs les officiers dudit siège de cejourd'hui dix-huit novembre mil sept cent dix-huit. *Signé Petitout.*

Enregistré au greffe de l'élection du pays et comté de Mâconnais en conséquence de l'ordonnance de Messieurs les officiers du même siège, de ce jour, à Mâcon, le dixième septembre mil sept cent-vingt. *Signé: Brocanier, commis-greffier.*

Extrait des registres du Parlement.

Vu par la cour les lettres patentes du roi données à Versailles au mois d'octobre mil sept cent treize, signées Louis, et sur le repli par le roi Philipeaux et scellées du grand sceau de la cire verte, obtenues par les recteurs et administrateurs de l'Hôtel-Dieu de Charlieu au diocèse de Mâcon par lesquelles, pour les causes y contenues, ledit Seigneur a confirmé l'établissement dudit Hôtel-Dieu dans ladite ville de Charlieu, veut que les règlements faits pour l'administration d'icelui soient gardés et observés selon leur forme et teneur, et que les dotations, legs, fondations, aumônes, libéralités et autres dispositions faites ou à faire en sa faveur sortent leur plein et entier effet ainsi que plus au long le contiennent lesdites lettres à la cour adressantes; vu aussi lesdits règlements avec autres pièces attachées sous le contre-scel d'icelles, l'arrêt du dix-huit décembre mil sept cent treize par lequel, avant procéder à l'enregistrement desdites lettres, il a été ordonné que d'office, à la requête du procureur général du Roi, il serait informé pardevant le lieutenant général au bailliage et siège présidial de Mâcon, poursuites et diligences de son substitut audit siège, de la commodité ou incommodité dudit établissement, que lesdites lettres avec lesdits règlements seront communiquées à l'évêque de Mâcon et aux habitants de ladite ville de Charlieu pour y donner leur consentement ou dire autrement ce que bon leur semblera, comme aussi que lesdits impétrants seront tenus de rapporter un état certifié véritable du revenu par lequel ils prétendent faire subsister ledit Hôtel-Dieu, pour le tout, fait, rapporté et communiqué au procureur général du Roi, être ordonné ce que de raison; l'information faite le quinzième décembre mil sept cent quatorze et autres jours suivants en exécution dudit arrêt et consentement du prieur de Saint-Fortuné (sic) de Charlieu, seigneur haut justicier dudit lieu de Charlieu, du sept janvier mil sept cent quinze, celui de l'évêque de Mâcon du vingt-sept février suivant, celui des habitants dudit lieu du vingt-neuf décembre mil sept cent quatorze, l'état des revenus dudit Hôtel-Dieu dudit jour à la requête présentée à la cour afin d'enregistrement desdites lettres et desdits règlements, commissions du procureur général du roi, ouï le rapport de M. François Robert, conseiller, et tout considéré, la cour ordonne que lesdites règles avec lesdits règlements seront enregistrés au greffe d'icelle pour jouir par ledit Hôtel-Dieu de leur effet ce contenu et être exécutées selon leur forme et teneur à la charge que dans tous les cas qui ne sont pas prévus par lesdits règlements ledit Hôtel-Dieu sera régi et administré conformément à la déclaration du Roi du douzième décembre mil six cent quatre-vingt-dix-huit. Registré en la cour le dix-neuf dudit mois et an. Fait en Parlement le deuxième juillet mil sept cent quinze, collationné. *Signé : Chapolin, Lorne.*

Enregistré au greffe de l'élection de Roanne en conséquence de l'ordonnance de MM. les officiers dudit siège, de ce jourd'hui dix-huit novembre mil sept cent dix-huit. *Signé : Pétillon.*

Enregistré sur le livre du roi, de l'élection et pays du Mâconnais, en conséquence de l'ordonnance de Messieurs les officiers du même siège, de ce jour, à Mâcon, ce deuxième septembre mil sept cent vingt. *Signé : Braignié.*

Règles et statuts de l'hôpital de Charlieu confirmés par les lettres patentes et arrêt du Parlement, ci-dessus transcrits tant pour le temporel que le spirituel.

CHAPITRE I.
Des Recteurs et Administrateurs de l'Hôtel-Dieu de Charlieu.

Premièrement le bureau et conseil dudit Hôtel-Dieu est composé de Monsieur le prieur titulaire du prieuré de Charlieu qui en est le président et M. l'aumônier dudit prieuré qui y assiste en sa qualité de recteur né dudit Hôtel-Dieu, de M. le curé dudit Charlieu, du sieur directeur spirituel dudit Hôtel-Dieu, des deux recteurs en charge, du receveur, de l'avocat ou procureur et des deux derniers recteurs hors de charge.

Tous les susnommés sieurs du bureau sont obligés d'assister tous les mois de l'année au bureau dudit Hôtel-Dieu qui s'y doit tenir tous les premiers mardis de chaque mois dans une chambre à ce destinée pour régler toutes les affaires qui concernent le bien des pauvres, et si ce mardi est fête ce sera au lendemain, et au cas qu'il arrive quelques affaires pressantes on doit avertir MM. du bureau de s'y rencontrer incessamment.

L'on procède de deux en deux ans à l'élection et nomination de deux recteurs et d'un receveur pour être subrogés au lieu des anciens et qui ont servi pendant deux ans; à cet effet, les habitants dudit Charlieu sont convoqués au son de la cloche de la paroisse de se trouver le dimanche avant la Saint-Jean-Baptiste dans la salle dudit Hôtel-Dieu, environ une heure de relevée, où étant, le président du bureau exhorte la compagnie des habitants qui s'y trouvent de nommer des personnes sans reproche et affectionnées au bien des pauvres et qui soient de la qualité requise pour supporter cette charge, ensuite de quoi, les nominations faites à la pluralité des voix et par scrutin secret, l'élection étant faite est rédigée par écrit pardevant les officiers dudit Charlieu.

La charge de receveur étant la plus importante attendu que les titres et papiers lui sont confiés pour lui faciliter sa recette, faire renouveler de temps en temps lesdits titres, pour en empêcher la prescription, veiller à la recherche des droits dudit Hôtel-Dieu et user de prévoyance et diligence pour ce sujet, c'est pourquoi cette charge ne doit être conférée qu'à une personne zélée et portée au bien et avancement de la maison et qui ait la commodité d'y pouvoir vaquer et comme il est assez difficile qu'en deux années il puisse avoir une entière connaissance des choses qui concernent son office, à cette considération et afin que ledit Hôtel-Dieu soit toujours bien administré, MM. du bureau peuvent continuer le même receveur pour autant de temps qu'ils jugeront à propos et qu'ils connaitront la probité et capacité et qu'icelui receveur s'en veuille bien donner la peine.

Les affaires seront décidées à la pluralité des voix, les délibérations des assemblées seront écrites dans un registre particulier à ce destiné qui sera conservé dans une armoire de ladite chambre. Chacune desquelles assemblées contiendra le jour qu'elle aura été tenue et les noms de ceux qui y auront assisté et chaque délibération sera signée par les assistants. On ne distribuera rien de considérable et d'importance qu'on ne soit quatre ou cinq personnes du bureau. La maîtresse assistera à l'assemblée avec sa compagne pour y proposer ce qu'elles jugeront à propos sans pourtant y avoir aucune voix délibérative.

A l'imitation de tous les autres Hôtels-Dieu, reconnaissent lesdits sieurs recteurs et bureaux et feront diligence pour obtenir permission pour avoir le Saint Sacrement et les Saintes Huiles dans la chapelle dudit Hôtel-Dieu et un cimetière dans l'enclos d'icelui pour par le sieur directeur spirituel administrer les Sacrements et donner sépulture aux morts.

Pour exciter la dévotion des peuples envers les pauvres ils auront soin d'obtenir envers notre Saint Père le Pape des indulgences plénières pour tous ceux qui visiteront ladite chapelle.

Lesdits sieurs recteurs feront diligence de retirer des extraits des testaments, codicilles, donations et autres actes qui contiendront des dons et avantages faits audit Hôtel-Dieu qu'ils feront enregistrer dans le registre.

Les revenus et rentes dudit Hôtel-Dieu qui ont été donnés tant pour le service divin que pour la nourriture des pauvres ne seront divertis à autre usage sous quelque prétexte que ce soit, ni distribués en tout ou en partie aux pauvres de la ville qui n'auront été reçus et retirés audit Hôtel-Dieu

L'on ne recevra aucuns pauvres malades que ceux qui seront de ladite ville et paroisse de Charlieu.

CHAPITRE II.

Du Directeur spirituel ou Confesseur extraordinaire dudit Hôtel-Dieu.

Les sieurs recteurs avec MM. du bureau nommeront lorsqu'il sera nécessaire pour directeur spirituel dudit Hôtel-Dieu un ecclésiastique considérable par sa doctrine et par sa vie exemplaire, du consentement et agrément des sœurs hospitalières, lequel ne pourra être logé dans l'enclos dudit Hôtel-Dieu.

Le directeur spirituel ne sera pas logé aux dépens des pauvres et n'aura aucun gage ou émolument, mais fera le tout par charité à dessein de servir Jésus-Christ dans les pauvres et dans ses épouses, à raison de quoi on tâchera de choisir pour cette charge un ecclésiastique qui ait de quoi vivre honnêtement d'ailleurs et même assister les pauvres.

[Pour] les fonctions particulières, outre le soin qu'en général il doit avoir du bien spirituel des pauvres dudit Hôtel-Dieu tant envers les personnes des pauvres que des sœurs hospitalières ainsi appelées par honneur encore qu'elles ne soient religieuses suivant leur institut qui sera ci-après inséré, sera tenu :

La première, de visiter au moins trois fois la semaine et, ce faisant, parler en particulier à chaque malade, reconnaître leurs nécessités tant spirituelles que corporelles et tâcher de procurer le remède s'il se trouve quelques manquements en l'un ou en l'autre;

La seconde, autant que la commodité le lui permettra, d'ouïr en confession les sœurs professes, converses et postulantes, le mercredi et samedi et toutes les fois qu'elles le souhaiteront ;

La troisième, de procurer au moins quatre fois l'année, aux sœurs hospitalières et postulantes, quelques confessions extraordinaires, autant de fois que la maîtresse le jugera à propos ;

La quatrième, de faire observer et pratiquer de tout son pouvoir les règlements faits pour la direction dudit Hôtel-Dieu et particulièrement ceux qui concernent les sœurs, et pour ce faire, les assembler tous les mois une fois pour leur en faire faire la lecture et s'arrêter aux points les plus importants, et ensuite finir par une exhortation familière dont le sujet sera tiré du règlement ;

La cinquième, d'avoir soin de procurer et d'entretenir la paix entre les sœurs, empêchant les murmures, amitiés particulières et autres pestes de la vie commune chrétienne ;

La sixième, de veiller aux actions des sœurs dans leurs office et exercices, sans se rendre toutefois trop familier, en paraissant toujours auprès d'elles avec une modestie, gravité (sic), et ne leur parlant que par nécessité ou utilité ;

La septième, lorsqu'il connaîtra quelques fautes considérables en quelques-unes des sœurs, d'en avertir la maîtresse, s'il ne juge à propos lui-même de lui faire la correction, et quand le cas le requerra, il pourra de l'avis de la maîtresse et des anciennes, reprendre celle qui aura failli ou lui ordonner la pénitence qui aura été nécessaire, ce qui ne sera que très rarement, en prenant garde de ne le faire avec passion.

Le directeur spirituel ne pourra recevoir aucun présent, [ni] les donations ou institutions testamentaires d'aucune des sœurs, tant professes, converses que postulantes, hors et excepté ce qui lui pourra arriver par la voie intestate ou legs de celles qui seront parentes.

Ledit directeur se pourra retirer dudit emploi quand il voudra, et de même les sieurs recteurs du bureau pourront en nommer un autre quand ils le jugeront à propos.

CHAPITRE III.

Du Chapelain.

Le sieur chapelain sera nommé par les sieurs recteurs du bureau a été de même quand ils le trouveront à propos (1). Il sera logé non dans l'enclos dudit Hôtel-Dieu, mais le plus proche que faire se pourra ; ses fonctions seront :

La première, d'être soumis au directeur spirituel et d'en faire la charge toutes les fois qu'il sera empêché par maladie ou autrement, pourvu qu'il n'ait substitué en sa place des autres ecclésiastiques qu'il aura agréé ;

La deuxième, de faire ou faire faire le service divin et exécuter les fondations faites ou à faire, dire la Sainte Messe à sept heures du matin en été et à huit heures en hiver ;

La troisième, sitôt qu'un pauvre malade aura été reçu à l'Hôpital, de l'ouïr pareillement en confession et lui administrer la Sainte Communion lorsqu'il le jugera suffisamment disposé ;

La quatrième, voir chaque jour chacun des malades, leur parler et tâcher de leur donner quelque consolation ;

La cinquième, assister les agonisants lorsqu'il sera appelé et leur donner l'Extrême-Onction quand le médecin le jugera en danger de mort ;

La sixième, de faire enterrer les sœurs et les pauvres après leur trépas et assister à leur enterrement avec les prières ordinaires et accoutumées et, à celui des sœurs, de dire à la chapelle à basse voix, les vêpres et les vigiles des morts.

Noté qu'on lui payera le gage convenu par partie et par avance sur ses quittances de main privée.

---

(1) Phrase tronquée par le copiste.

CHAPITRE IV.

De l'Économe.

Pour le soulagement de MM. les recteurs et receveur, sera de deux en deux ans choisi [par les soins] du bureau et recteurs une personne douée des qualités nécessaires pour exécuter l'économat dudit Hôtel-Dieu dont les fonctions seront :

La première, lorsqu'il connaîtra quelque désordre et faute en la conduite des sœurs ou des postulantes d'en donner avis à MM. du bureau pour y remédier ;

La deuxième, de faire d'année à autre les grosses provisions, comme de blé, de vi de bois, de charbon, dont le prix sera payé sur ses mandats par le receveur ;

La troisième, d'assister avec les sieurs du bureau en toutes les assemblées tant ordinaires qu'extraordinaires ;

La quatrième, de visiter souvent l'Hôtel-Dieu et avoir soin tant des bâtiments d'icelui que de ceux des domaines qui en dépendent, comme encore dire à tous fonds, pour, en ce faisant, reconnaître et donner avis aux sieurs du bureau pour les réparations qu'il conviendra y faire et des usurpations qui y seront faites ;

La cinquième, de faire faire inventaire de tous les meubles de l'Hôtel-Dieu et de ceux qui après seront donnés ou achetés, et le revêtir [de sa signature] lorsqu'il sortira de charge en présence de celui qui lui succèdera ;

La sixième, d'assister à tous les baux à ferme, marchés et prix faits concernant ledit Hôtel-Dieu qu'il conviendra passer.

CHAPITRE V.

Du Receveur.

Les principales fonctions du sieur receveur dudit Hôtel-Dieu seront :

La première, d'assister avec lesdits sieurs du bureau en toutes les assemblées dudit Hôtel-Dieu ;

La deuxième, de recevoir toutes les rentes et revenus dudit Hôtel-Dieu, suivant les contrats de vente et baux à ferme qui lui seront remis en main et dont il se chargera, ensemble du reliquat des années précédentes, si aucuns se trouvent être dus, et les legs donnés et aumônes qui seront faites aux pauvres ;

La troisième, de porter et remettre tous les mois à la maîtresse ou dépensière l'argent nécessaire pour les menues dépenses journalières de la maison et des pauvres malades, dont elle rendra compte de trois en trois mois au sieur receveur en présence des sieurs du bureau ;

La quatrième est de rendre compte incessamment, huit jours après l'expiration des deux ans de son administration et nomination de son successeur, à sondit successeur, de la recette et dépense par lui faite pendant ledit temps, pardevant M. le juge dudit lieu et M. le procureur fiscal, s'ils y veulent assister, et MM. du bureau dudit Hôtel-Dieu, à la pluralité des voix desquels les contestations qui se présenteront seront vidées.

CHAPITRE VI.

Du Médecin, de l'Apothicaire et du Chirurgien.

Le médecin fera sa visite dans l'Hôtel-Dieu tous les jours ou gratuitement ou pour le prix dont les sieurs du conseil ou du bureau seront convenus avec lui, si on est assez puissant pour le faire.

Les apothicaires l'un après l'autre, à commencer par le plus ancien, en continuant par ordre de leur réception, sans pouvoir exiger aucun payement que celui de leurs drogues et médicaments suivant le prix qui en sera fait.

Que si quelque sœur se trouve propre pour la fonction de

la pharmacie et chirurgie, les chirurgiens et apothicaires sont invités de ne lui pas refuser leur aide en tout ce qui pourra dépendre d'eux pour la rendre capable, afin que par ce moyen l'on puisse secourir plus aisément et à moins de frais les pauvres malades.

CHAPITRE VII.

Touchant les Règles des Sœurs hospitalières, servantes de Jésus-Christ en la personne des pauvres malades de l'Hôtel-Dieu. — Du nom et de la fin de l'Institut. — De la Vocation desdites hospitalières.

1° Le nom de la compagnie sera des sœurs Sainte-Marthe sous la protection de Notre-Dame de Pitié.

Les filles, auxquelles Dieu fera la grâce de les appeler au service de Jésus-Christ en la personne des pauvres, s'estimeront grandement honorées de cette réception, comme étant une des plus saintes et plus glorieuses qui soient dans l'Eglise de Dieu. Pour bien concevoir cette vérité et l'imprimer avant dans leurs esprits, elles feront souvent réflexion sur les paroles de Notre-Seigneur qui nous assure que les pauvres tiennent sa place sur terre, et qu'il tient pour fait à soi-même ce que nous faisons à son égard. Elles feront souvent des actes de foi de cette vérité, surtout lorsqu'elles ressentiront quelque dégoût, et qu'elles ont le même honneur qu'ont eu saintes Marthe et Madeleine d'être aux pieds de Jésus et de le servir en la personne des pauvres avec autant de mérite et de récompense que si elles le servaient lui-même.

2° La fin de l'Institut est d'imiter autant qu'il se peut les actions de charité exercées envers Jésus par les saintes hospitalières Madeleine et Marthe leurs patronnes ; et partant, les sœurs tâcheront de joindre ensemble l'oraison de l'une et l'action de l'autre, comme fit prudemment sainte Marthe, après avoir été doucement reprise de Notre-Seigneur du trop grand empressement qu'elle avait pour les actions extérieures pour avoir soin des occupations intérieures ; pour cet effet, elles tâcheront de noter ces deux vies, que l'une n'empêche point l'autre, de peur que sous prétexte d'oraison elles ne croupissent dans l'oisiveté, et sous le prétexte de l'assiduité qu'elles doivent avoir à l'action, elles ne laissent entièrement l'esprit intérieur sans lequel les plus saintes actions de charité envers les pauvres ne sont que corps sans âme.

Elles imiteront en cela la Très Sainte Vierge et un très grand nombre de saintes et particulièrement, le Saint des Saints, Jésus-Christ, qui nous a souvent appris par ses paroles et par ses exemples de ne nous jamais laisser tellement aller aux occupations extérieures que nous laissions pour cela l'exercice de l'oraison.

Les sœurs néanmoins prendront garde qu'il y ait grande différence entre leurs maisons et celles que pratiquent avec fruit les religieuses de l'Église, parce que leur institut n'est pas d'employer une partie considérable de la journée à la seule prière, mais elles doivent remplir leur esprit de bonnes pensées et saintes affections ; que toute leur vie soit une prière continuelle animant et vivifiant toutes leurs actions par de saintes affections et intentions que l'esprit d'oraison fournit à celles qui sont à la grâce de leur institut.

CHAPITRE VIII.

De l'Habit, Introduction et Reception des Sœurs.

Les sœurs seront vêtues en habit séculier de serge de couleur noire, de la Toussaint jusqu'à la Pentecôte, et de couleur blanche, de la Pentecôte jusqu'à la Toussaint, le plus modestement et proprement que faire se pourra, et pour les autres personnes séculières, les novices porteront un chapelet attaché à leur ceinture sur le côté gauche au bout duquel il y aura un crucifix, et les professes une croix d'argent pendue sur l'estomac.

L'un des plus grands soins que doivent avoir les directeurs temporels et spirituels aussi bien la maîtresse, doit être de bien choisir et éprouver les filles qui se présenteront, d'autant qu'elles sont comme des pierres vives qui doivent être employées à bâtir, conserver et maintenir la maison de charité.

Celles qui seront appelées de Dieu pour servir Jésus-Christ en la personne des pauvres dans cette sainte maison ne prétendront aucun fruit ni récompense de tous les services qu'elles y rendront que le pur amour de leur maître et époux Jésus-Christ, Notre-Seigneur, et seront obligées de s'entretenir d'habits, linge et souliers.

On ne recevra ordinairement que des filles de seize ans jusqu'à trente ans ou environ, et les femmes veuves de cet âge pourvu qu'elles aient d'ailleurs les qualités nécessaires et qu'elles n'aient point d'enfant.

Ne seront reçues celles qui seront d'un naturel léger, volage, impétueux, violent ou fort mélancolique, ou qui seront infirmes, contrefaites, borgnes, bossues, boiteuses, et généralement celles qui ont en leur corps quelque infirmité habituelle ou cachée, ou qui ne sont pas assez fortes pour servir les malades.

Ni pareillement celles qui auront mauvais bruit dans le monde ou qu'on reconnaîtra vouloir entrer dans la compagnie plus par nécessité que par dévotion, ou qui seront recommandées par quelques personnes considérables pour les récompenser de quelque service, ou généralement toutes celles que la maîtresse n'aura trouvé capables pendant le temps de leur approbation.

Celles qui voudront postuler pour être reçues s'adresseront à la maîtresse qui, s'étant dûment informée de leurs mœurs, vocation et qualités nécessaires à cet emploi, par le conseil du directeur spirituel, leur pourra donner entrée, leur permettant premièrement de venir un jour de la semaine s'exercer au service des malades, et après, leur donnant deux jours, et ainsi les avançant à mesure qu'elle verra croître leur ferveur. Après avoir servi six mois de cette sorte sans manger ni coucher dans la maison, si elles sont reconnues propres pour le service des pauvres, elles y seront introduites pour y servir en qualité de prétendantes, encore autant de temps que la maîtresse le jugera à propos.

Auparavant toutefois qu'elles puissent manger et coucher dans la maison, elles doivent être admises par les sieurs du bureau et recteurs assemblés au Conseil des pauvres, lesquels se confiant à la prudence du directeur spirituel et de la maîtresse, n'examineront aucunement les mœurs et qualités de la prétendante, mais seulement si elle a du bien suffisamment pour n'être point à charge aux pauvres ; les parents de laquelle lui feront une pension annuelle et viagère dont le fond qui est de 600 livres demeurera en propre audit Hôtel-Dieu. Si néanmoins quelqu'un du bureau connaissait dans celle qui se présente quelque défaut qui la dusse faire exclure, il pourra s'opposer à sa réception, et si la chose est secrète, il la dira au directeur spirituel et à la maîtresse, à la prudence desquels le Conseil se remettra pour déterminer si la chose découverte la doit faire exclure ou non.

Les filles ayant été reçues demeureront du moins une année à l'épreuve avant qu'on leur donne la marque de novice, savoir le chapelet; si ce n'est que pour des considérations particulières le directeur spirituel et la maîtresse jugeassent qu'on en dût user autrement.

Lorsqu'il est temps de leur donner le chapelet, la maîtresse prend l'avis de toutes les sœurs avant que de la présenter au directeur spirituel ; de son avis elle fait proposer leur réception au Conseil des pauvres.

Après qu'elle aura porté le chapelet tout le temps que la maîtresse estimera nécessaire, elle prendra de nouveau l'avis des sœurs et du directeur spirituel pour la recevoir professe et lui donner la croix.

CHAPITRE IX

Du Service Divin et des choses qui le concernent

Les sœurs, incontinent qu'elles seront levées, se jetteront à genoux pour consacrer à Dieu les prémices de leur journée et lui faire une offrande universelle d'elles-mêmes, de toutes leurs actions, et ensuite celles qui ne seront pas empêchées s'assembleront à la chapelle au son de la cloche devant le Très Saint Sacrement pour y faire demi-heure d'oraison mentale, comme, pareillement, celles qui pendant ledit temps seront trouvées occupées auprès des malades, après que leur emploi sera fini.

Toutes les sœurs tant novices que professes et les postulantes assisteront chaque jour à la messe qui sera célébrée en ladite chapelle aux heures ci-dessus marquées, pendant laquelle il y en aura toujours quelques-unes d'elles pour entendre aux affaires pressées qui pourront survenir.

Elles se représenteront par la foi dévotement que Jésus-Christ est immolé dans le Saint Sacrifice réellement et véritablement pour la gloire de Dieu et le salut des hommes.

Pour assister à ce Sacrifice avec plus de dévotion et de ferveur d'esprit, il serait à propos qu'elles suivent le dessein de la Sainte Eglise à considérer les grands mystères qui s'y passent ; pour cet effet il sera bon qu'on apprenne aux postulantes et novices quelques dévotes manières d'assister comme il faut au Saint Sacrifice de la messe.

Les sœurs et les postulantes se confesseront ordinairement au directeur spirituel ou à celui qu'il leur indiquera, tous les mercredis et samedis et recevront la Sainte Communion, le lendemain, comme aussi à toutes les fêtes solennelles de l'année, comme à Pâques, Pentecôte, Toussaint, Noël et fêtes de Notre-Dame, sainte Marthe et saint Louis, en quoi elles suivront entièrement le conseil de leur confesseur soit pour s'approcher, soit pour se retirer de cette Sainte Table et prendront bien garde en cela comme en toutes autres choses de ne pas se régler selon leur dévotion particulière ou par scrupule.

Elles tâcheront autant que leur commodité le permettra de dire chaque jour le petit office de la Sainte Vierge, hors le lundi et vendredi qu'elles diront les vêpres des trépassés, et celles qui ne sauront lire, le chapelet de Notre-Dame pour les bienfaiteurs et directeurs dudit Hôtel-Dieu.

Sur les quatre heures après midi, elles s'assembleront au son de la cloche pour réciter les litanies, savoir : le dimanche et le mardi, celles du Saint Nom de Jésus ; le lundi, celles de Tous les Saints ; le mercredi et samedi, celles de la Sainte Vierge ; le jeudi, celles du Saint Sacrement ; et le vendredi, celles de la Passion ; à la fin desquelles la maîtresse ou l'une des sœurs dira les oraisons, après quoi elles demeureront un peu de temps prosternées de corps et d'esprit devant le Saint Sacrement pour se recueillir et demander à Dieu la grâce de bien finir la journée.

Le soir, auparavant que de s'aller coucher, s'assembleront au son de la cloche pour faire la prière du soir et l'examen suivant la formule prescrite.

Quand il plaira à Dieu de disposer de quelques-unes et qu'elles soient à l'agonie, on appellera toutes celles qui ne seront point empêchées, afin d'assister les moribondes de leurs prières en un si dangereux passage, et sitôt qu'elles seront expirées, chacune des assistantes dira un *De profundis* pour l'âme de la défunte.

A l'heure convenable, elles se rendront toutes dans la chapelle pour dire les vêpres des morts et feront dire trois messes auxquelles elles tâcheront toutes de communier pour rendre leurs prières plus efficaces pour la défunte.

Elles diront aussi pendant huit jours, chacune en particulier, le *De profundis* pour la défunte, avec l'oraison ordinaire et celles de tous les trépassés.

Elles observeront la même chose au décès du directeur

spirituel et des autres directeurs dudit Hôtel-Dieu, comme des bienfaiteurs d'icelui, quand elles seront averties de leur mort, afin qu'il plaise à Notre Seigneur Jésus-Christ leur donner par leurs suffrages la récompense de la charité qu'ils ont exercée dans l'administration des biens des pauvres.

CHAPITRE X.

Du Soin des Malades.

Après le service de Dieu, toutes les sœurs regarderont pour leur principal et unique emploi, le soulagement, traitement et service des pauvres malades. C'est pourquoi elles s'emploieront continuellement de cœur et de corps en tout ce qui concernera leur service, étant très persuadées que les services qu'elles rendent sont faits à Jésus-Christ.

Le malade qui voudra être reçu audit Hôtel-Dieu se présentera à la maîtresse qui le fera visiter par le chirurgien ou médecin, lequel lui donnera un certificat de la maladie, au bas duquel un des sieurs recteurs consentira à ce qu'il soit reçu; lesquels certificats seront enregistrés dans un livre destiné à cet effet et dans lequel seront exactement écrits les noms, surnoms, le lieu de la naissance et demeure des pauvres qui seront reçus audit Hôtel-Dieu, le jour de leur trépas, en cas qu'ils y meurent et le jour de leur départ, s'ils y guérissent.

On ne recevra aucun malade affligé de maladie contagieuse et communicable comme peste, teigne, écrouelles, flux de sang, vérolle ou incurable, et ceux qui dans peu de jours peuvent être rétablis ou mourir, ni pareillement les femmes enceintes et petits enfants au-dessous de dix ans.

Le malade sera dépouillé de ses habits, lesquels seront gardés au lieu destiné et, s'il a de l'argent, il en sera tenu compte pour le lui rendre après sa guérison; ou si Dieu l'appelait à lui pour l'employer selon l'intention du défunt qu'il exprimera en mourant et dont celle des sœurs qui l'aura reçu en rendra compte à la maîtresse.

Que si pourtant on rencontre dans les habits du malade quelque somme considérable, la maîtresse retiendra sur icelle les frais qu'il aura fait pendant sa maladie.

Les malades étant remis en parfaite santé et ayant recouvré leurs forces, la maîtresse les fera retirer avec charité et douceur afin de tenir leur place nette et prête pour quelqu'autre.

La maîtresse ayant reçu les malades, les sœurs auxquelles on aura donné soin tâcheront promptement de les consoler, servir et traiter le mieux qu'il leur sera possible, leur donnant les choses qu'on jugera à propos pour contribuer à leur soulagement et guérison, et s'informeront d'eux, ce qu'ils souhaitent, dont elles avertiront la maîtresse afin d'y pourvoir selon qu'elle le jugera nécessaire.

Les sœurs recommanderont aux malades de prier Dieu particulièrement pour le repos des âmes des bienfaiteurs de l'Hôtel-Dieu, et leur feront dire pour cet effet un *Pater* et un *Ave* ou quelques autres prières s'ils peuvent le faire, et, lorsque la messe se dira, elles les inviteront de l'entendre dévotement.

La maîtresse ayant fait les portions pour distribuer à dîner ou à souper aux malades, une des sœurs dira le *Benedicite* avant le repas, et à la fin les Grâces, au nom des pauvres malades.

Les sœurs tâcheront avoir autant de soin de l'âme que du corps des malades, et partant, de même qu'elles doivent travailler de les guérir de leurs infirmités; si Dieu les veut appeler à soi, elles les aideront avec grand soin dans ce dangereux passage; incontinent qu'ils auront rendu l'âme, elles se mettront à genoux et diront le *De Profundis* avec l'oraison pour le salut de ladite âme du défunt.

Quelque temps après on portera le corps mort dans la chambre à ce destinée, et on aura soin de le faire enterrer chrétiennement au cimetière, et toutes les sœurs, lors de la prière du soir, prieront Dieu pour lui, afin que les pauvres malades ne trouvent pas seulement du secours dans leurs maux corporels, mais encore dans le chemin et passage du ciel.

Pour exciter les chrétiens à la charité envers les pauvres et se mieux ressouvenir des bienfaiteurs, il y aura entre les mains des sœurs un registre dans lequel seront écrites toutes les fondations, donations, legs et libéralités, faites aux pauvres, et elles auront soin d'enregistrer et faire écrire tous ceux qui seront faits de nouveau.

CHAPITRE XI.

Des Obligations que contractent les Sœurs en général. — De leurs Vœux.

Les règlements proposés aux sœurs quoique professes ne les obligent aucunement sous peine de péché même véniel, si ce n'est à raison de mépris, scandale ou paresse. Nonobstant quoi la charité leur doit faire observer aussi exactement leurs règles que si elles y étaient obligées sous peine de péché.

Les sœurs en faisant profession promettront de garder la pauvreté, chasteté et obéissance pendant tout le temps qu'elles demeureront dans l'Hôtel-Dieu et service des pauvres.

Ces promesses ne les obligent que pendant qu'elles resteront dans la Compagnie, en sorte que si quelques-unes des sœurs pour quelque raison que ce soit vient à quitter l'Hôtel-Dieu et le service des pauvres, elle ne sera obligée de demander aucune dispense des promesses qu'elle aura faites lors de sa profession.

Elles seront néanmoins obligées de demander congé à MM. les recteurs et sieurs du bureau, à la maîtresse et directeur spirituel, lequel congé leur sera accordé sans aucune difficulté, soit qu'elles veuillent se rendre religieuses ou retourner en la maison de leurs parents, sans toutefois pouvoir prétendre aucun salaire des services qu'elles auront rendus aux pauvres.

Le congé toutefois ne leur sera accordé qu'après avoir quitté le chapelet et la croix et rendu compte de ce qu'elles auront eu en maniement, après quoi leur sera rendu tout ce qu'elles auront apporté avec ce qu'il leur sera arrivé par succession, à la réserve de cent livres du principal qui demeureront acquises à la maison. S'il arrivait à quelqu'une des sœurs de ne veiller de tomber en quelques fautes scandaleuses et inexcusables ou qu'elle vînt dans une telle tiédeur et négligence de l'observance des règles que la correction ne lui profitât de rien, et demeurât dans l'obstination de son mauvais exemple, le directeur spirituel, après en avoir mûrement délibéré avec la maîtresse et les sœurs, on en donnera avis à MM. les recteurs et sieurs du bureau après quoi on pourra lui ôter la croix et la renvoyer, ce que pourtant ne sera fait qu'avec beaucoup de circonspection et faisant en sorte que le tout se passe sans scandale autant qu'il se pourra.

CHAPITRE XII.

De la Pauvreté.

La pauvreté dont les sœurs font profession n'est pas comme celle qu'on promet d'observer en faisant les vœux monastiques. C'est-à-dire qu'elle ne les empêche pas d'hériter de leurs parents par testament ou ab intestat, se pourvoir par supplément de légitime, accepter toute sorte de donation, disposer selon qu'elles jugeront à propos de ce qui leur appartiendra et généralement agir en ce qui regardera le bien temporel tout ainsi que les autres personnes séculières peuvent faire, demeurant capables de tous actes civils.

Elles peuvent néanmoins pratiquer avec excellence cette vertu de pauvreté, laquelle Notre-Seigneur a si fort recommandée dans l'Évangile : « Bienheureux sont les pauvres d'esprit », c'est-à-dire qui sont détachés de toutes les créatures et qui n'ont rien en leur cœur qui occupe la place de Dieu.

Pour ce dessein elles doivent tous les jours intérieurement se désapproprier de toutes choses, professant devant Dieu qu'elles sont prêtes de tout quitter lorsqu'il plaira à sa Divine Majesté et qu'elles n'useront jamais d'aucune chose qui leur appartienne qu'autant qu'elles jugeront que c'est sa sainte volonté.

Elles n'attendront ou recevront pour leurs personnes ou parents aucune récompense temporelle quelle qu'elle soit des peines et des soins qu'elles auront pris en servant les malades de quelque qualité et condition qu'ils soient, et si quelque chose était donné pour récompense de leurs soins et travaux, il sera employé pour le service des pauvres et mis en compte par la maîtresse et c'est dans cette vue qu'elles doivent travailler pour les pauvres et les servir avec un entier désintéressement.

Aucune des sœurs ne travaillera pour son profit particulier, mais, dans le temps où elle sera libre du travail et services des malades, elle fera quelque ouvrage pour le service des pauvres ou pour l'entretien de la sacristie, considérant qu'elle est toujours servante de Jésus-Christ en la personne des pauvres et partant qu'elle n'a plus de temps à elle, mais qu'elle le doit entièrement employer au service de son maître

CHAPITRE XIII.

De la Chasteté et de l'Obéissance.

Si tous les chrétiens sont obligés de conserver une grande pauvreté (sic pour chasteté), cette obligation est beaucoup plus étroite aux filles qui sont consacrées à Jésus-Christ pour être ses épouses. Et quoique la promesse que les sœurs font en leur profession ne les empêche pas de se marier, si elles désirent de se retirer de l'Hôtel-Dieu, toutes celles néanmoins qui auront le bonheur d'entrer dans la maison doivent être dans le dessein de persévérer jusqu'à la fin et il ne serait pas à propos de recevoir une fille laquelle on reconnaîtrait n'y vouloir entrer que pour quelque temps et après se marier.

Il faut de conséquent que toutes les pensées, désirs et paroles des sœurs soient célestes et divines, que rien ne respire entre elles que la sainte Charité et que leur conversation soit entièrement pure et céleste.

Pour conserver un si cher trésor, elles ne se confieront jamais à leur vertu passée, mais dans une grande humilité et défiance d'elles-mêmes ; elles seront fidèles de recourir à Dieu par la prière en toute sorte d'occasion et d'intention, préconnaissant que la seule grâce de Dieu nous peut préserver.

Elles travailleront aussi à la mortification, soit extérieure soit intérieure, sans quoi il est comme impossible de conserver la chasteté, mais, d'autant que leurs emplois ne leur permettent pas les mêmes mortifications que les religieux dans les cloîtres, elles seront fidèles de n'en point avoir, outre celles que la règle prescrit, sans l'avis et conseil de la maîtresse ou du directeur spirituel.

Elles découvriront fidèlement et simplement leurs pensées, tentations, désirs, inspirations de Dieu et choses semblables au directeur spirituel ou à la maîtresse et obéiront fidèlement aux choses qui leur seront par eux prescrites dans l'assurance qu'elles doivent avoir qu'en obéissant elles font la volonté de Dieu qui nous assure n'avoir rien de plus agréable que la sainte obéissance en sorte que même qu'il la préfère aux actions les plus éclatantes et même au sacrifice.

C'est pourquoi les sœurs entrant dans la maison en se sacrifiant à Dieu pour le service des pauvres prendront bien garde de ne pas retenir la meilleure partie d'elles-mêmes, c'est-à-dire l'entendement et la volonté, mais elles renonceront entièrement à l'un et à l'autre afin que l'obéissance soit parfaite.

Ainsi elles seront entièrement résignées à la conduite de la maîtresse et exécuteront fidèlement et ponctuellement ce qui leur sera ordonné sans s'imaginer qu'il serait mieux de faire autrement.

CHAPITRE XIV.

Du Silence et de la Modestie au parler.

L'on gardera exactement le silence dans la chapelle, réfectoire et dortoir et hors du temps qui sera accordé pour une honnête récréation. Les sœurs tâcheront de ne point parler sans nécessité ou utilité d'autant que le silence est l'ornement des âmes religieuses et contribue beaucoup à la recollection et paix intérieure de l'âme.

Les occupations des sœurs les doivent obliger à une grande modestie, tâchant d'imiter les saints qui par leur seule présence excitaient à la dévotion ; partant, elles prendront garde que toutes leurs actions extérieures surtout en parlant soient modérées et que leur conduite soit humble et grave, veillant particulièrement sur la vue, laquelle elles tiendront toujours basse, ne jetant les yeux sur personne que par nécessité.

En parlant aux malades elles témoigneront une grande compassion et ressentiment de leurs misères et avec des paroles pleines de douceur elles les exciteront à la patience et résignation à la volonté de Dieu, les avertissant de prier Sa Majesté à ce que sa volonté soit faite et les exhortant de penser sérieusement à leur salut ; pour cet effet elles auront grand soin à l'heure de leur mort de leur faire faire des actes de contrition, de foi, d'espérance et de charité et de leur donner les autres secours que la charité et leur devoir demandent.

Les sœurs ne pourront parler aux personnes de dehors qui viendront les visiter sans la permission de la maîtresse, laquelle autant qu'il se pourra leur donnera une sœur pour compagne en sorte qu'elles ne parlent jamais seules, particulièrement dans les visites de civilité, ce que la maîtresse tâchera aussi d'observer elle-même autant que la commodité le lui permettra.

Elles éviteront tous les discours superflus comme sont les nouvelles des modes, des affaires d'autrui et qui leur peuvent causer des distractions dans leurs exercices et leur beaucoup nuire.

Elles ne souffriront point de conversations suspectes ni même aucune familiarité particulière et secrète avec homme ni femme de quelque qualité et condition qu'ils puissent être soit ecclésiastique soit séculier, à quoi le directeur spirituel et la maîtresse doivent veiller soigneusement.

Pour éviter cet inconvénient elles tâcheront de couper court avec les personnes qui leur rendront visite, s'excusant sur leurs occupations et le service continuel qu'elles doivent rendre aux malades et dans le temps qu'elles s'entretiendront en des visites, tous leurs discours tendront à persuader d'aimer Dieu de tout notre cœur et le prochain comme nous-mêmes afin que, comme dit saint Paul, leur conversation soit dans le ciel.

CHAPITRE XV.

De l'Esprit de Récollection et de la Clôture.

Quoique les sœurs ne soient obligées à une clôture si exacte que les religieuses des cloîtres, néanmoins pour conserver l'esprit de récollection qui leur est extrêmement nécessaire elles ne doivent point sortir de la maison sans nécessité et sans permission de la maîtresse, laquelle dans ce cas donnera toujours une compagne, à moins que leur petit nombre l'empêche entièrement, en sorte qu'elles soient toujours deux ensemble lorsqu'elles seront obligées d'aller en ville, et pour mieux conserver cette récollection qui se perd aisément parmi les séculières, elles ne souffriront point de servantes parmi elles qu'en cas d'une extrême nécessité, ni aussi aucune personne séculière que les seuls malades.

Lorsque le service des malades ou autre sujet légitime oblige quelque fille d'aller en ville, elles ne pourront y boire ni manger, mais elles seront obligées de retourner prendre leur réfection à l'Hôtel-Dieu.

Si pour quelque maladie ou autre sujet légitime ou nécessaire quelqu'une des sœurs était obligée de sortir de la ville pour quelque temps, la maîtresse seule ne pourra donner cette permission mais il faudra que ce soit par l'avis du directeur spirituel, qui aura soin de prendre garde et de veiller aux inconvénients qui en pourraient arriver et, à moins que la nécessité et le petit nombre de sœurs ne l'empêchent, on lui donnera toujours une compagne.

La porte de l'Hôtel-Dieu s'ouvrira en été à cinq heures du matin et se fermera à huit heures du soir, et en hiver elle sera ouverte à sept heures du matin et fermée sur les cinq heures du soir; la clef de laquelle sera donnée tous les soirs à la maîtresse et rendue le matin par la portière si la maîtresse ne la veut elle-même ouvrir et fermer.

Si quelqu'un est envieux de voir la maison et les chambres de l'Hôtel-Dieu, il y sera conduit par la permission de la maîtresse de la manière qu'ont accoutumée les sœurs et s'il donne quelque chose pour les pauvres, l'aumône sera écrite au livre des charités et rangée par la conductrice qui en rendra compte.

Personne ne pourra entrer dans la cuisine, ni dans les autres offices et lieux de la maison, excepté dans la chapelle et la salle des malades, que par la permission du directeur spirituel ou de la maîtresse.

CHAPITRE XVI.

Des autres Vertus que les Sœurs doivent pratiquer.
Et particulièrement de l'Humilité et Charité.

Les sœurs considérant souvent que leurs emploi et fonction

sont d'une telle nature que pour s'en bien acquitter elles ont besoin de toutes les vertus, lesquelles il serait trop long de déduire en particulier et dont le directeur spirituel leur fera voir de temps en temps les motifs et les pratiques dans l'exhortation qu'il leur fera tous les quinze jours.

Elles doivent surtout pratiquer deux vertus importantes et sans lesquelles elles ne pourront persévérer dans leur sainte vocation qui sont l'humilité et la charité, et ainsi la maîtresse aura soin d'exciter particulièrement les filles à la pratique de ces deux nobles vertus et de faire connaître aux prétendantes et aux autres que toute leur vie ne doit être qu'un exercice continuel d'humilité et charité.

C'est pourquoi à l'imitation de Notre Seigneur Jésus-Christ qui a bien voulu prendre la forme d'un esclave et d'un valet, de la Très Sainte Vierge, de tous les saints, elles s'estimeront fort honorées du titre glorieux de servante, puisqu'elles servent Jésus-Christ en la personne des pauvres, et dans leurs lettres, elles joindront toujours à leur nom cette belle qualité de servante des pauvres.

Elles conserveront toujours une grande humilité extérieure et intérieure, la plus basse et profonde qui leur sera possible; pour cet effet, afin d'honorer l'humilité de Notre Seigneur, d'être servante des pauvres et d'effet et de nom, elles s'occuperont volontiers et avec joie aux actions les plus basses et les plus abjectes qui soient dans l'Hôtel-Dieu, et aimeront les charges et offices de la maison les plus viles et humiliantes; chacune tâchera de s'exercer davantage à celles que l'on regarde ordinairement avec plus de répugnance.

Elles fuiront ce qui les peut estimer et détesteront toute sorte de louange; en un mot, il faut que les sœurs regardent la sainte humilité comme la base et le fondement de leur institut, sans laquelle il ne peut subsister, prenant bien garde de ne donner aucune entrée au démon, duquel elles seront tentées avec grande importunité, de ce vice d'orgueil.

La vraie charité doit avoir particulièrement trois objets,

savoir : Dieu, les pauvres malades et les sœurs. A l'égard de Dieu, elles lui doivent tout leur cœur, le conservant pur et net de toute sorte d'affection envers les créatures, en sorte qu'elles ne chérissent simplement et purement que Dieu.

Elles tâcheront pour cet effet à renoncer à tout respect humain et à faire toutes leurs actions avec une grande pureté d'intention, c'est-à-dire uniquement pour l'amour de Dieu, répétant souvent intérieurement ces paroles : Mon Dieu, je vous offre toutes mes actions, mon Dieu, je me donne toute à vous et je ne veux rien faire que pour l'amour de vous.

A l'égard des malades, elles les regarderont comme ceux qui tiennent la place de leur époux et de leur maître, et tâcheront de les servir avec la même charité que sainte Marthe servait Jésus sur la terre.

Quant aux sœurs, elles auront une grande tendresse, affection et cordialité les unes pour les autres, se regardant non seulement comme sœurs, mais encore comme membre d'un même corps et ainsi elles se rendront tous les devoirs de charité que se doivent des personnes unies par un lien si étroit, et, par charité, supporteront les défauts les unes des autres sans que jamais la colère ni autre zèle indiscret se rencontre parmi elles.

CHAPITRE XVII.

Ordre de la Journée, du Travail et Lecture des Sœurs.

Elles se lèveront, depuis le mois d'avril jusques à la fin de septembre, à cinq heures du matin ; depuis la fin de septembre jusqu'à la fin de mars, à six heures, et toutes celles qui ne seront pas occupées au service des malades, s'assembleront au son de la cloche pour prier Dieu devant le Très Saint Sacrement, ainsi qu'il a été dit.

La prière faite, chacune s'occupera suivant que la maîtresse le jugera à propos et non autrement.

A sept heures en été et à huit heures en hiver, elles s'assembleront toutes au son de la cloche pour ouïr la Sainte Messe.

A dix heures ou environ, on sonnera le dîner et à six heures, le souper, et sitôt que la cloche sonnera, chacune se rendra au réfectoire, hors celles qui seront occupées au service des malades.

Dès qu'elles arriveront au réfectoire, chacune se jettera à genoux pour se recueillir un peu en soi-même afin de se disposer à prendre sa réfection chrétiennement, après quoi la maîtresse ou sa compagne dira le *Benedicite* et à la fin les Grâces et les prières accoutumées pour les bienfaiteurs.

Pendant tout le repas une des prétendantes, novice ou professe, fera la lecture de la vie des saints ou quelqu'autre bon livre pour le choix duquel on prendra l'avis du directeur spirituel.

Quoique toutes leurs récréations se doivent tourner à servir les pauvres malades, il sera bon néanmoins que la maîtresse leur donne quelque temps de divertissement lorsqu'elle le jugera à propos après le repas ou en un autre temps, laquelle récréation se fera dans le lieu et à la manière que la maîtresse le jugera convenable.

A quatre heures du soir elles s'assembleront au son de la cloche pour prier Dieu en la manière prescrite ci-devant; à huit heures on sonnera la prière et l'examen qui sera fait à la manière prescrite, après quoi la maîtresse ou celle qu'elle aura commise pour cela, lira quelques points de piété tirés d'un bon livre afin que les sœurs puissent remplir leur esprit de quelques bonnes pensées en s'allant coucher et s'en occuper le lendemain intérieurement pendant leur exercice.

Les sœurs en après se retireront au dortoir et on fera en sorte que toutes celles qui ne sont point occupées à quelque emploi nécessaire soient couchées avant neuf heures.

Les dimanches et fêtes, celles qui ne seront pas occupées

au service des malades, au lieu du travail manuel auquel elles doivent s'exercer les jours ouvrables, pourront faire quelques lectures spirituelles du livre qui sera jugé à propos par la maitresse ou le directeur spirituel.

L'on ne gardera ni lira aucun livre sans la permission de la maitresse ; pour cet effet les sœurs n'auront en particulier aucun livre excepté celui de leurs prières, et tous ceux qui seront donnés à quelques-unes en leur particulier, après avoir été examinés par le directeur spirituel seront mis dans les lieux destinés pour la garde des livres et ensuite seront distribués aux sœurs par la maitresse pour leurs lectures spirituelles en sorte que ordinairement on ne laisse à chaque sœur qu'un livre à la fois.

Le même règlement sera observé pour les lettres missives que pour les livres, c'est-à-dire qu'aucune des sœurs ne pourra écrire ni recevoir et lire aucune lettre ni écrit qu'avec la permission de la maitresse à laquelle l'on portera les lettres qu'on écrira toutes ouvertes et celles qu'on recevra cachetées afin de ne les ouvrir qu'autant qu'elle le jugera à propos.

CHAPITRE XVIII.

Des autres observances régulières et particulières du Réfectoire et du Dortoir.

La grande régularité que doivent observer les sœurs sera de s'occuper fidèlement chacune dans ses emplois, de ne jamais rien faire que par obéissance et d'exécuter avec joie et promptitude tout ce qui sera prescrit, ne se laissant jamais aller à l'oisiveté, en sorte qu'elles puissent avoir la bénédiction promise en l'écriture sainte à ceux dont les jours sont trouvés pleins de bonnes œuvres.

Elles entretiendront partout la netteté avec grand soin tant pour le soulagement des pauvres malades que pour ôter toute horreur aux personnes charitables et dévotes lesquelles sont souvent empêchées de visiter l'Hôtel-Dieu pour la crainte des ordures et mauvaises odeurs.

Elles entretiendront particulièrement cette netteté dans la cuisine et dans le réfectoire où elles mangent toutes ensemble, ne dédaigneront pas de se servir de la viande qui restera après avoir donné l'ordinaire aux malades.

Il demeurera toujours quelque prétendante avec les malades pendant que les sœurs prendront leur repas.

La maîtresse aura soin que les sœurs soient bien nourries et alimentées pour conserver leur force et vigueur en bon état pour le service des pauvres malades, prenant garde que le tout soit dans une modération raisonnable et qu'il n'y ait d'excès ni de défaut.

Les sœurs pourront boire entre les repas suivant le besoin qu'elles en auront, mais non manger sans le congé de la maîtresse qui ne se rendra pas difficile à accorder cette permission et y consentira volontiers.

Les mortifications et observances sont laissées à la direction du directeur spirituel et de la maîtresse, lesquels prendront garde de mortifier plutôt intérieurement qu'extérieurement les sœurs, à raison du grand travail auquel elles sont occupées.

Elles jeûneront, outre les jours de l'Église, les veilles des fêtes de Notre-Dame, de sainte Marthe, de saint Louis et tous les vendredis de l'année, desquels jeûnes et observances de dévotion le directeur spirituel et la maîtresse pourront dispenser les sœurs lorsqu'ils le jugeront à propos.

Il y aura toujours deux sœurs qui veilleront jusques à une heure après minuit et deux autres jusqu'au jour en la salle des malades pour être toujours prêtes au service nécessaire, le tout suivant l'ordre que donnera la maîtresse.

Celles qui doivent veiller après minuit se coucheront plus tôt et celles qui doivent veiller jusques à une heure après minuit iront ensuite se coucher et se lèveront beaucoup plus tard que les autres, ce dont la maîtresse prendra garde pour ménager leurs forces.

Si celles qui veilleront avaient besoin d'aide, elles sonneront la cloche qui sera attachée à l'une des fenêtres des dortoirs qui donnera dans la salle afin d'appeler du secours.

Elles coucheront toutes dans une grande salle qui servira de dortoir, chacune dans son lit, sans que jamais on n'y en fasse coucher deux ensemble.

Le dortoir n'étant ouvert qu'aux sœurs, aucune personne séculière ne pourra entrer sans nécessité et sans permission.

CHAPITRE XIX.

*Des Affaires de la Maison pour les Sœurs. —
Premièrement de la Maîtresse.*

De ce qui a été dit jusques à présent il est aisé de reconnaître que l'office de la maîtresse de l'Hôtel-Dieu et supérieure des sœurs est de très grande importance puisque tout le bon ordre de l'Hôtel-Dieu et le soulagement des malades dépend de sa bonne conduite et administration.

Ce qui doit obliger les sœurs professes qui seules ont le pouvoir de l'élire d'y bien penser quand il est question de faire ce choix et de la demander à Dieu en un esprit contrit et humilié afin qu'elles trouvent en elle toute la consolation que des filles doivent trouver dans leur mère et les malades le soulagement dans leurs misères.

On prendra garde en celle qu'on élira qu'elle ait l'âge et l'expérience et que par ce moyen elle ait longtemps pratiqué ce qu'elle commandera aux autres.

La maîtresse aura soin de faire exactement observer leurs règles et châtier doucement leurs fautes de colère qui contreviendront (1), agissant néanmoins en tout avec beaucoup

---

(1) Phrase tronquée par le copiste et que l'on peut lire ainsi : *châtier doucement leurs fautes, en s'abstenant de colère, celles qui contreviendront...*

de charité et par l'avis du directeur spirituel.

Elle aimera toutes les sœurs d'une charité égale et sans distinction prenant garde de ne donner aucun lieu de jalousie à quelqu'une.

Elle doit pratiquer toutes les vertus de piété et observer la règle avec tant d'exactitude que sa vie serve de modèle en toutes choses.

Elle aura soin que le bien des pauvres soit administré avec économie soit pour conserver ce qu'oi a, soit pour augmenter le bien de la maison; elle rendra compte de trois en trois mois à l'économe, pardevant un des directeurs, de tout ce qu'elle aura manié des biens de l'Hôtel-Dieu et des aumônes qu'elle aura reçues, desquelles elle ne pourra faire aucun présent à qui que ce soit et sous quelque prétexte que ce puisse être.

Elle aura néanmoins liberté de disposer de tous les biens qui lui seront échus par donation ou autrement.

La charge de maîtresse de l'Hôtel-Dieu étant vacante par mort ou autrement, MM. les recteurs auront soin de faire célébrer le lendemain de son enterrement une messe du Saint Esprit à l'intention d'inspirer aux sœurs celle d'entre elles qu'elles voudront choisir pour leur supérieure, à laquelle à cet effet elles assisteront toutes et communieront; à la sortie d'icelle s'assembleront pour faire ledit choix.

La maîtresse étant une fois élue et mise en possession de sa charge elle n'en pourra être déplacée qu'en trois cas.

Le premier, par une libre et simple démission.

Le second, quand elle voudra se retirer de la maison pour aller ailleurs.

Le troisième, si elle tombe en quelques fautes scandaleuses et que ses actions soient telles que l'exemple fut dangereux aux sœurs.

En ces trois cas elle sera obligée avant de se retirer de

rendre bon et fidèle compte de sa gestion et administration et de faire revêtir l'inventaire des meubles de l'Hôtel-Dieu.

Notez qu'il y a un directoire particulier dans lequel sont spécifiées toutes les obligations de la maîtresse et un pour chacune des affaires.

CHAPITRE XX.
Des autres Offices de la Maison.

Après que la maîtresse aura été élue et mise en possession, elle pourra distribuer les offices de la maison à celles des sœurs qu'elle jugera capable, donnant par compte à chacune d'elles les choses qu'elles devront avoir en gouvernement, l'inventaire desquels sera renouvelé d'année à autre.

Les officières pourront être destituées, lorsqu'elle le jugera à propos, par l'avis toutefois du directeur spirituel et régulièrement, lorsqu'il y aura nombre suffisant de sœurs, elle changera leurs officières de trois en trois ans, en les faisant rendre compte des choses qui leur auront été données par inventaire.

La première officière de la maison après la maîtresse, sera la compagne et assistante, la charge de laquelle est d'aider la maîtresse de ses conseils et avis dans la conduite de la maison et d'en faire les fonctions quand la maîtresse sera empêchée par son absence, ou maladie, ou autrement.

La deuxième officière sera celle qui aura soin de l'apothicairerie, qui sera instruite, si faire se peut, en l'art de pharmacie pour le plus prompt secours des pauvres malades.

La troisième sera la dépensière, qui pour faire la dépense, recevra de temps en temps du receveur l'argent nécessaire, dont elle rendra compte de trois en trois mois, par journées, de l'emploi qu'elle aura fait, à l'économe et à sa décharge et en présence de l'un desdits supérieurs recteurs, qui, pour ce, sera commis par le bureau, ensemble de la maîtresse.

Et à raison de ce qui peut arriver, qu'après que quelqu'une

des sœurs aura fait profession, son bien rendra [moins] après pour des causes impossibles à prévoir ou par force majeure, il a été arrêté qu'on ne la pourra renvoyer ni congédier de l'Hôtel-Dieu, mais qu'elle y sera nourrie et entretenue aux dépens dudit Hôtel-Dieu pendant tout le temps qu'elle y voudra demeurer et y continuer ses services.

Acte de nomination de recteurs et du receveur : des personnes de Mᵉ Jacques Buynand, conseiller du roi et receveur en titre du grenier à sel de Charlieu, et Mᵉ Claude-Marie Tillard, sieur de Tigny, conseiller du roi et lieutenant de maire dudit Charlieu, pour recteurs de l'Hôtel-Dieu dudit Charlieu ; et sieur Claude Marolle, bourgeois dudit Charlieu, pour receveur dudit Hôtel-Dieu : du 15 juin 1710.

Cejourd'hui quinzième juin mil sept cent dix à Charlieu, publiquement, les habitants dudit lieu, ci-après nommés, savoir: Mᵉ Nicolas-Joseph Deshayes, conseiller du roi, receveur des consignations, ancien recteur et avocat ordinaire de l'Hôtel-Dieu de Charlieu, Mᵉ Christophe Dupont, avocat en parlement, conseiller du roi, juge certificateur des défauts à la châtellenie royale dudit Charlieu, demoiselle Gabrielle de la Ronzière et Claude Roland, avocat en Parlement, Mᵉ Laurent Chabrier, procureur ès cours dudit Charlieu, sieur Henry Dutreyve, bourgeois dudit lieu, ancien recteur, Mᵉ Camille Dechizelle, procureur fiscal dudit Charlieu, sieurs Simon Pinet, Louis Thevenard, Benoît Roncivol, marchands dudit Charlieu, tous étant convoqués à la manière accoutumée au son de la cloche par la permission de nous, Henry Bierson, conseiller du roi, maire perpétuel dudit Charlieu et en notre présence les habitants sus-nommés délibérant par ensemble pour procéder à la nomination de deux recteurs et administrateurs de l'Hôtel-Dieu dudit Charlieu au lieu et place de Mᵉ Joseph Donguy, conseiller du roi, élu en l'élection de Roanne et de feu Mᵉ Claude Hedelin, docteur médecin dudit Charlieu, lesquels habitants après avoir remercié ledit Donguy ci-présent des soins qu'il a pris pour ladite administration, ont nommé unanimement pour recteurs et administrateurs dudit Hôtel-Dieu pour les deux années prochaines M° Jacques Buynand, conseiller du roi et receveur en titre du grenier à sel dudit Charlieu, et M° Claude-Marie Tillard, sieur de Tigny, conseiller du roi, lieutenant de maire dudit Charlieu pour par eux conjointement régir et administrer pendant lesdites deux années les biens et revenus temporels dudit Hôtel-Dieu et ce, conformément aux statuts et règles dudit Hôtel-Dieu, usage du bureau d'iceluy, et ont aussi lesdits habitants nommé de l'avis desdits sieurs Buynand et Tillard, sieur Claude Marolle, bourgeois dudit Charlieu, ancien receveur et recteur dudit Hôtel-Dieu pour recevoir les revenus dudit Hôtel-Dieu, ce qui a été accepté tant par lesdits sieurs Buynand et Tillard que par ledit Marolle et ce sous le bon plaisir et agrément de Mgr l'évêque de Mâcon, en conséquence de quoi nous, maire susdit et M° Claude Vedeau, avocat en parlement, faisant ledit Vedeau en cette part comme premier en ordre pour les juges ordinaires dudit Charlieu et ce sans entendre par lesdits sieurs Bierson, Tillard et Buynand et Vedeau faire aucun préjudice aux droits privilégiés et fonctions de leur charge et sans que ces présentes puissent tirer à conséquence pour l'avenir, avons vu et installé et reçu lesdits sieurs Buynand et Tillard à ladite charge de recteurs et Claude Marolle en celle de receveur dudit Hôtel-Dieu sous le bon plaisir et agrément de Mgr de Mâcon, ce qui a été fait en présence et agrément de M° Gabriel de Bretinière, prieur et seigneur dudit Charlieu, aussi en présence de Dom Joseph Giraudet, sous-prieur, de Dom Joseph Tiran, aumônier dudit prieuré et recteur né dudit Hôtel-Dieu, de M° Jean Moulier (sic), archiprêtre dudit Charlieu. Fait les an et jour que dessus et le procès-verbal dressé en cette forme et manière pour servir et valoir ce que de raison et ont tous les susnommés signé avec lesdits sieurs recteurs et receveur dudit Hôtel-Dieu avec nous et M° Claude Chartier, notre syndic dudit Charlieu que nous avons pris pour notre scribe et commis-greffier. Ainsi signé à l'original.

> *Signé : De Bretinière, prieur de Charlieu ; Dom Giraudet ; Tirant, aumônier ; Moulis, archiprêtre de Charlieu ; Buynand ; Tillard ; Marolles, Deshayes ; Donguy ; Dupont ; De la Ronzière ; Roland ; Dechizelle ; Dutreyve ; Thevenard ; Ronchivol ; Bierson ; Vedeau, vice gérant ; Chartier, secrétaire, commis greffier.*

Du depuis se sont présentés lesdits sieurs Buynand et Tillard, sieur Marolle, pardevant Dom Joseph Tiran aumônier dudit prieuré, en cette qualité recteur né dudit Hôtel-Dieu, auxquels nous avons exhibé notre nomination et élection pour les confirmer et approuver suivant l'usage et possession qu'il en a, à laquelle remontrance ledit Dom Tiran a approuvé et confirmé la nomination, élection desdits sieurs Buynand, Tillard et Marolle, suivant le droit qu'il en a en sadite qualité d'aumônier et de recteur né, requiert qu'il lui soit destiné copie tant de ladite élection que de la présente ratification. Fait lesdits jour et an que dessus mil sept cent dix, lequel sieur Tillard a déclaré qu'il ne s'est présenté qu'en ladite qualité de recteur et a protesté que pour l'avenir le tout ne lui puisse nuire ni préjudicier pour le fait de sa charge de lieutenant de maire et sans entendre par lui donner approbation aux droits et qualités dudit sieur aumônier dont je n'ai pas connaissance et a signé ; fait ledit aumônier ses protestations contraires. *Signé : Vedeau greffier.*

Collationné aux originaux par nous conseiller secrétaire du roi, maison et couronne de France. *Signé : Marque.*

Registré : oui le procureur général du roi pour être exécuté selon leur forme et teneur suivant et conformément à l'arrêt de ce jour à Paris en Parlement le deuxième juillet mil sept cent quinze. *Signé : Lorme.*

Extrait pris et collationné sur autres copies, visées dans l'arrêt d'enregistrement et attachées ensemble avec sceau en cire verte pendant, par moi recteur et secrétaire dudit Hôtel-Dieu dans les archives duquel sont lesdites copies dans un registre couvert de parchemin et ce pour satisfaire à l'ordonnance de Mgr l'évêque contenue en son procès-verbal de visite.

        PATURAL, recteur et secrétaire susdit.

Inventaire des meubles qui sont en la maison de l'Hôtel-Dieu de Charlieu.

Fait cejourd'hui 30 juillet 1746. Pour le double être remis à Mgr l'évêque dans la visite qu'il fera dudit hôpital.

Icelui dressé par les directeurs et administrateurs et les sœurs hospitalières, tous soussignés.

1° Dans la salle ancienne des malades, huit lits bois de chêne en menuiserie, garnis d'un garde-paille, une coite de plume, oreiller et traversin aussi garnis de plume, pour lesquels il y a seize couvertures dont huit sont piquées et les autres de laine, dont les rideaux en été sont d'une toile blanche et en hiver d'une étoffe verte; devant chaque lit il y a quatre escabots et huit chaises en menuiserie bois noyer, avec une chopine, tasse ou gobelet et cuiller, le tout d'étain, pour les malades, une chaire pour le prédicateur bois noyer en menuiserie, deux bancs aussi noyer, deux garde-ornements bois noyer, aussi en menuiserie.

2° Dans la salle neuve, il y a une armoire à tenir les devant d'autel, bois chêne; dans la sacristie de ladite salle neuve, une grande armoire à tenir les ornements et vases sacrés et linges, bois noyer en menuiserie.

3° Dans une cuisine, à côté de la salle, il y a une grande armoire pour tenir le linge des malades, en menuiserie bois noyer, trois bancs, bois noyer, une petite table ronde, bois noyer et une grosse table, bois chêne, sept chaises, deux bassins pour des chaises percées et un bassin de lit et quatre à cracher, de cuivre jaune, quatre chauffelits aussi de cuivre jaune.

4º Dans le salon il y a un miroir et une table au-dessous, bois sapin, deux tableaux, et ledit salon garni de tapisserie de toile peinte, une cloche à la porte, quatre chaises tapissées en menuiserie bois noyer, et huit chaises de paille et un escabot tapissé, bois noyer, garni de son tapis toile peinte.

5º Dans la cuisine il y a deux grandes armoires en menuiserie, bois noyer, fermant à clef, propres à tenir la dépense et les linges de la cuisine, un tournebroche de fer bon, six chaises y compris une à tenir le sel, deux gros chenets et un chien de feu (1), pelle et fourchette, cent cinquante-trois plats assiettes tant petits que grands, y compris celles des malades, dix-huit écuelles, dix chopines, trois pots à l'eau, une aiguière, douze godets, une tasse, le tout d'étain, un grand plat pour la quête, de métal, trois douzaines d'assiettes de faïence, cinq saladiers aussi de faïence, cinq crémaillières.

6º Dans la souillarde, il y a neuf pots ou marmites, deux chaudières, le tout de fonte, et, outre ce, une grande chaudière tenant environ douze seaux, une autre tenant environ six seaux, huit chaudrons de différentes grandeurs, quatre bassines, quatre tourtières, cinq poëlons, deux passoires, quatre cuillers, deux coquemars, un bassin, un plat pour les saignées, le tout tant cuivre jaune que rouge, un mortier de fonte, deux réchauds de cuivre, un grand mortier de métal et un petit avec leurs pilons. Cinq poêles à frire, cinq broches à rôtir, trois lèchefrites, deux grils, trois fers de gaufre et un fer pour les hosties, une cloche pour faire cuire le fruit, de cuivre, quatre fers à passer le linge et une platine (2) de cuivre, deux seringues, trois paires de balance.

---

(1) Chien de feu, pince en forme de tenaille, servant à retourner les grosses bûches ?

(2) « Ustensile de ménage qui sert à étendre, à sécher et à dresser le menu linge. Les rabats, les cravates empesées se sèchent sur la platine. La platine est faite d'un rond de cuivre jaune fort poli » (Furetière).

trente pots de faïence propres pour l'apothicairerie, une pierre de marbre et son mortier.

7° Dans la première chambre en haut, il y a un petit lit, bois noyer en menuiserie, garni de paillasse, matelas, coite et traversin de plumes, une couverte de catalogne et les rideaux d'une etoffe verte, une table, bois noyer, avec un tapis de toile peinte, une armoire, bois noyer en menuiserie, appartenant à la sœur Blondel, à deux portes avec la fermente, où est son trousseau, quatre escabots tapissés, une petite cassette couverte de cuir à petits clous.

8° Dans une autre chambre à côté, il y a une armoire appartenant à Mme Lapierre, bois noyer en menuiserie, deux lits garnis de tout l'assortiment, deux tables, bois noyer, avec leurs tapis, un fauteuil en tapisserie, dix chaises de paille, un quadrant avec son horloge, huit tableaux tant petits que grands.

9° A côté dans un cabinet, il y a deux armoires de sapin en menuiserie, remplies de denrées pour l'usage de la maison.

10° Dans une chambre appelée maison de Gatelier, il y a deux lits garnis, une armoire, bois noyer en menuiserie, une autre de sapin aussi en menuiserie, quatre chaises, bois noyer, cinq coffres couverts de cuir à petits clous, un autre coffre, bois sapin, un paire de chenets de cuivre, une table bois noyer en menuiserie.

11° Dans une chambre dite maison de Gatelier, il y a deux lits garnis, quatre armoires, bois noyer et chêne, trois coffres couverts de cuir à petits clous et en bois noyer, deux chaises et deux chenets, dans lesquels coffres et armoires sont les linges et hardes des domestiques.

12° Dans le fournier, il y a quelques vieux meubles, qui ne servent pas et aussi deux lits de domestique.

13° Dans une autre chambre sur la cour, qui est le logement de Mme Lapierre, il y a un grand lit à l'impériale et une couchette garnis, une tapisserie de point de Hongrie, deux fauteuils tapissés de drap, sept chaises de paille, une armoire d'ébène, quatre guéridons, une cassette couverte de cuir à clous, une table, bois noyer, avec son tapis, un miroir, un crucifix, un bénitier et deux chandeliers dorés, une pendule et deux chenets de cuivre, le tout appartenant à ladite sœur Lapierre, supérieure.

14° Dans la petite galerie, il y a une armoire et un coffre, bois noyer, où sont ses hardes, deux cadres en sculpture dorés.

15° Dans un cabinet à côté, il y a une petite armoire de sapin où l'on tient quelque vaisselle de faïence.

16° Dans le grenier au-dessus, il y a une armoire remplie de livres dont une grande partie est en latin et qui proviennent de diverses successions de personnes ecclésiastiques.

17° Huit douzaines et demie de draps pour les pauvres, que l'on serre dans une armoire à côté de la salle, de même que neuf douzaines de chemises tant pour hommes que pour femmes, destinées au même usage.

18° Quatre douzaines de serviettes aussi pour les pauvres.

19° Plus quatre douzaines de bonnets pour hommes.

20° Six douzaines de coiffes pour femmes.

21° Deux douzaines de clunes (1) d'oreillers à la salle.

22° Six douzaines de draps, à la chambre en haut sur la cuisine.

23° Huit douzaines de serviettes dans ladite chambre en haut.

24° Douze grandes nappes, à la remise dans l'armoire de ladite chambre en haut.

25° Vingt-une nappes pour la Fête de Dieu dans la chambre nommée Gatelier.

26° Deux douzaines et demie de nappes de toile virée ser-

---

(1) Clune alias tlune, tlaine, signifie taie d'oreiller, enveloppe des matelas de plumes. C'est d'ailleurs le même mot, car, dans le patois forézien, ll et cl se substituent l'un à l'autre.

vant pour l'usage des domestiques, deux douzaines de torchons dans l'armoire de la cuisine.

27º Dans un grenier il y a quatre pans de vieille tapisserie de Bergame.

28º Six robes de chambre pour les malades, quarante aunes de droguet tout laine, teint en rouge.

Nous soussignés directeurs et administrateurs des biens et receveurs de l'hôpital de Charlieu et sœur Marie Delapierre, supérieure des sœurs hospitalières dudit hôpital, certifions le présent inventaire des meubles d'icelui véritable et desquels meubles, je, Delapierre, demeure chargée.

Le présent fait pour satisfaire à l'ordonnance de Mgr l'évêque en son procès-verbal de visite et pour y être joint. Fait audit Hôtel-Dieu le quatrième août mil sept cent quarante-six.

PATURAL ; MICHELET ; Sœur DELAPIERRE.

Cejourd'hui sixième août mil sept cent quarante-six.

Henry Constance de Lort de Sérignan de Valras, par la miséricorde de Dieu et la grâce du Saint Siège apostolique, évêque de Mâcon, savoir faisons que continuant la visite générale de notre diocèse, et qu'étant à cet effet en la ville de Charlieu, nous sommes allé au monastère des religieuses Sainte-Ursule, situé hors les murs de ladite ville, où nous étions attendu par Me Philippe Marest, curé de Saint-Pierre-la-Noaille, archiprêtre de Charlieu, leur supérieur ordinaire, Me Bertrand Simon, Me Marc-Antoine Duvernay, Me Gaspard Gacon, Me Jean-Marie Chavoin, leurs aumôniers alternatifs ; à la porte de l'église et à la porte de l'intérieur du monastère par les sœurs Colombe de Saint-François, supérieure, Thérèse de Sainte-Colombe, assistante, Madeleine de Saint-Augustin, Anne de Sainte-Rose, Jeanne de Sainte-Reine, Jeanne-Marie, Marie, Marguerite, Antoinette, Françoise de Sainte-Agnès, Claudine, Claire, Pierrette de Sainte-Marthe,

Monastère de Sainte-Ursule de Charlieu.

Philiberte, Catherine, Françoise, Marie de Saint-Joseph, zélatrice, Marie-Anne, dépositaire, Hélène de Jésus, Jeanne-Marie des Séraphins, Elisabeth de Saint-François, Jeanne de Fleury. Toutes religieuses professes dudit monastère en présence desquelles nous avons procédé à la visite desdits église et monastère, assisté de notre vicaire général et vice-promoteur soussignés.

Ciboire. — Quant à l'administration des Sacrements, et célébration des offices divins, avons reconnu qu'il y a un ciboire d'argent doré en dehors et en dedans, fort propre, et d'une grandeur suffisante.

Soleil. — Le soleil ainsi que le croissant sont d'argent doré.

Calice. — Le calice et la patène sont d'argent, dorés régulièrement.

Il n'y a point de custode pour porter le viatique aux malades et l'on se sert du ciboire pour cet usage.

Tabernacle. — Le tabernacle est de bois sculpté et doré très proprement de même que les accompagnements, à droite et à gauche; il est composé de deux armoires séparées, fermant à clef, propre et en bon état, si ce n'est que le tour qui est derrière doit être raccommodé. Il faut assurer le croissant qui varie trop. Celui qui est au-dessous est doublé de papier seulement, et celui qui est au-dessus est doublé de satin. Au-devant de la porte est un crucifix qui est attaché dont le Christ est peint en couleur de chair, aux deux côtés sont les statues, aussi en bois sculpté et doré, représentant saint François d'Assise, saint Antoine de Padoue, saint Augustin et saint Grégoire.

Au-dessus, est un couronnement avec une niche qui portent sur des anges appuyés sur chaque côté sur un double rang de colonnes torses; au bas, sont deux gradins aussi de bois sculpté et doré proprement sur lesquels sont six chandeliers et six vases, le tout de bois sculpté et doré; au-dessous et sur l'autel sont encore six chandeliers de cuivre assez propres, avec six vases de bois argenté avec leurs bouquets artificiels.

Retable. — Derrière le tabernacle est un grand tableau décent et régulier représentant sainte Ursule et ses compagnes; il est revêtu d'un cadre de menuiserie qui forme le retable, lequel est environné d'une architecture en bois avec un couronnement au-dessus qui porte sur deux grandes colonnes cannelées, le tout de menuiserie ancienne et peinte, mais en bon état, et aux deux côtés sont deux anges de bois sculpté et doré en partie, avec leurs piédestaux.

L'autel est de pierre non sacrée, mais on y célèbre avec une pierre qui nous a paru sacrée. Elle est enchâssée dans un petit cadre de menuiserie et enveloppée de linge; il faut l'incruster dans la pierre dudit autel au-devant duquel est une menuiserie qui sert de contretable, laquelle est ancienne mais propre; au milieu est un devant d'autel de satin à fond blanc, à fleurs de différentes couleurs, garni d'une frange et galon d'or faux; il y a trois nappes propres et régulières, avec un tapis de toile de coton; l'on monte audit autel par deux marches d'une menuiserie assez propre. *Autel.*

Du côté de l'épître est la chapelle de la Vierge qui est bâtie *extra tectum*, dans laquelle il y a un tableau représentant la Sainte Famille; il est revêtu d'un cadre de bois peint en noir seulement; il est contre le mur de ladite chapelle et sert de retable; au bas sont deux gradins de bois blanchi, avec quatre chandeliers de bois peint fort anciens, et au milieu est un crucifix de bois peint en noir et dont le Christ paraît d'ivoire; l'autel est de pierre non sacrée, mais sur lequel on célèbre avec un marbre sacré et régulier. La contretable et le marchepied sont d'une menuiserie propre quoiqu'ancienne; le devant d'autel est en camelot blanc à broderie de soie; ladite chapelle voûtée et blanchie proprement, elle est éclairée par deux vitraux réguliers et en bon état. L'autel est couvert de trois nappes et d'un tapis d'indienne. Madame la supérieure nous a dit qu'il y avait une messe fondée dans la chapelle par une nommée Claudine Durris, le jour de la Visitation de la Sainte-Vierge, laquelle est acquittée régulièrement. *Chapelle de la Vierge.*

La chaire à prêcher est près le grand autel du côté de *Chaire.*

l'évangile : elle est d'une menuiserie assez propre, de même que son couronnement et lors des cérémonies et des prédications qui se font dans l'église, on transporte ladite chaire au milieu, vis à vis le chœur des religieuses.

Bénitiers. — Près la porte de l'église et du côté de l'épitre est un bénitier de pierre qui porte sur un piédestal de même, l'un et l'autre très propre ; il y en a deux autres portatifs assez propres, l'un de cuivre et l'autre d'arquemie avec le goupillon assorti, lesquels sont très réguliers.

Du côté de l'évangile est une grande grille qui donne dans le chœur des dames religieuses, dont le grillage est de bois en bon état, plus haut est une petite fenêtre par où on donne la communion aux dames, laquelle ferme à clef ; de l'autre côté de l'arcade où est le grillage est une porte qui communique de l'église dans le chœur des dames religieuses, laquelle ferme à clef, et ne s'ouvre que dans les cas pressants.

État intérieur de l'église. — Le grand autel est placé contre le mur de ladite église en telle sorte que la plus grande partie de la communauté peut voir le prêtre à l'autel ; l'église est voûtée fort proprement en croix d'augile (1) ; elle est éclairée par quatre vitraux réguliers et en bon état ; *Lampes.* — au milieu est une lampe d'étain pour les jours d'ordinaire, et pour les jours solennels, il y en a une d'argent qui pèse environ quatre marcs. Ladite église est carrelée en carreaux de terre, de même que la chapelle. L'église a seize pas de long sur environ douze de large, et la chapelle a environ dix pieds de largeur sur presque autant de profondeur.

La porte de l'église est en bon état de même que la fermente ; elle ferme à clef, au devant est une espèce de chapiteau ou avance (auvent) couverte en tuiles plates dont la charpente est soutenue par deux consoles en bois ; et à quelque distance de ladite porte est une croix de pierre.

Sacristie. — Ensuite nous sommes entré dans la sacristie où les pré-

---

(1) Croix d'augile pour *croisées d'ogives.*

tres s'habillent, dans laquelle on entre par une porte du côté de l'épitre et en partie derrière le grand autel, en laquelle nous avons trouvé un meuble qui sert de table pour habiller les prêtres, lequel est d'une menuiserie commune avec une armoire par dessous. Il y a un marchepied en bon état ; au-dessus est un crucifix de bois peint en noir avec un Christ aussi de bois sculpté en couleur de chair, ladite table garnie d'un tapis de laine verte fort usé ; il y a une petite fontaine d'étain dans ladite sacristie avec une cuvette de faïence. Il y a un vitrau (sic) garni de barreaux de fer et bien vitré. Il y a un petit miroir dans ladite sacristie avec un tableau représentant saint Charles Borromée, revêtu de son cadre en bois peint. Il y a aussi deux petits tableaux à côté représentant sainte Catherine et saint François de Sales. Il y a deux vieilles chaises à bras garnies de tapisserie au-dessus desquelles sont les tableaux contenant les prières pour la préparation à la Sainte Messe, devant et après la Sainte Messe. Il y a un tour par où passent les ornements de l'église dont la porte ferme à clef du côté du couvent. Il y a encore dans ladite sacristie un confessionnal régulier qui ne sert que pour confesser les religieuses. Les murs de la sacristie paraissent en bon état de même que ceux de l'église. Ladite sacristie est carrelée en carreaux de terre et paraît fort humide ; du côté du matin il y a un simple plancher bâtard au-dessus, qui est assez malpropre ; la porte de cette sacristie qui donne dans l'église ferme à clef.

Ensuite nous sommes entré dans la sacristie intérieure où nous avons trouvé les ornements et linges servant à l'usage de ladite église, qui consistent, savoir: dans une chasuble de damas blanc complète garnie d'un galon fin, la bourse garnie d'un corporalier et d'une pale. La seconde d'un satin blanc brodée en soie à l'antique, complète. Une troisième aussi de satin blanc avec la croix de même étoffe à fleurs de différentes couleurs, garnie d'un galon de soie jaune, complète. La quatrième d'une espèce de droguet de couleur de rose garnie d'une dentelle d'or faux, ancienne mais complète. La

Ornements.

cinquième est d'un vieux satin cramoisi avec la croix d'un velours ciselé de même couleur, garnie d'un petit galon d'argent fin, complète et propre. La sixième est d'un satin violet, de fleurs de différentes couleurs, garnie d'un galon d'or faux, neuve et complète. La septième, d'une vieille étoffe de soie verte, de fleurs de différentes couleurs, garnie d'un petit galon d'or faux fort usée, mais qui peut servir. Une huitième, d'une vieille étoffe de soie violette, garnie d'un galon de soie, fort passée mais complète. La neuvième, d'un camelot rouge, garnie d'un galon de soie fort, en bon état. Et la dixième, d'un camelot blanc, garnie d'un petit galon de soie, ancienne et complète. La onzième est d'un camelot vert, garnie d'un galon de soie, assez propre et complète. La douzième, d'un camelot noir, fort usée, complète. Six tuniques ou dalmatiques savoir : deux de moire de couleur de rose, garnies d'un galon d'or faux, deux autres d'un satin blanc, garnies d'une broderie en soie fort ancienne, et deux autres d'un camelot noir, garnies d'un galon de soie ; elles sont toutes sans manipules et étoles, mais les bourses des chasubles sont garnies de leurs pales et corporaliers.

Chapes. Une chape de damas blanc avec l'orfroi et le chaperon, d'une persienne à fond rouge à dessins de différentes couleurs, garnie d'un galon et frange d'or fin, une seconde chape, de camelot noir, garnie d'un galon de soie, en bon état, de même que la première. Une écharpe d'un satin à fond blanc et

Écharpes. fleurs de différentes couleurs, doublée d'un taffetas vert, garnie d'un galon et frange d'or fin.

Autre devant d'autel de satin blanc, garni en broderie en soie et argent faux, ancien et presque hors de service. Un second d'un satin à fond blanc et fleurs de différentes couleurs, garni en galon d'argent fin. Un troisième est de moire couleur de rose, garni d'un galon et frange d'argent faux. Un quatrième, d'une espèce de satinade rayée, garni d'un galon et frange d'argent faux. Le cinquième, d'une vieille étoffe de soie rouge, garni de galon et frange d'argent faux. Le sixième d'une vieille étoffe de soie violette fort passée, garni d'un galon et frange de soie. Un septième, d'un camelot vert, garni d'un galon de soie. Un devant d'autel pour la chapelle de la Sainte Famille qui est dans l'église et qui est d'un satin couleur de rose, garni d'un galon et frange d'argent faux. Deux espèces de pavillons de satin blanc en broderie, en soie ancienne, qui servent à couvrir les colonnes du retable. Autre devant d'autel d'étoffe de laine noire avec une croix de brocatelle blanche. Un drap mortuaire de serge de laine noire avec la croix de camelot blanc.

Nous avons trouvé dans ladite sacristie deux reliquaires encadrés de bois doré, où sont des reliques de saint Sernin, de saint Clémens, de saint Prosper, de saint Boniface, de saint Illuminé, venues de Rome et dont l'exposition a été permise par M. (nom illisible), vicaire général et official de ce diocèse, en date du 31 août 1683, étant à Charlieu, contre-signées par Refraignet, sociétaire dudit Charlieu et commis greffier, ladite permission scellée aux armes de M. de Tilladet, notre prédécesseur. Et en conséquence nous permettons l'exposition desdites reliques qui se fait ordinairement sur le grand autel de ladite église. *Reliques.*

Les Saintes Huiles pour les malades sont contenues dans un vase d'argent en forme carrée, propre et régulier. *Saintes Huiles.*

Il y a deux encensoirs, l'un d'argent avec sa navette et sa cuillère qui pèsent environ cinq marcs ; il est propre et en bon état ; l'autre est de cuivre ainsi que sa navette, ancien mais peut servir. *Encensoir.*

Un missel bon, et deux anciens qu'il faut changer. *Livres.*

Il y a deux burettes, un petit bassin, une petite clochette pour les messes. Un gaubeau (1) pour purifier les doigts du prêtre après la communion, le tout d'argent, pesant environ trois marcs, propre et régulier. *Autre argenterie.*

Il y a une croix processionnelle de cuivre, ancienne mais propre. *Croix processionnelle.*

---

(1) Gobeau, gobel ou gobelet, vase de formes variées avec ou sans pied (Cf. Gay, *Glossaire archéologique*.)

Linges. Il y a seize aubes, dont quatre fines à dentelles, de différentes couleurs, et douze communes, vingt-quatre amicts et trois ceintures régulières, plus douze autres amicts plus grossiers.

Outre les nappes qui sont sur les autels, il y en a encore dix tant fines que communes. Il y a suffisamment de purificatoires et de lavabos; il y a six surplis dont deux communs et le reste garni de dentelles, cinq nappes de communion dont quatre pour les religieuses et une pour le dehors.

État du chœur. Le chœur des dames religieuses est placé du côté de l'évangile. Il est grand, spacieux, boisé à neuf. Il est voûté en voûte canne et carrelé en carreaux de terre, il est éclairé par douze vitraux réguliers. Il y a au fond une représentation d'autel, où il y a un tableau qui représente la Sainte Vierge, fort propre avec une boiserie. Un devant d'autel de soie, le tout servant de décoration seulement. Il y a cinq piliers de chaque côté pour soutenir la voûte canne. Au fond et derrière est un espace que l'on appelle avant-chœur où les religieuses s'assemblent avant que d'aller à l'office. Il est éclairé par quatre fenêtres garnies de barreaux de fer, dont deux sont vitrées. Il a un tiers de longueur à proportion du chœur. Il est voûté et carrelé comme le chœur, il y a aussi une représentation d'autel où il y a un tableau représentant sainte Anne et au-devant une statue de saint Joseph, fort propre ainsi que le boisage, et le devant d'autel qui est en peinture seulement.

La maison conventuelle est un bâtiment attenant à l'église qui consiste en plusieurs appartements séparés, savoir : cuisine, réfectoire, cave, grenier et cellules pour les religieuses, pour lesquelles il y a un beau dortoir régulier où se trouve chaque cellule séparée et à l'extrémité est placée la salle du noviciat; au milieu de ladite maison et à côté est l'infirmerie, et au-dessous une salle servant de classe aux pensionnaires, dans laquelle elles couchent. Autour desdits bâtiments est un terrain spacieux, y compris celui desdits bâtiments avec l'église de la contenue d'environ cent trente coupées de terre, clos de muraille, mais dont la clôture près l'angle du côté de midi a été abattue par les eaux au mois de mai dernier, d'environ six ou sept toises de longueur, lesquelles Mme Lespinace, supérieure, et Mme Bois, dépositaire, ci-présentes, nous ont promis de faire rétablir incessamment de même que le reste des murs qui menacent ruine au même endroit; et ladite ouverture est actuellement bouchée par des épines de manière que l'entrée en est bien défendue.

Ensuite nous nous sommes fait représenter les comptes de ladite communauté, la recette depuis le 14 janvier 1744 jusqu'au 30 juin 1746, y compris cinq mille cinq cent quatre-vingt-cinq livres un sol pour capitaux de dots et, en outre, les pensions des novices et pensionnaires s'est trouvé monter à la somme de douze mille trois cent quatre livres; la dépense pendant le même temps à onze mille huit cent vingt-quatre livres douze sols, partant la recette plus forte que la dépense de quatre cent soixante dix-neuf livres huit sols et avons fait arrêter lesdites recettes et dépenses sur le journal par l'un de nos vicaires généraux.

Avons demandé auxdites religieuses l'état des fondations de leur maison.

Ont répondu qu'il y a une fondation de six messes basses par demoiselle Catherine Cortey, dont le capital leur a été remboursé à raison de cent vingt livres.

Autre d'une messe par Claudine Dury dont le capital a été pareillement remboursé à raison de vingt livres.

Lesquelles deux fondations elles certifient faire acquitter fidèlement; plus, les sœurs Florence et Marianne Dubois ont donné après leur mort un capital de sept cents livres sous une rente réduite à quatorze livres et hypothéquée sur les biens du sieur Perrant, à la charge d'une messe par semaine pendant vingt ans et de cinquante messes après leur mort.

Les sœurs de l'Assurance et Boulliole ont aussi légué à ladite communauté après leur mort un contrat de cinquante livres de rente au capital de mille livres par testament reçu Deshayes, le 4 mars 1703, ladite rente due par les héritiers du sieur Chavanelle, de Mâcon, aux mêmes charges que dessus.

Lecture faite du présent procès-verbal aux religieuses ci-dessus, ont déclaré contenir vérité et ont signé avec nous celles qui l'ont su et non les autres pour ne le savoir, de ce enquis.

† H. C., évêque de Mâcon ; DUSORT DE SAINT-AMOUR, vicaire général ; MANOURY, vicaire général ; DUVERNAY ; GACON ; CHAVOIN, prêtre sociétaire ; SIMON ; MARET, curé archiprêtre ; Sœur DESHAYES ; Sœur CHABRIER ; Sœur BOYS ; Sœur DEBALLIOT ; Sœur HELLEN DE L'ASSURANCE ; Sœur GUEYNARD ; Sœur DUVERNAY ; Sœur BUGNAND ; Sœur FEUILLOT ; Sœur CHEVROT ; Sœur DECHIZELLE ; Sœur BEROUJON ; Sœur FLEURY ; PLASSARD, vice-promoteur.

Ensuite avons interrogé séparément et l'une après l'autre les supérieure et religieuses sur leur situation tant à l'égard de leurs supérieures que des peines qu'elles pourraient avoir sur leur état. Sur quoi elles ont répondu séparément, et avons pris leurs réponses verbales.

† H. C., évêque de Mâcon ; DUSORT DE SAINT-AMOUR, vicaire général ; PLASSARD, vice-promoteur ; NOBLET, greffier.

TABLE

Visite pastorale de Mgr de Lort de Sérignan, évêque de Macon.

Avant-Propos	xxxj
Boyer	1
Chandon	37
Charlieu	51
Saint-Denis de Cabanne	23

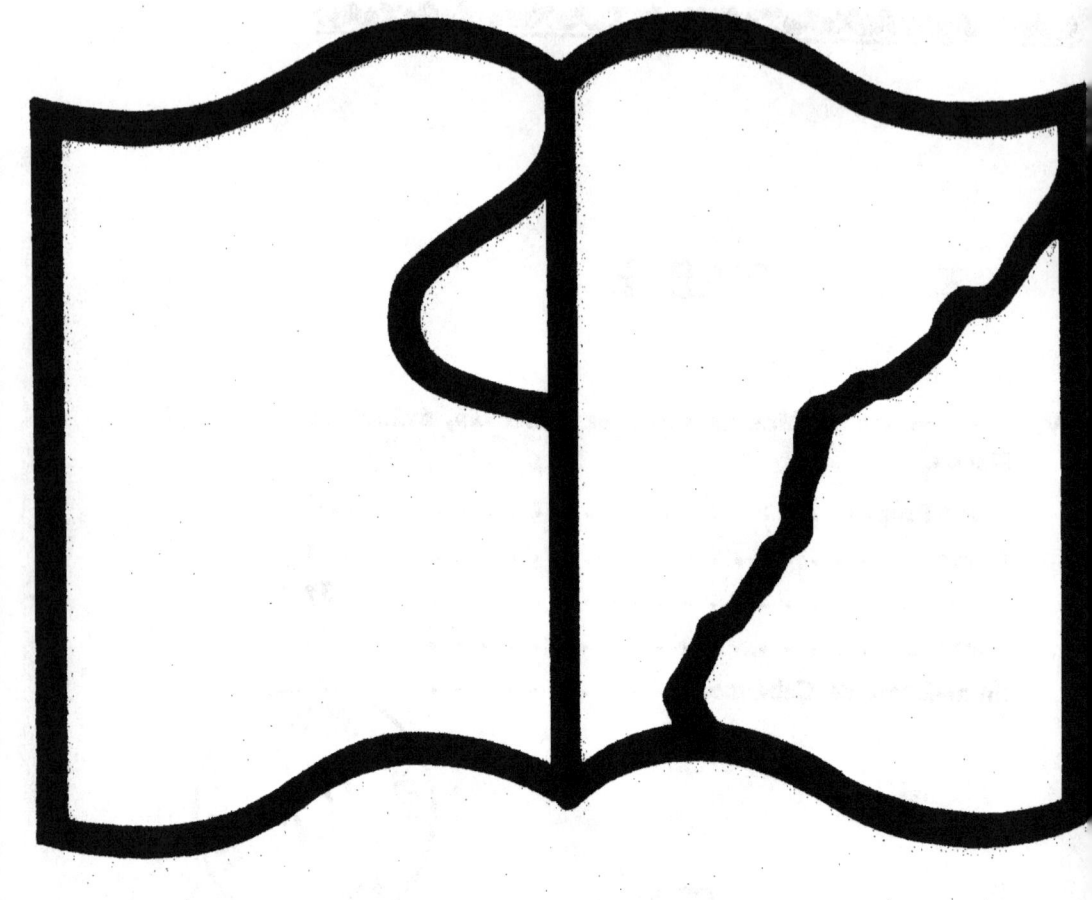

Texte détérioré — reliure défectueuse

NF Z 43-120-11

Contraste insuffisant
NF Z 43-120-14

www.ingramcontent.com/pod-product-compliance
Lightning Source LLC
Chambersburg PA
CBHW050649170426
43200CB00008B/1221